賣窮

Trafficking In Poverty

以事實為根據
以文字引導想像空間

許書秉◎著

賣窮

作者自述

我不是好人，
但也壞的不夠徹底。
把話說清楚比什麼都重要。
我不祈求銷量好，
我只希望你聽我說完。

許書秉

序言

資本主義發展至今，已是一條不歸路，即便是擁有自由最終還是會被剝奪，我將帶大家探討各位認知中的自由到底是什麼。很多人不明白，為什麼今天我一直工作，生活卻不會有任何改善。

我是包租公，曾經收留過一個單親媽媽，因家暴暫時躲在我這裡，並且帶著一個九歲的女兒（經濟狀況其差…）只好減租金，然而一年的租賃期間內，她們的生活卻沒有任何改善！我就住在她樓上時常有互動，和女兒聊天的過程中言詞表達上並沒有小三該有的程度，常常經不起她的撒嬌把電腦讓給她玩，但，字卻唸不出幾個。如果有人告訴我女兒將來會更好，我實在不相信，錢看來不是這對母女的解藥，人生中的諷刺劇活生生的出現在我的所有權狀中，救急可以救窮卻是無底洞，我不吃全素，貧窮會遺傳嗎？現在想的已不再是那對母女，一個一個救救不完，如果要有結構性的衝擊必須從認知做起，只要還有一個人願意閱讀，我就寫。所謂的讀書並不是死記，而是當你離開了這本書，你的行為談吐有所改變，那這一本書帶給你的閱讀就是好的閱讀。

在日本有三種寶物，第一種是劍，象徵武力；第二種是寶石，象徵財富；第三種是鏡子，象徵自知，其三，鏡

賣窮

子自知是最為珍貴的，由於是日文我把它翻譯成：「問自己」。人生的境遇不盡相同，他的答案怎麼可能會是我的答案，很多個人的例子可以成為依賴的範本，這些例子提供的是一種情境交換的空間，而不是叫你照抄。唯有透過問自己才能找到最適合自己的答案，自己問自己是自己和自己透過反覆的衝突達到成長前必要的過程，今天錯誤的認知是「讀萬卷書不如行萬里路」，這句話原自寒山拾得頌的：「無需尋覓僧蹤」，意思是書本上已經沒有我可以學習的知識，所以我要自己起身去尋找知識。可是今天卻被拿來當作不閱讀的理由，是讀了很多書才去行萬里路，書本雖然只是指月的工具就像地圖一樣，但，連地圖都不會看就去行萬里路一定會迷路。斷章取義的碎片化閱讀讓我們不斷以文字解釋文字，就像今天不斷的以價格解釋價格，造成了錯誤的解讀，把很多人打進了貧窮的輪迴中，不得超生。很大程度上我是參考了「國富論」與「道德情感論」，房地產的部分與現代銀行的部分很大程度上是參考范世華老師的著作「房市房事」、「房市的秘密」。本人不是鸚鵡學語，而是經濟這個議題說穿了是歷史，在這個演變的過程中分成「硬道理」與「軟科學」，明明是我寫的書為什麼卻要提到別人的著作，我們把一件事情分成動機、行為、結果，市面上很多財經知識都著墨於結果，所謂成敗論英雄並不無道理，商品是市場決定的，誰不愛

賺錢呢？但，我更在乎的是會不會侷限了投資者的視角，且，大多都是從有產階級的角度出發，我提到的四本著作都在客觀這一件事情上拿捏得很好。

閱讀到底能不能賺錢，這是很難回答的問題。

閱讀跟你會不會賺大錢不一定有關係，但，跟將來會不會更糟糕一定有關係。

必須區分出是進程的結果或人為的因素。

賣窮

目錄

序言...........7

第一篇

第一章　半神人...........21
第二章　第一節　動機、行為和結果...........28
　　　　第二節　那人是不是就不用再努力了？............30
　　　　第三節　假的...........32
　　　　第四節　貪圖功德加做功德等於無功無德...........32
第三章　第一節　動機...........34
　　　　第二節　人為什麼追求財富...........35
　　　　第三節　忌妒...........37
　　　　第四節　瑜亮情節............39
　　　　第五節　補充：武德...........42
　　　　第六節　自利之說...........42
　　　　第七節　慈悲...........44
　　　　第八節　補充：慈悲的急就章...........45
　　　　第九節　新的自利之說...........46
　　　　第十節　悲傷和喜悅...........47
　　　　第十一節　財富等於被他人注視的程度...........48
　　　　第十二節　良心和好惡感...........50

　　　第十三節　被讚美和值得被讚美，被譴責和值得被譴責...........52

　　　第十四節　星海爭霸...........55

　　　第十五節　良心存在於假設(這個假設每個人都一樣沒有例外)......56

　　　第十六節　邪惡...........59

第四章　艱難的平衡...........60

第五章　一種看似有錯誤的瑕疵...........62

第六章　虛榮和榮耀，自信和懦弱...........64

第七章　抽象的道德...........66

第八章　經濟學即便在沒有道德觀念的情況下一樣可以經濟繁榮...........,,,68

第九章　第一節　物權法...........70

　　　第二節　財產是一種權利...........72

　　　第三節　叛國罪可以從動機治罪...........77

　　　第四節　法律是一種現世報...........78

第十章　英國十六世紀圈地運動...........82

第十一章　那立法和我們的生活有什麼關係...........85

第十二章　第一節　合法的不一定合理...........87

　　　　　第二節　俠盜...........95

第十三章　菲律賓...........98

第十四章　第一節　價值和價格的區別...........101

　　　　　第二節　有價值的東西不一定有價格...........102

第二篇

第一章　貨幣...........105

賣窮

第二章　第一節　什麼是資本...........112

　　　　第二節　資本的進階版...........116

第三章　那債務是資本嗎...........119

第四章　工資...........122

第五章　人力資本...........125

第六章　第一節　市場的競爭類型...........127

　　　　第二節　四階市場...........128

　　　　第三節　灰色地帶...........129

　　　　第四節　四階市場 2...........132

　　　　第五節　題外話，文市武市...........136

第七章　名目價值、實際價值...........138

第八章　第一節　實質的債務人...........140

　　　　第二節　金本位...........141

　　　　第三節　阿拉伯紹德王室...........144

　　　　第四節　美元體系...........146

第九章　所謂的賺取外匯...........147

第十章　第一節　自由貿易...........149

　　　　第二節　原物料和奢侈品或一次消費商品...........150

　　　　第三節　品牌的定義...........151

　　　　第四節　關稅...........153

　　　　第五節　你所不知道的慈禧太后...........159

　　　　第六節　海地...........158

第十一章　折舊...........161

第十二章　大富翁...........165

第十三章　債權............166

第十四章　第一節　土地的原始價格............168

　　　　　第二節　市集............171

第十五章　三角貿易............174

第十六章　ＧＤＰ............179

第十七章　產業轉型............184

第十八章　從更大的框架來看富爸窮爸這本著作............186

第十九章　社會生產剩餘............190

第二十章　第一節　房地產............194

　　　　　第二節　九份............199

第二十一章　引導期待價值............202

第二十二章　第一節　公司............204

　　　　　　第二節　買賣股票、頂讓............207

　　　　　　第三節　當期待值化為泡沫............210

　　　　　　第四節　報酬率............214

　　　　　　第五節　疊疊樂效應............215

　　　　　　第六節　股東會............218

　　　　　　第七節　企業利潤和股東利潤............221

第二十三章　催眠............223

第二十四章　虛擬貨幣............224

第二十五章　虛擬貨幣，天幣............228

第二十六章　第一節　銀行............231

　　　　　　第二節　為什麼我的錢存在銀行有利息............233

　　　　　　第三節　通貨膨脹率的九九乘法表............234

賣窮

　　　　　　　第四節　那為什麼有很多大、中、小銀行............234

第二十七章　遞減時期............238

第二十八章　第一節　分工............239

　　　　　　　第二節　分工 2............242

第二十九章　商品價格的組成............245

第三篇

第一章　第一節　東方對於資本的概念............253

　　　　　第二節　西方對於資本的概念............257

第二章　階級............261

第三章　自由是什麼............263

第四章　第一節　明朝隆慶年間............266

　　　　　第二節　紙幣的誕生............267

　　　　　第三節　澶淵之盟............273

　　　　　第四節　西夏............279

第五章　第一節　資本／所得比（歷年所得平均）＝β 286

　　　　　第二節　資本／所得比（歷年所得平均）＝β 進階............294

　　　　　第三節　工資利潤和資本利潤的區別............300

第六章　第一節　夜市文化............302

　　　　　第二節　謀生手段多元化，是薪資長期停滯不前的解藥............304

第七章　第一節　福利國家............309

　　　　　第二節　財富重新再分配............313

第八章　經濟學不是經濟學？............314

第九章　打散儲蓄率............316

第十章　已故傅利曼先生的孩子價格機制............321

第四篇

第一章　第一節　拳王阿里............325

　　　　第二節　階級流動............326

　　　　第三節　合理的階級流動............327

　　　　第四節　唯物主義............329

　　　　第五節　多元價值的重要性............330

　　　　第六節　不能使用暴力達成階級流動............322

第二章　第一節　階級是什麼............334

　　　　第二節　如果電話亭（如果有一天女生都消失了，那開保時捷和騎摩托車有什麼差別；如果有一天男生都從世界上消失了，那高跟鞋穿給誰看？）以及紅塵是什麼？............335

　　　　第三節　動態的資本和靜態的資本（看不破的紅塵）............338

　　　　第四節　純愛............342

　　　　第五節　一半是神一半是動物？............342

第三章　第一節　非世俗的階級，牧羊人理論............344

　　　　第二節　邏輯............345

　　　　第三節　人的行為沒有所謂的對錯，只有自己已經接受的資訊......347

　　　　第四節　85％的人 15％的人............348

賣窮

第五節　自己動手做實驗，找出商品和消費者之間的可重疊性......351

第六節　羊群理論............352

第七節　是誰主導時尚和潮流............353

第八節　選擇性市場的形成............354

第九節　必要型消費與選擇性消費............359

第十節　當生命沒有生存以外的價值，那會變成什麼？............362

第十一節　非主流又是事實............364

第四章　第一節　牧羊人理論（出版印刷前一天）............370

第二節　傭兵和騎士............371

第三節　價格的儲存和價值的儲存不一樣............372

第五章　第一節　富裕國家的指標............375

第二節　價值觀的更多元意味著接納他人的程度更廣了............379

第六章　證明脫離貧窮的方式............385

第七章　方便法和究竟法............387

第八章　快樂的終極因............389

第九章　催促同理心............391

第十章　多元價值............392

第十一章　軍人............398

第十二章　現代戰爭型態............403

第十三章　第一節　資訊............406

第二節　下一個會賺錢的投資標的。事實來自是否構成輿論，反之構不成輿論就不是事實............407

第三節　八卦資訊理論（題外話）............410

第四節　八卦雜誌............411

第五節　回到資訊正題............412

第六節　資訊戰（資訊的投放）............417

第七節　思想自由至少能讓自己知道自己受的是委屈，也是最後能制衡貧富不均的武器............418

第十四章　錢從哪裡來？............422

第十五章　契約精神............425

第十六章　課稅標的的 4 個原則............431

第十七章　國家是什麼............434

第十八章　景氣不好？還是財產權過度集中？............439

第十九章　恐懼............445

第二十章　第一節　透明化............447

第二節　這是來自國富論的小故事，希望可以帶給人啟發......448

第三節　剝奪被社會認同的可能性............450

第四節　是讓社會更好還是彼此仇視彼此............454

第二十一章　博弈合法化............455

第二十二章　健保............459

第二十三章　人要怎麼證明自己的存在，消費本身就有脫離貧窮的問題......462

第二十四章　資金的用途可以轉移、市場可以靠催促形成、社會價值觀的優先順序可以改變、證明脫離貧窮的方式可以改變............464

註解............468

賣窮

第一篇

引言

　　我們的行為建立在自己已經接受的資訊上，這邊作者盡量闡述抽象的道德，其實經濟學早期是道德哲學的一個分支，兩門科目會互相補充，只是不知道為什麼，突然間在近代把經濟學獨立了出來。作者嘗試再把這兩門科目結合在一起。因為沒有任何道理可以單獨存在。

　　這邊用個不大恰當的比喻，經濟學他是一台車子，車輪是會計學、輪框是貨幣、引擎是房地產、雨刷是股票、駕駛是人的行為。你把雨刷拆下來跟我說這是車子？對，它是車子的雨刷，但它不是車子。把輪胎拆下來跟我說它是車子？對，它是車子的輪胎，但它不是車子。把駕駛請下車來，跟我說他是車子，對，他會開車可是他不是車子。經濟學脫離不了人的行為。

第一章

半神人

天地誕生之初，兩個人的形體破球而出。光的形體類似女生叫卡拉，意思是道理，又可譯作榜樣。影的形體像男生叫埃蒙，有質疑的意思，因為質疑道理和榜樣就會產生思想。卡拉負責創造，埃蒙負責破壞，光和影之間就是所謂的「人界」是我們存在的地方，所有的生命或物質每過一段時間埃蒙就會來把他破壞掉，以便卡拉再創造出新的生命，所以我們的世界得以生生不息。有另一個說法是埃蒙負責過去，卡拉負責未來，我們夾在過去和未來的時間軸中。

與兩大神同時誕生的是巨人，而創造之神，分別將四個元素注入和自己相似形體的模子，把火的元素注入了模子就成為半獸人，把水的元素注入了模子就成了精靈，把土的元素注入了模子就成了矮人，把風的元素注入模子就

21

成了翼人。卡拉命令巨人管理好自己所創造出來的世界自己好專心去創造新的事物。半獸人很強壯又勇敢但不敵巨人，巨人讓半獸人掌管軍隊維持治安，精靈很有智慧會施展魔法但沒有巨人有智慧，巨人讓精靈掌管政治，矮人的計算能力和金屬加工堪稱一絕，巨人讓矮人掌管金融業和工業，而翼人充滿了好奇心喜歡到處探索未知的事物，可是只要把他綁起來就會死掉，巨人沒辦法只好讓翼人自由自在的飛翔在各個城市間傳達訊息。大地上生氣蓬勃展現出欣欣向榮的景象。

埃蒙對卡拉做的事也感興趣，趁卡拉不注意時偷走了四大元素，可是最好的材料都用完了，偷到的是快熄滅的火、發臭的水、汙穢的泥土、很難控制的狂風。

但埃蒙還是很得意的說：我將創造出一個比巨人還優越的種族，他們將成為僅次於神大地上一切的主宰。說著便把其他四個元素同時注入和自己相似形體的模子，結果慘不忍睹，這種生物懦弱、狡猾、無知、而且十分脆弱，叫人類，埃蒙羞愧的不敢面對自己的創造物，所以很少和人類見面，基本上只有在必要時才和人類見面，也就是死

亡的時候。巨人在分配工作時實在傷透腦筋，於是就分發人類做一切打雜的工作，人類一開始和動物沒有兩樣。

巨人因卡拉的疏忽和埃蒙的愚蠢行為開始瞧不起神，傲慢的結果是想去神的住處偷走埃蒙能破壞一切的流星錘和卡拉能創造一切的生命之果，自己好取代神的位置，這個行為觸怒了神，從此以後把巨人囚禁在「須彌高原」上，永遠不得回到陸地。

巨人從陸地上消失後，大地上瞬間失去了法律，起初精靈的智慧像是能維持住秩序的關鍵，但隨著日子一久精靈不擅長戰鬥的弱點跑了出來，決定推翻精靈統治的是半獸人，他們說：我們不能接受比自己弱的種族統治我們。很快的大部分陸地上的城市都被半獸人占領，精靈只能退守到僅存的幾個據點，精靈先去找矮人幫忙，認為只要有矮人提供精巧的武器一定可以戰勝半獸人，可是矮人很勢利眼，看著情勢對半獸人有利，是不會同情弱者的。精靈又去找翼人幫忙，認為有翼人在空中搜集情報的能力是致勝關鍵，可是翼人對陸地上的戰鬥沒有興趣，於是飛到更偏遠的角落讓誰都找不到。正當精靈王阿巴迪爾苦惱巨人留下的權利通通要讓給半獸人時，有人在精靈王前磕頭，

賣窮

是人類！精靈王暴怒：卑微的人類現在連你也要來嘲笑我。聽到這樣人類頭目的頭磕得更響回應：尊貴的精靈王啊，我們也是看不慣那些半獸人用暴力的手段來統治一切，只有你們的智慧才匹配得上陸地上最高的權利，我來這裡是為了能盡我們一點微薄之力。精靈王喜出望外，終於也有人認同自己統治的用心良苦和看不慣半獸人的野蠻專橫，人類雖然很弱小但數量很多。精靈王扶起人類說：只要我們一起贏了這場戰爭你們就是陸地上次於精靈的種族了。人類頭目感激流涕還有一事相求：精靈王啊，我們的指甲和牙齒在半獸人的皮膚上連痕跡都留不下，我們實在太弱小了，請你教授我們魔法好讓我們幫精靈奪回陸上的霸權吧。精靈王聽到這樣剛開始是嘲笑然後轉成暴跳如雷打算要殺了眼前的人類頭目，但被明智的精靈皇后瑪瑟琳制止了，皇后想到的是，第一人類如果太弱要打贏半獸人是個問題，第二人類很愚蠢就算學會魔法也對自己構不成威脅。這兩個想法最後讓皇后斷送性命。

　　人類和精靈的聯軍終於組成，於是精靈很大方的教授人類有關魔法的一切，人類就是在這種情況下學得魔法和精靈的智慧才逐漸脫離動物的生活型態，人類雖然學習能

力很差但有狂風般的好奇心，這也許就是為什麼人類修練魔法的成果遠高於精靈的想像，掌握了魔法基礎的人類暗中修練更高層次的魔法。

人類和精靈聯軍氣勢恢宏，收復了許多被半獸人占領的城市，勢利眼的矮人看情勢對聯軍大好，也願意提供武器給聯軍，得到矮人提供的武器，人類就像老虎長翅膀一樣，就算沒有精靈幫忙人類現在也可以自己擊退半獸人。精靈王覺得和半獸人戰爭的勝利就在眼前，沒有空管這麼多。

這場戰爭最終以聯軍獲勝，簽訂和平協議時劃定界線半獸人遷移至大陸西南的硫磺谷，而牆頭草已沒利用價值的矮人被趕到愚人金洞窟，半獸人首領崔斯則說：「這場戰爭的勝利並不是屬於你們精靈，而是那些失敗品的人類，現在你們要怎麼對付自己培養出來的怪物」，此時傲慢的精靈還是覺得人類不會背叛自己。

同時掌握了魔法和握有武器的人類越來越不受精靈控制，瞬間大陸上所有城市被人類占領，人類一定是很早就在密謀叛變，因為比起半獸人還算一步一步占領的速度，瞬間的全部倒戈，是經過長期計畫。精靈王才發現自

賣窮

己養虎為患，想要消滅人類已為時已晚，精靈皇后則在這場叛變中身亡，狼狽的精靈們想奪回權利，但人類的數量實在太多，眼看大勢已去，精靈退守到自己最後的據點也是卡拉埋藏生命之果的地方「妖精森林」，精靈們知道人類已經獲得智慧（分辨是非的能力），下一步就是要獲得永生。算是對人類的報復吧，精靈們在森林佈下魔法陣讓人類找不到，雖然得到最高的權利，但人類每天必須時時刻刻擔心自己什麼時候會死亡。

埃蒙眼看人類奪取生命之果失敗後，明白「進步的價值」要體現在人類有限的生命實在很困難，於是抱著彌補的心態，帶著一個箱子到人界並且打開來，有三個東西跑出來分別叫「希望」、「傳承」、「文字」，意思是把永不放棄的希望留給後世。

不管怎麼說人類還是神的創造物，所以能和神有同等級的智慧，不過人類起初是由快熄滅的火、汙濁的水、汙穢的泥土組成，所以總有一天還是會腐敗，所以我們有一半是人另一半則是神。當他願意從公正的第三方角度（簡稱良心）檢視自己的所作所為的時候，並且穩定的接受批判和不驕傲的接受讚美時，那就和我們身上高貴的血統相

配。但當我們心中這位公正的旁觀者陷入不明事理的讚美而陶醉時，或被不明事理軟弱的批判聲給嚇傻的時候，那比較像人。

　　人可以一分為二，一半是擁有神的血統；另一半是動物的血統。有些像希臘神話的半神半人那樣，西方文學中他們的神有著貪婪、忌妒、情慾、憤怒，有著各種人應該有的性情，看得出西方是願意承認人有這些負面情緒，不同於我們的社會禮教規範避而不談，我倒覺得希臘中所謂的神比較像人。

賣窮

第二章

第一節　動機、行為和結果

在早晨的日光中，搖晃的公車裡，看著身邊每個穿西裝打領帶的人，只能看得到身旁人的行為，再了不起就是看到他進公司的結果，身旁的人（你、他）永遠不知道100％的動機是什麼。

每一件事都可以拆開成三個部分，也就是動機、行為和結果。一切「由心想生」，也就是我們今天的每個行為都是來自我們的想法。不信的話，各位可以在上班的途中觀察自己，一定是由於自己沒去上班就沒飯吃或老婆小孩沒飯吃構成了去上班的動機，然後搭公車構成行為，行為可以五花八門，但是都是為了去公司，公司就是大家要的結果。

　　所謂的快樂來自活在有希望的將來中，擺脫痛苦的方式來自重新想像未來。

　　好比正在學測的當下，就是希望會考上更好的學校。或者我們努力賺錢，就是想要改善將來的處境。動機、行為、結果中，我們把結果看成是未來的想像，我們現在的行為就是來自對未來的想像。

　　除了對未來的想像會影響我們現在的行為，動機就代表了過去，一樣會影響我們現在的行為。例如有些人家庭比較困苦想考上更好的學校，或考上公職，就是想改善自己家庭的生活，因為有經歷過困苦的過去，就構成了來考場考試的動機。或者是跑業務的人賺錢的理由，是為了讓自己的妻子小孩能有更好的生活條件，就構成了他現在拚命賺錢的動機。

　　我們，人，夾在過去和未來的想像中間。從生至死，人有限的生命，是由無限個動機、行為和結果組成的，行為是現在的，當下、過去是促成現在的動機，結果是未來的想像。

第二節　那人是不是就不用再努力了？

可能某天早上十點要和董事長開會，為了要得到董事
長的稱讚或加薪的條件，構成了想要寫出好的企劃案的動
機，連續熬夜三天寫企劃案構成行為，上台報告卻被罵了
個臭頭構成了結果，人類永遠不知道結果是什麼。早知如
此，三天後的自己注定就是要被罵個臭頭，那人是不是就
不用再努力了呢？

我們可以擁有的是現在這個過程，未來的結果絕對不
是自己可以決定的。可以做的事情是活出自己滿意的過
程。講的更簡單一點「盡人事聽天命」。

在佛家中，有兩個說法「無為法」和「有為法」，也
就是「失去」和「得到」，當你得到的時候你要學著失去，
當你失去的時候要能學會自己發現是不是又得到了什麼。
很多人單方面的從失去的角度和消極的角度去看佛教，這
是錯誤的看法。因為當你只會否定一切的時候生命會很萎
縮，這也沒價值那也沒價值，所以什麼都不去做。

得到之後也要學著怎麼失去，這個說法會比較妥當。因為我們「努力」得到的財富和名譽在我們往生後將和我們一點關係也沒有。換句話說，努力還是很重要的，我們學著努力得到成果，也同時要學會失去得到的成果。

武則天對自己的所作所為很有自信立下的「無字碑」就是最好的例子吧。是對自己人生活出了一個很有自信的過程，最後的評斷就算自己看不見了相信後人也會給出奇葩的評價，無為無不為，換句話說：「無為」是留給死人的，一定是在對自己所作所為很有自信死後才「無為」一代女皇最後一次睜開眼睛時想著：把每一件事情都做到自己滿意了，這一次閉上眼睛之後的評論已經不是自己可以控制了。我們或許在每一次把一件事做到最滿意的時候也會有像武則天一樣的心情吧，等待著結果。

「無字碑」有必要多做解釋，一個不識字的乞丐立下無字碑，和有更高層次理想的武則天立下無字碑，結果一樣，但過程很不一樣。沒什麼好失去和學著失去不一樣。

賣窮

第三節　假的

2016 年有一位佛教法師說一切都是假的，其實他只說了一半。作者覺得人生就像當兵，入伍就像出生，退伍就像往生，如果可以把服役期間每一件事都當真的看，那人生才會有趣，最重要的是在退伍最後一次走出大門那一刹那，可以笑傲著回頭看軍旅生涯發生的每一件大小事，那就代表你一輩子是否多才多姿。

第四節　貪圖功德加做功德等於無功無德

魏晉南北朝時，梁武帝問達摩：我修築寺院、抄寫經書萬卷（當時還沒有活字印刷），供養僧人千萬，造橋修渠，使老百姓得以有小康局面，我有何功德？（如果有天主教朋友，這跟問：神父我有沒有罪，意思一樣。）

達摩回答：無功無德。

他的意思是，因為皇帝每個行為都是有目的，都是為了想到討掌聲。行為和結果減掉動機剛好什麼都沒有。在

佛教中，是從自我檢視自己的動機為重點，不一定是靠別人看得見的行為、和結果。

　　當然梁武帝的悟性已經算很高了，大概一百萬人中才會出現一個。只是達摩想用更高的標準要求皇帝（這是一種高標準的要求不見得適用每個人，因為沒有慾望為基礎的行善很困難）。

　　佛教的學習過程是有次第，比起什麼都不做的人好上千百倍，對於初階的學生會先要求他們的行為，對於高階的學生會要求他們的動機。解釋更簡單一點，一下教小學生微積分小學生一定聽不懂，一定要先從加減法開始。但是也不能笑小學生很笨，因為每個人都很笨過。在國富論中強調的有效行善，是一種初階的次第。

　　佛教自我檢視自己的動機這個說法，和近代的已故霍金斯博士「註 1」認為人現在的每個結果來自過去的每個念頭，非常接近。

第三章

第一節　動機

　　動機相較於行為和結果雖然是最難推測的（所謂人心隔肚皮就是這意思）但也是最不會改變的。

　　而人與人相處中，在人類社會中，每個人的行為很大程度上都是為了讓別人理解自己的動機，俗語說：就是了解自己的心意，因為沒有透過行為來表達（行為包括說話），別人永遠無法理解自己在想什麼，而這個所謂的理解卻又不可能絕對精準，有時候我們對別人的理解有可能變成誤解。

　　為什麼我說人的動機最不會改變呢？我舉個例子，三國演義就是扣住我們人的動機所以真實，簡單說就是扣住每件你會想做的事，所以大家總是會不自覺的投射自己回

到東漢末年，我們交換處境，回到那個年代，我們並不在乎自己是否有提著青龍偃月刀或跨坐赤兔馬，而是在乎如果遇到和主角一樣的處境，我會怎麼做？一千八百年前的時空背景之所以好看，是因為一千八百年前或一千八百年後，會發現人的動機改變的真的很少。

只要讀過三國演義或玩過三國演義背景的遊戲，或操作某一個角色，就可以證明觀察自己的動機能推估自己的未來。

第二節　人為什麼追求財富

每個人都想成為被他人注意的對象，人喜歡想像自己是達官貴人，不想去想像自己是弱勢族群，有趣的是生活品質比較優渥的一方，只要不犯下什麼大錯，通常可以主導著時尚和潮流，上流社會人士的一舉手一投足乃至服裝及生活習慣，常常成為大家爭相模仿的範本好像只要穿著和他們一樣的衣服、開一樣的車，甚至一樣荒誕的私生活，自己就會變成和他一樣，這是一種偶像崇拜。

賣窮

　　而成為偶像的他，也很不介意其他人模仿著他自己的一言一行，透過他人的模仿與喝采，他想像著你願意多花一點心思，與我願意多花一點心思想像自己是他，好像得到了所有人比較多的關心，且明白或以為自己是被愛的，透過別人模仿他的行為來達到自我認同。

　　這也許就是為什麼社會上所有人不斷想擴大自己的資產和提升自己的社會地位，因為我們都想得到彼此更多的注視。人為什麼活著？為什麼在治安良好的台灣會出現以自我毀滅為前提的命案，看來不被注視比死還恐怖，如果說人存在是怕寂寞所以需要獲得更多的被在乎，那麼找到在乎自己的人就成了每個人的人生目標，在乎自己的可能是家庭、朋友、社會，每一個人都用自己的手段探討這個問題，即便這種在乎是負面的，自毀的人也不在乎。

　　那麼怎麼去做？就成了你、我、他生命的意義。或許多去探討這種問題才能有效的改善治安。

　　所以在很多小說、電影、連續劇，都有很多慷慨赴義，拋頭顱灑熱血的橋段，好像自己的命不是命一樣，除了帶給觀眾日常生活沒有的娛樂以外，觀眾看到的是他們為了什麼而活，講白一點導演突出的是生命的動力是什麼，像

電影浩劫重生中的男主角靠想著女朋友才有活下去的動力，電影末代武士的武士因為受不了戰敗的恥辱或說自己的信念被擊垮了，請朋友幫他自殺，就本人所知切腹是因為當這個人已經沒有信念了，活著也是行屍走肉，生即是死，自己的朋友為了不讓他被受到更多羞辱才幫他自殺（作者絕對不是鼓勵自殺）。這邊要倒過來想，人怎麼死的要看成人怎麼活的。

　　回到我們更貼近的醫院，一個得了癌症的病人被醫生醫好了，可是連家屬都不在乎病人，那這個病人是死的？還是活的？如果一個人得了癌症不幸離世了，可是他生前身旁的每一個人都在乎他，記得他的每個談吐和與他相處講的一字一句，那他還活在我們心中。

第三節　忌妒

　　貧窮是比較出來的，在三國演義中周瑜是被孔明氣死的，忌妒著孔明的才華、未卜先知，每一樣都比自己好，作者倒是覺得周瑜是自己逼死自己的。也就是這種比較心調度了我們的積極性，忌妒聽起來是一種卑鄙的性情，作者也不是要把他合理化。我想說的是人不忌妒有可能嗎？

賣窮

別人開的車比我好，別人的錶比較貴，別人丈夫錢賺得比較多。在我們東方文化對於談忌妒、貪婪，各種慾望時，總是有所忌諱，覺得私人的慾望是應該被克制或壓抑，但是，壓抑並不代表他就會消失。很多時候壓抑只會讓事情更糟糕。

總覺得只要灌輸各種為天地立心、為生民立命、為往聖繼絕學、為萬世開太平，各種偉大的情操，一切就都會很美好，可是我們的文化卻很少告訴我們應該如何面對自己的慾望。

資本的成長確實帶來爆炸式的財富成長，財富成長指的是改善社會最底層人民的生存條件，但並沒有把貧窮給消滅掉，我舉個例，在 1945 年最窮的人和今天 2019 年最窮的人（台灣無產階級）相比，2019 最窮的人說不定還有一碗泡麵吃，而 1945 最窮的人可能是餓死，而 1945 年的中產階級可能就像 2019 年的無產階級一樣有碗泡麵吃。那為什麼還有好多人說我好窮？沒有餓死的人有碗泡麵吃之所以還說很窮是因為看到有人吃牛排。貧窮是來自忌妒。

　　縱貫歷史資本的成長讓人從餓死變得不會餓死，今天的經濟成長忽略人會忌妒，忌妒隨著貧富日益擴大而成長。

　　人類社會本來就是在階級流動中獲得進步，資本它創造出了階級，就是富人和窮人兩種階級，在窮與富，彼此互相取代彼此的這個循環過程中人類得到了進步，像花開花落一樣。

　　如果是自己背棄勤奮這種美德而身無分文，至少是合理的貧窮，可是當大腹便便的股東和地主背棄勤奮這種美德而家財萬貫，那忌妒會合理化（後面會寫到法律沒辦法禁止人忌妒）。現在的問題是如果為數眾多的窮人和少數富人，不能用和平的手段達到階級流動的目的，民主自由的社會將會分裂。在民主自由分裂以前我們是不是可以做一點什麼。

賣窮

第四節　瑜亮情節

　　周瑜的忌妒是一種高層次的比較，跟我講到低層次的比較物質條件不同，是一種為了超越自己為目的的比較。在武道當中雖然練的是拳、腳，但最終是修心，而修心又是什麼呢？也就是在每一次的對打、討教中能不能有新的體悟且不論輸贏，不論輸贏！？比武不就是要打贏對方嗎？不錯，打贏當然很重要，不過，更重要的是有沒有超越上一次比武時的自己。總之，對手就是一面鏡子，有好的對手會比抽象的超越自己目標更為明確。

　　周瑜遇到孔明前大家都叫他第一名，好不容易來了個孔明，當然要藉由和孔明比較來證明自己和孔明誰比較優秀，誰知道孔明在各方面都比自己勝一籌，一直堅信自己是最好的周瑜，人生第一次的比較（較量），卻是處處比人差，所以周瑜當然不接受。就很像很多學生第一次對外比賽，和自己圈子以外的人較量打輸，會哭，正常的。因為付出努力後結果和自己想的不一樣。

　　所謂的「瑜亮情節」指的是某個周瑜「硬」是要跟那個孔明比智商。換個角度想是不是可以不要和孔明比智商

呢？不一定要比草船借箭或借東風（作者笑著覺得周瑜跟張飛比那就爽快多了）。

社會的成就感其實可以很多元，你數學很好可是我很健康，你很美麗可是我游泳很棒。

就好像我們今天在比較誰的錢比較多，就會看見自己有多貧窮。金錢決定個人價值的信條把我們全都塞在同一個框框裡。

很多事都是一體兩面，不得不承認我們的社會因為我們的互相比較而有了成長。不然大家都去出家當和尚尼姑，社會怎麼可能會進步。

周瑜雖然是氣死的，不算觀眾最愛買單的溫馨圓滿結局，但沒人敢說他的一生不精采吧，草船借箭、火燒赤壁這些故事迴盪在我們腦海中，都和周瑜拖不了關係，適當的比較確實能潤飾人生的每一秒。而且，這種帶有忌妒遺憾不完美的人生句點，反而更貼近我們大部分的人。

每個人心中都會有個孔明，可能是你的同事、同學、或你很想取代的上司，當有一個沒辦法超越的孔明時，回頭看一下我的人生精彩嗎？

賣窮

第五節　補充：武德

武德越高的人，會充分尊重敗給你的對手或暫時敗給自己的對手，沒有亞軍何來冠軍、沒有人貧怎麼有人富、沒有綠葉花朵一詞從何而來。孔明知道是因為周瑜的死成就自己第一軍師的頭銜，沒有周瑜要怎麼證明自己的才幹，外加從小就受人欽佩的孔明沒遇過像周瑜獻上這種也許極端，但同時也是一體兩面的忌妒或說羨慕。

聽到周瑜被自己氣死並沒有很得意，反而落寞，因為不會再有人像他一樣瘋狂在乎自己的一言、一行、一舉、一笑。前往東吳的陣營祭拜周瑜。

第六節　自利之說

引用「國富論」：「我們每天有得吃喝，並非由於肉商、酒商和麵包商的仁心善行，而是由於他們關心自己的利益。我們訴諸他們自利的心態而非人道精神，我們不會向他們訴說我們多麼匱乏可憐，而只說他們會獲得什麼好處。」

　　國富論作者亞當斯密的「自利之說」，確實讓人聳動，因為他把自私合理化，也就是說人只要顧好自己就好了，當然這是被後人斷章取義的解釋，整本書約達 80 萬個字，他全文的意思是，在不被他人施捨的條件下幫助了他人，雖然沒有真心的祝福，也能達到有效行善。比喻的更清楚一些，有人掉進海裡了大喊救命，並且大喊：「救我的人就給 100 萬」有兩個人同時跳下海去救人，一個是為了錢，另一個是純粹是救人（施惠的人），雖然動機純粹救人的人比較高尚，但，為了錢才去救人的人也能達到實質的幫助，而不是不求回報的那個人比較笨。認識自私，不是叫人變成自私的人。

　　我對於是否只靠自私自利就可以維持我們的生活品質沒有興趣，我只想問每一筆買賣是否只有自私自利。我去菜市場和擺地攤的歐巴桑買一把菜，她會對我微笑，而我也會跟她說謝謝，她想要我手中的錢，我想要她籃中的菜，除了眼前的利益，我並不覺得彼此的笑容「純粹」是建立在自私自利。經濟就像一部價格的機器就像是法律是一個靠文字運作的機器一樣。

　　那自私自利是我們唯一的動機嗎？

　　當然經濟就算是在沒有感情的情況下也能成功交易，但未必每件事都純粹是經濟上的目的或利益的前提典故。迷思、疑心、不落人後的比較心態，以及各種奇奇怪怪的事，都可以是驅動我們的理由。這跟文化、價值觀和巧合有關。最明顯的就是，感情的部分，親情、愛情、友情。不會有人敢說自己身邊的每個人獻的殷勤都是有利益動機的。

第七節　慈悲

　　我們常常聽到慈悲，那慈悲是什麼意思？慈悲是當你發現別人和自己有一樣的價值就是慈悲。例如在佛教中提倡不殺生，那是因為發現所有的動物和人有一樣的價值。對待動物都況且如此了，那何況是人與人之間。當今天可以去體會到別人痛苦的時候，就是發現自己和他有一樣的心情，就是慈悲。例如看見有人出車禍在你面前斷了一條腿，會不自覺的也覺得自己的腿也很痛，那種感覺就是慈悲了。當然有的人敏感有的人不敏感，但慈悲不至於完全消失。而當你發現別人的不幸，自己也有能力幫忙的時候，給予實際的幫忙，就是慈悲心的展現。例如窮人家的小孩

上學繳不出學費，自己情況允許就出錢幫忙，會帶給別人喜悅。

當然所謂的慈悲不是叫你丟下你全部的好惡感，當自己可以體會別人的不幸時，不是叫你丟下全部的好惡感，和慈悲對立的也就是我前面說的自利，如果自己經濟情況不允許，自己也有家庭要養，別人家的小孩窮，和自己的小孩，資源分配上優先順序當然是自己小孩優先。

所以在埃及有個很可愛的故事，神審判人最終上天堂或下地獄時會問：有沒有給別人帶來喜悅和有沒有給自己帶來喜悅。而為什麼我們除了帶給自己喜悅以外還要帶給別人喜悅，因為只有學會愛人才有可能會學會知足，如果只想被愛永遠不會滿足。當知足的時候自然就會快樂。

第八節　補充：慈悲的急就章

慈悲不是別人打你，你卻雙手合掌盤腿而坐，口中唸南無阿彌陀佛，認為自己被欺負很慈悲，人是有好惡感的，只要有骨氣的人莫名其妙被打都會還手，就算沒勝算也會一面向後跑另一面對對方咆哮，這是正常的，慈悲是等自

己生氣完了之後衝突停止之後能不能發現對方跟自己有一樣的價值，改善彼此的關係。

第九節　新的自利之說

在國富論自利之說中：每一個人都在追求自己的利益中而無意的達到增進他人的利益。今天的標準要改成：「每一個人都在追求被別人注視的過程中，藉由被別人注視，無意的達到增進他人利益。」在自己追求「可能是虛榮」或「也許是榮耀」的過程中無意間能達到給予社會實質或非物質幫助的結果。

公元前 168 年，羅馬消滅馬其頓，對被俘虜的國王來說，從崇高的地位跌落（雖然羅馬人保障了他的性命甚至給他一般人都羨慕的生活品質）所謂的痛苦是失去被人注視，失去當國王時不費吹灰之力就可以主宰他人情感的地位（階級）。根據歷史學家記載他所謂的痛苦，也只不過就是少了圍繞著他的弄臣。

我們每個人都想使自己成為值得受人尊敬、愛戴、感激、欽佩的對象。只要是有男子氣概的人（女生也一樣），

都會努力去追求階級向上爬。我們考試、讀書、工作、跑業務，除了混口飯吃，難道不就是為了比昨天更好？而這種想得到所有人注視的矛盾，有時候確實是推進我們的動力，但有時候會和我們追尋被群眾認同的目的相形漸遠。

第十節　悲傷和喜悅

當我們看到一個人哭喪著臉走過來時，很難不去想像他到底發生了什麼苦難，我們會不自主的進入他的身體，在還沒開口過問他原因前，自己心中會先想像，以各種我們認知中想像造成他苦難的原因。

當我們看到一個臉上充滿笑容的人待在我們旁邊時，總是會想著身旁這位笑容滿面的人遇到了什麼好事，正當我們想盡可能想像降臨在他身上的好事時，我們或多或少不自覺也會被感染了喜悅，我只是想證明抽象的人和人確實會互相影響。

然而眾人情願設身處地的體會喜悅勝過體會他人的痛苦，若是我們的親人上手術台面對生死未卜的恐懼，在我們身旁呢喃著死亡帶來的恐懼，身為親人的我們總是嘗

試著分擔他的恐懼而陪著一起臉色凝重，讓他知道他不是一個人接受死神的考試，也許看到有一群親人願意陪他上考場他會覺得舒坦一些，但，我們畢竟只能在考場外，真正寫考卷的是他。旁觀者能夠體會和分擔的恐懼，一定比當事人親身感受來的少，甚至一半都不到。

如果上手術台不是我們的親人，我們會非常不願意去想像這個和我們沒有關係的人在手術台上任人宰割的模樣，如果有造物者的話祂或許覺得人承受的悲傷已經夠多了，沒有必要把所有的悲傷往自己身上攬。有趣的是，當一個人願意關心一百個人那這一個人將獲得一百個人的力量，關心一千個人將獲得一千個人的力量，每個人都想成為被關心的對象，如果只關心和自己有利益關係的人那他只是凡人，一個人的能力高低不是在於精明算計，而是將精明算計用對地方的人，也可以說人關心的範圍決定了這個人生是否生活多采多姿，是可以確定的。

第十一節　財富等於被他人注視的程度

也就是因為我們明白人喜歡體會喜悅的情緒勝過分擔痛苦，所以我們盡量的避免落魄狼狽在眾人面前，就好

像一個流浪漢坐在我們身邊，大家會避之唯恐不及，好像
發生在他身邊的衰事會傳染給我們一樣，應該說人互相關
心的機制，在一個流浪漢坐在我們旁邊時會有排斥效應，
不是不去關心他，而是像關掉電燈泡一樣，喀擦，讓我們
的大腦停止一切去想像，是什麼樣的人生境遇會讓他每天
睡在街上。而如果是一個生活品質佳，而且在社會上有頭
有臉的人物，甚至不用他坐在我們旁，我們會主動去拜訪
他，一般人會非常樂意接受他分享他的個人經驗，乃至他
愛吃什麼、穿什麼、開什麼車，都可以成為眾人關注的焦
點好像得到比較多的眾人關愛，想藉由搭訕權貴粉飾自己
的不完美。而這些有頭有臉的人士如果他夠膚淺的話，還
會非常害怕沒有人來問他，是不是自己已經不受注視和被
關愛了。

　　就好像我們看電影時，看到主角遭受的苦難時也會感
同身受，這就是同理心，而大部分讓人投射的條件是人帥，
人漂亮，善良慈悲，外加重點很有財力，而遭遇的苦難若
只是必經的過程如果不影響 happy end 的話（這裡說的
happy end 是沒財富到有財富的結局），才會是眾人願意
投射的對象。為什麼說願意投射的對象要有財力，因為財

賣窮

力象徵能主宰他人的權利，也就是主宰慾，養狗就是主宰
慾的表現，我們通常不只是想被注視，也想主宰他人的想
法，或一舉一動。而不喜歡被主宰，因為這會讓我們想到
上班現實中討厭的上司。在今天手中握有財富就有一定程
度支配別人的權利。

第十二節　良心和好惡感

當我們在批判別人的時候，是一種好惡感，當我們破
口大罵別人的時候，完全就是因為我討厭他，當我們開口
讚美別人的時候乃是我很喜歡他，這種感覺就算是動物也
會有，例如狗，也會有喜歡的東西和討厭的東西。

可是當我們把批判與讚美他人的所作所為時，所遵循
的原則，套在自己身上時，就是自我檢視，俗稱良心。這
就是動物沒有的只有人才有。

我這樣子做對了嗎？我那樣子做錯了嗎？尤其是法
官（審判單位），所謂的正義是合理的使用暴力，當我們
的好惡感激烈到化成行動，要去攻擊某人時，最後一道防

線就是我們的良心，所以法官在執行法律的時候都很嚴謹，尤其是攸關生死的時候。

就作者所知，法官不只是要熟背法條而已，還要熟悉道德哲學。法條就像是一把文字鍛造的劍，而道德哲學就是明白什麼時候用劍。嚴肅的說：明白什麼人應該殺，也要明白什麼人不應該殺。法官不應該是扮演屠夫的角色滿足社會大眾。有些大眾說台灣有恐龍法官，作者覺得這樣說並不妥當，也許社會大眾對法條很熟，可是卻對道德哲學不熟，簡單的說：也就是什麼時候「應該」主張司法權力和什麼時候「不應該」主張司法權力，這跟我們的教育很有關係。

可是從好惡感的角度出發的時候，我們人都想得到大眾的認同而不是指責，可是當社會大眾認同的理由，和自己的良心認同自己的理由，衝突時候，就是問題所在。當他願意從公正的第三方角度（簡稱良心，又有人說出離心）檢視自己的所作所為的時候，並且穩定的接受批判和不驕傲的接受讚美時，那就和我們身上高貴的血統相配。但當我們心中這位公正的旁觀者陷入不明事理的讚美而陶醉時，或被不明事理軟弱的批判聲給嚇傻的時候，那比較像

人。講白話一點「喜不喜歡」和「對不對」，想要得到讚美是喜不喜歡的問題，喜不喜歡和對不對不一定有關係。

講更細緻一點，好惡感是對於自己以外外在的感受，有人罵自己會很難受，看別人很討厭會罵別人。而良心是一種內在的自我檢視，自己檢視自己以後，才讚美自己和譴責自己。這邊與後面會提到的司法程序，司法審判人是別人藉著證據審判你，良心是自己審判自己，有關係。

第十三節　被讚美和值得被讚美，被譴責和值得被譴責

在這邊可以把讚美，分成，被讚美和值得被讚美。可以把譴責，分成，被譴責和值得被譴責。一般人很容易搞混，可是有什麼區別呢？

被讚美，都是來自外人的評價，是憑藉著外人的好惡感，由外人檢視自己的行為給的評價。例如救了一隻溺水的貓，外人（旁觀者）來看，看見自己救貓的行為、結果，就給予歡呼，就是被讚美。

值得被讚美是自己良心發揮時，檢視自己的行為給自己的評價。例如救了一隻溺水的貓，自己會看見自己拯救

貓的行為，也會看見自己的動機，行為、結果。與被讚美不同的地方是，動機只有自己看得見。也許那隻貓是住在隔壁心儀女生養的貓，所以才跳水下去救牠。也許只是單純覺得貓很可憐，所以才跳水下去救貓。如果救貓是為了泡女生，當救起貓，就算被外人讚美時，也不會全面接受這種讚美。因為自己知道自己的動機，並不如外人所講的那樣是為了拯救生命。如果接受的話就是虛榮。如果動機就單純是為了拯救生命，那就理所當然全面的接受外人的讚美，也可以說是榮耀（虛榮和榮耀後面也會解釋）。「喜不喜歡」和「對不對」，泡女生是喜不喜歡的問題，拯救生命是對不對的問題。

被譴責和值得被譴責，也是一樣的道理。被譴責是來自外人的負面評價，是憑藉著外人的好惡感，由外人檢視自己的行為、結果。例如偷竊，外人看見自己偷竊的行為和得到偷竊品的結果，就給予譴責。

而值得被譴責是自己良心發揮檢視自己行為給自己的評價，是憑藉自己的良心，由自己檢視自己的行為給的評價。例如偷了東西被外人（旁觀者）發現，被送去警察

局，當自己良心發揮時，也會明白自己的所作所為是值得被譴責，就會比較欣然接受，甚至不會抵抗譴責自己的人。

而如果偷竊沒有被外人發現，而且造成了被偷竊的人財務損失。如果良心發現，雖然行為沒被別人看見，得手的財物（結果）也藏的好好沒人發現。可是自己檢視自己的動機時，會發現自己是值得被譴責的對象。也許沒被外人抓到，就算整個偷竊的過程只有自己知道，也會良心不安。

如果一個法官扮演屠夫的角色取悅大眾，那是喜不喜歡。如果一個法官宣判不是為了取悅大眾，那是對不對的問題。（作者想不到廢除死刑的理由，不過，死刑的門檻要提高，我盡量努力把與論引導至人為什麼犯罪，犯罪的人都是什麼樣的經濟條件，和不犯罪的人都是什麼樣的經濟條件。）

第十四節　星海爭霸

星海爭霸中。

泰凱斯·芬莉：我曾說過，我這一輩子都不可能做一件高尚的事，吉姆·雷諾，趕緊走吧，和這種生活徹底撇清，做一些你想做的事，你應該還有這種機會，這一次，在這裡，你要把做好人的機會留給我，這或許是我這一生中唯一一件做過高尚的事。

一個人行為是否高尚（美德）只會出現在做出選擇的時候。

就連狗也會有自己喜歡的東西和討厭的東西，嚴格來說狗的行為並不是自我檢視並不是良心，而是恐懼驅使下不得不做出的改變，不是在有選擇的權利下做出高尚的行為，人和狗不同在於有選擇權。

第十五節　良心存在於假設（這個假設每個人都一樣沒有例外）

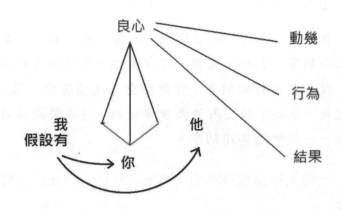

良心存在於自我檢視，什麼意思呢？我們在做某件事情的時候，自己一定可以透視自己的動機（別人看不見）、行為（別人可能看得見，也可能看不見）、結果（別人看得見）。

不同於我在後面美德那張圖要講的，美德那張圖是別人認為。這邊要探討的是只有自己知道。

自己要怎麼樣才會覺得自己值得被讚美（值得被讚美就是美德的意思，有時候修辭會交換，整本書都是這樣），

和別人覺得自己值不值得被讚美？別人讚美你是別人決定的，而自己覺得自己值不值得被讚美是自己決定的，因為自己明白自己的動機是否良好，就算別人看不見自己的動機，自己也會明白自己動機產生的行為是否妥當，結果當然不是自己可以決定的（天決定的）。也可以說美德是自己相信自己的理由（自信）。

而別人覺得自己值不值得被讚美，是從，行為（別人不可能一天到晚都盯著自己，所以可能看得見也可能看不見），結果（別人一定看得見）。

而別人要怎麼覺得自己值得被讚美呢？就是作者下面美德的那張圖（第十二章第一節圖【2】），1 我們對行為人的動機認同（當然他自己講的）2 我們對因他的行為受惠的那些人心中的感激感到認同 3 我們觀察到他的品行符合我們預期的禮俗規範 4 有利於增進社會的福祉。那是外在的自信來源。當然也很重要，不過，是用來鞏固自己內在的自信來源。別人認為你值不值得被讚美是次要，自己覺不覺得自己值得被讚美是主要。

賣窮

　　良心就是我們在做每一件事情，「假設」有你和他在盯著自己看，這個假設你和他看得見自己的動機，行為，和結果。

　　而一個人如果都憑著良心做事，當然會很有自信。一個人都憑外在的掌聲做事，當然會很沒自信。所以人一輩子至少一定都要做一件高尚的事，才會有自信。少了這個假設那人就和動物一樣，因為動物不會「假設」有人在看我。這個假設在每個人中都是一樣，沒有人例外。

　　問題在於當別人只能從自己得到的結果，認定自己沒有美德的時候，和自己認定自己有美德的時候，沒有重疊的時候該怎麼辦？那就是自我安慰，自己還是會安慰自己告訴自己說：只是別人不了解情況。所以別人的掌聲，和自己的作為，沒有重疊。

　　但人的最高原則，還是憑著這個假設做事。

　　所以我在第一章就說過，當他願意從公正的第三方角度（簡稱良心）檢視自己的所作所為的時候，並且穩定的接受批判和不驕傲的接受讚美時，那就和我們身上高貴的血統相配。但當我們心中這位公正的旁觀者陷入不明事理

的讚美而陶醉時，或被不明事理軟弱的批判聲給嚇傻的時候，那比較像人。

作者不是神仙，人或多或少當然是憑別人的讚美做事，但也必需或多或少憑自己的良心做事，人沒有完美的，但會在不完美中追求完美。

第十六節　邪惡

邪惡來自默許眼前一切的人（已知者），合理化自己的每個念頭，默許別人的苦難。邪惡的姿態會隨著時代而改變，今天的邪惡已經以「偽善者」姿態呈現。就像電影綠色奇蹟。

第四章

艱難的平衡

　　任何人除非他獨自一人活在荒島上，否則很難不去參考他人的意見。我們會不自覺地贊成或反對我們的行為，或說因為人會在意這樣做會被讚美而那樣做會被譴責，和自己在批判與讚美他人的所作所為時，遵循的原則非常接近。

　　當自己在批判或讚美他的行為，乃是按照「我覺得」，我會設想處在他的情況時，對於左右他一切的情境使他做出來的行為。

　　設想他人的處境的情況（替他人著想），有的處境很容易讓人設想，有明確的黑、白、善、惡，像童話故事一樣，好人看得出來壞人寫在臉上。而有的處境則不是那麼容易設想，常常介於黑與白之間，社會就像是人類之間彼

此和彼此的電影院，每一個人都在演給他看，每一個人都是導演都想得到掌聲。

但過度的討掌聲，一定是懦弱的行為。雖然自己能檢視自己的作為（動機、行為、結果），相信自己每一件事情做的都是對的，就是自信，可是在沒有掌聲的情況下，這種自信很難維持。我們就是在自信和懦弱中拔河。

可是為了掌聲，到底會喪失導演多少的靈魂是必須考慮的，是想為了賣座而賣座或完全把這部電影當成展現與他人不同獨特性的藝術品？完全沒有掌聲的電影拍不起來，單純討好觀眾的話內容都空洞，就像和魔鬼交易一樣願意賣多少靈魂交換掌聲。

第五章
一種看似有錯誤的瑕疵

　　就是因為我們渴望被別人認同而害怕被別人不認同，不管是高貴的舉動還是荒誕的舉動，原因都是得到更多人的認同、注視、關愛。也才造就了我們人類為什麼瘋狂追求財富。

　　大腦對於抽象的是非對錯還處於幼稚的時候，眼前看得見的比較容易使人信服，我們的想像來自我們眼前看見的，而眼前看得到的財富是最立竿見影的方式，所以當有一部進口的跑車呼嘯而過，車主會認為所有人都在注視著他，其實不管是，跑車、穿著、臉書上的旅遊照片都是，為了讓自己以為得到了他人的注視。這是一種造物者賦予我們看似有瑕疵的錯誤。

　　好像有錢的人講話就是比較有說服力，這並不是幻覺，如果一個身無分文的流浪漢和一個有頭有臉的人士同

樣講出一句很有道理的話，我們會比較欽佩有頭有臉的人士而比較不欽佩身無分文的流浪漢。雖然這種感覺確實會腐化正確價值觀的判斷，但整體來看還是好的，關鍵是沒有追求財富和被注視的誘因，人類很難有所作為，而我們人天生就是要有所作為，證明自己的價值，並且因為這個理念有所行動，如果一切都只停留在想法的階段不付諸行動，將會產生消極的祝福，想看看假設人類世界每一個人光是心存善念就能得到他人的注視與欽佩，人類社會將不會有有效的互相幫助。就好像有人掉進海中旁觀者卻站在岸上祈禱。如果說財富是能力的話，沒有能力只能站在岸上祈禱，和有能力跳下水救人的人，可以得到更多注視和欽佩的一定是有能力且救人的人。

第六章

虛榮和榮耀，自信和懦弱

自信是一種長期耕耘心靈得到的果實，最常出現在神職人員與宗教服務人士身上。人一定要有自信才有辦法活下去，才不會以自毀為前提地活下去。

虛榮是一種來自外在的自信來源，和懦弱相輔相成，當一個人連自己都不願意激勵自己的時候，就是求助外在。最常見的就是物質的變化，前面講過每個人都想成為被他人注視的對象，一個人窮的只剩下錢或窮的去貸款，都是為了急著改善自己的物質條件，在急著相信自己眼睛的人們前，證明自己脫離了貧窮，不管這歡呼聲來自睿智或來自膚淺的人，通通照單全收。

相較於虛榮，榮耀也是被他人注視，但是，榮耀是在自己很嚴格的審視每一個行為之後，才獲得了他人的歡呼，是自己先認同了自己的存在，身旁的人才來認同自己，

身旁人的歡呼聲對於這輩子追求榮耀的人是次要而非主要。不同於愛慕虛榮的人，不明事理的歡呼聲是他們一輩子追求的目標。

第七章

抽象的道德

　　以法律來對應，法律講求的是什麼人應該受處罰，並且有文字為規範。正義是合理的使用暴力。相反的，什麼樣的人不應該受到處罰，這個問題是沒有辦法用文字規範的，也就是說文字沒有辦法約束我們每一個行為。道德是存在於文字規範以外的一種約束。舉個簡單的例子，法律沒有規定不能隨地吐口水，但我們知道隨地吐口水讓別人不舒服，在公共場合吐口水總是會被白眼，甚至被罵沒道德，道德是一種設身處地的考慮到他人觀感後的自我約束，即便不一定受到實質的處罰。再舉例子，例如亂倒垃圾，有環保局的人在看是犯法，沒人在看是沒道德。

　　至於美德是什麼，道德是自我約束，美德就是在不被逼迫的條件下幫助他人的舉動，並且值得讚美，也就是說道德是不被處罰，美德是值得被讚美。例如有孩童溺水，有個陌生人在不被人逼的條件下跳水救起孩童，那他的舉

動將得到周圍所有眾人的讚美。作者並不鼓勵抓重點的閱讀，這會讓人喪失邏輯拼圖的能力，但道德是什麼確實不好理解，只好像教科書一樣抓出來。

法律只能判斷什麼樣的人應該被懲法。

不能判斷什麼樣的人不應該被懲法。

不能判斷一個人有沒有美德。

第八章
經濟學即便在沒有道德觀念的情況下 一樣可以經濟繁榮

　　經濟學即便在沒有道德觀念的情況下一樣可以經濟繁榮，道德是存在於法律文字約束以外的是非對錯，一定先有是非對錯的觀念才有法律的存在。例如 2013 年頂新集團劣油事件，在自己的產品食用油中添加銅葉綠素，自己都不知道長期吃下肚會有什麼問題就賣給消費者，並且覺得只要吃不死人就好，對司法判決瞭若指掌的頂新集團明白判決輕重是以明確的結果（證物）決定的，消費者吃下肚的銅葉綠素，假設致癌或任何後天病變都很難歸咎吃了幾匙頂新沙拉油造成，舉證非常困難，司法是看證據的，但不犯法不代表是對的。頂新集團只是脫離了法律文字約束的範圍。

　　2015 年頂新油品案判決時遭判決無罪。2018 年 4 月，違反「食品安全衛生管理法」和詐欺罪，判決頂新前董事

長魏應充有期徒刑 15 年（6 年可易科罰金），重罰頂新 2 億 5 千萬。從一審的無罪，到二審有期徒刑 15 年（6 年可易科罰金），重罰頂新 2 億 5 千萬，就是不會判死刑。

　　脫離了法律文字約束的範圍，好像很難懂。我舉個生活化例子，例如菸害防制法，規定店家不得提供菸灰「缸」，否則開罰 1 萬～5 萬元台幣，所以很多露天咖啡店，就在桌上放，煙灰紙「杯」，煙灰「寶特瓶」，那一切都符合法律程序。相信這樣講脫離了法律文字約束的範圍會比較容易理解。

　　下面圖中（第一篇第九章第二節【圖 2】、【圖 3】）的財產旁邊有一個易科罰金，技術上來說頂新油品案是在財產的範圍內。從司法是講證據的來看，司法一定只能從舉證容易的結果判決，其二是行為，其三是動機，由於結果沒有辦法證明有人喪命所以不能從罪大惡極的生命審判。

　　相較於 2005 年的槍擊要犯張錫銘因為犯了擄人勒贖，但，被綁票的人都活著，只有違反了自由、財產，並沒有生命，所以無期徒刑定讞，沒有死刑。

賣窮

第九章

第一節　物權法

不管是多數窮人們想從資本家的獲利分一杯羹，或怕資本家日益膨脹的野心併吞自己僅有的財產，還是少數資本家害怕飢渴如狼的窮人們忌妒自己的財富而傷害自己。窮人和富人才一起達成共識確立「物權法」誰都不能以搶劫、偷盜、詐欺的手段，得到他人的財物，不知道是先有財富的累積才有「物權法」，還是先將財產視為一種權利後大家才能安心累積財富，物權法的出現很難考究，司法保護財產當然是好事，但我擔心的是過度的定義，那生存的權利可以變成財產嗎？

2013 年紐約時報報導，美國好萊塢女星安潔莉娜‧裘莉決定切除雙乳，因為接受檢測發現她基因帶有變異 BRCAI，代表她有 87％機率罹患乳癌，此新聞讓 Myraid

基因公司成為焦點，這間公司握有 BRCA1 及 BRCA2 的基因專利。把疫苗物權化是為了排除其他競爭者增加利潤。

1955 年沙克醫生發明小兒麻痺疫苗，他沒有申請小兒麻痺專利（也就是我說的物權法），並沒有疫苗的專利「所有權人」是誰的問題。白話的說今天打小兒麻痺疫苗不用錢。這位偉大的醫生則說：疫苗和陽光一樣曬太陽不需要付錢。難道太陽可以申請專利嗎？小兒麻痺至今幾乎完全絕跡，落後國家也不例外。

例如癌症疫苗的專利就是一種財產的權利，別人開出天價販賣疫苗且可以要賣不賣，買不起的人就會連求生的權利都沒有。什麼東西可以被定義為私人財產，什麼東西不能過度的定義為私人財產，要先搞清楚。空氣汙染嚴重的北京已經有人在販賣空氣。

賣窮

第二節　財產是一種權利

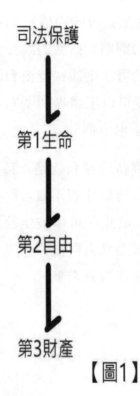

司法保護

第1生命

第2自由

第3財產

【圖1】

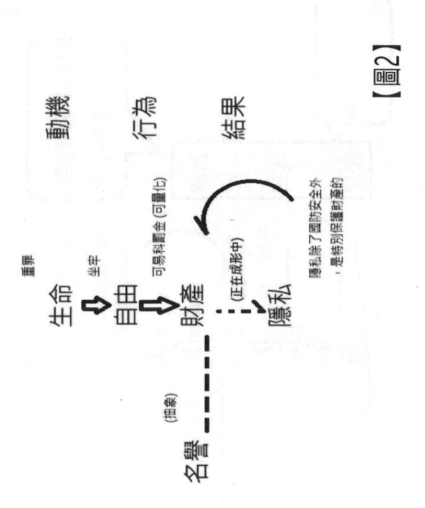

【圖2】

賣窮

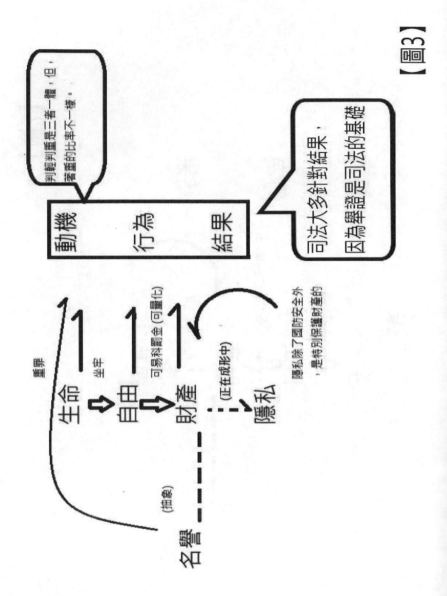

【圖3】

判輕判重是著重的比率不一樣。三者一體，但，

司法大多針對結果，因為舉證是司法的基礎

動機　行為　結果

重罪

生命 → 自由 → 財產

坐牢　可易科罰金(可量化)　(正在成形中)

隱私

隱私除了國防安全外，是特別保護財產的

名譽

(抽象)

不得不從司法開始說起，司法保護著我們最重要的第1是生命，例如不能殺人。第 2 是自由，例如不能綁票。第 3 個是自己身體以外的部分就是財產（參見本節圖【1】）。

也可以說財產是人身體的延伸，前面講的頂新集團技術上來說並沒有傷害到生命所以都還可以花錢了事。例如買下一棟房子之後就算人不在家，只要沒有經過同意進了這棟房子，被攝影機拍下，經過舉證後，就是侵犯了我的身體。

從第 1 種最罪大惡極的奪取他人生命，到第 2 嚴重的妨礙他人身體自由，到第 3 個財產才是人身體的延伸，司法一定是先穩定了前面第 1、第 2 的條件，才有第 3 個條件，本書的構造大多都是由第 3 個財產出發。而司法案件至少有一半以上的糾紛都是來自第 3 個財產的糾紛。

財產在今天有這麼大的力量是因為伴隨著司法。換個處境想如果今天在第三世界國家例如非洲，年年有仗打、月月有軍情，每天政府軍和反叛軍打打殺殺，司法部門形同虛設，在第三世界國家若有一大堆的財產，那也沒什麼意義。

賣窮

　　財產是一種權利，相較生命和自由的文字規範是一種較新的新興法則，「物權法」把財產規範成一種權利，例如原本只有生命是一種權利，自由是一種權利，現代變成人，擁有的東西也是一種權利。人類要到約 1700 年工業革命才真正稱得上用資本賺錢，司法如果落實的越徹底這個身體的延伸就會和巨人一樣。也只有在治安良好的國度，大家，不管是資本家也好勞工也好才敢把自己剩餘的產出拿到市場上來買賣，政府首要負責的是一種安心的交易環境，至於買賣什麼其次因為很難盯著每一個人的交易行為。總之，政府或司法是個笨重的巨人，而商人是精明的老鼠，政府的首要是打造出既能收到稅又以安全第一的老鼠窩，沒有安全感一切免談，只要交易流暢自然經濟會繁榮。題外話：「經濟繁榮不代表貧富差距縮小」。

　　判輕判重是動機、行為、結果三者一體，但著重的比率不一樣，怎麼說呢？舉個例子，闖紅燈，撞到人和沒撞到人情況不一樣。萬一撞到人是針對造成的結果，沒有撞到人是針對闖紅燈行為。萬一被開罰單態度又很差的話被告妨礙公務，態度方面算動機。

　　某方面來說財產是得到名譽的門票，名譽也可以和財富的累積有關聯，例如銀行的信用就是一種名譽（商譽），名譽的詆毀一定也會對其財產有明顯的損害，政治人物的名譽（公信力）詆毀會讓下一屆選舉選民對參選人喪失信心。

　　名譽雖然（抽象）看不見，除非產生明確的證據司法才有辦法制罪，例如醫院開出證明有憂鬱症，或上媒體頭條的恐慌銀行擠兌。

第三節　叛國罪可以從動機治罪

　　有人說法律是講求證據的一點都不錯，也確實產生了漏洞。但如果只因為內在的動機（想法）就能判刑的話，而不是外在有證據的犯罪行為，那近代台灣白色恐怖的宗教法庭又會再次出現，動機就能治罪的話將會天下大亂。法律是一部文字組成的機器，一定會有壞掉的時候，可以修好它或讓它更好的只有身為工匠的每個人和使用它的每個人。

賣窮

　　大概只有叛國罪可以單獨從動機判刑，也就是說不用證據。而圖中隱私權除了國防安全外（第一篇第九章第二節圖【2】、【3】），是特別保護私人財產的，為什麼我這麼說呢？因為做多了不犯法且心虛的事，所以在財產過度集中的台灣被認為有隱匿的必要，遺憾的是主導輿論和政府資源都是擁有大部分財產的人，更糟糕的是沒有財產的人幫助有財產的人一起提倡「個資法」的重要性。我不是說「個資法」不好，我問的是隱匿的動機是什麼？

　　司法大多以結果為基礎，所謂的罪證就是指結果，也許會錯放壞人和錯殺好人。司法機關是一部機器和劍一樣，重點在於使用它的人。

第四節　法律是一種現世報

　　法律是一種現世報不同於來世的報應，犯了不同的法，司法會有不同程度積極性，社會就像是一棟房子，司法就像是鋼筋骨架，正義是一種美德唯一可以靠逼迫達成目的的美德，在法治國家中我們把正義交給國家來決定，不管是恐懼被報復或真心遵守，都可以達成社會的每一份子不再傷害彼此的最低標準，如果沒有鋼筋骨架房子一定

會倒。而其他存在於人美好的性情就像是裝潢一樣，讓住在房子的人過得更舒適。

房子越來越大時，鋼筋骨架就越重要，早期農業社會交通不發達，彼此和彼此可能是每100個人為一個社會（或生活圈）不然就1000個人為一個社會，在這種社會中除非是殺人放火，不然司法必然不會太重要或說不會那麼計較，因為在這種小型社會中彼此都有一定程度的接納彼此，這種情況在台灣中、南部鄉村還是看得見，例如：車不小心停在別人家門口，屋主會過來好言相勸，請移動一下車子。如果是在400萬人口的台北市，車子借停一下門口，就是被開一張違停罰單。

由於交通越來越發達，原來是紅磚頭或稻草蓋的房子已經支撐不了那麼多人的重量所以必須改建成有鋼筋骨架的高樓大廈，社會和社會串聯起來，生活圈越來越大，見到面卻又不會去打招呼的陌生人是這麼多，不像每100個人為一個生活圈那樣有時間互相認識再接納彼此。每天和自身擦肩而過的陌生人是好人是壞人不知道，所以像台北市這種400萬人的生活圈（社會）特別強調執法嚴明，我雖然在這裡強調司法的重要性，但，司法只是明文規定

賣窮

彼此不能傷害彼此維繫社會的最低標準。但是也是因為大家都誤以為所有的糾紛只要讓公權力介入就是最好的辦法，也產生了社會的冷漠。

今天的問題來自於眾人誤以為維持生存條件彼此不傷害彼此的最低標準可以讓生活更美好。

所有的美德當中，只有正義是有被明確規範的（正義這種美德分成動態和靜態的，他同時是美德也是道德，例如警察去抓壞人那是美德是動態的，而一個只是奉公守法的人不去做壞事那是靜態，但值得被讚美的當然是警察。下面「俠盜」會說明正義其實不一定是執法人員的專屬），並且被強制需要遵守，如果某人的是非對錯觀建築於法律上，只用眼睛去思考看到的法條，高調地說出：「我沒犯罪啊。」那他也只是不適合以法律報復的對象，但仍然可以是值得被憎惡的對象（前面的魏應聰董事長），司法是房子的骨架，就算人沒有正義以外的美德，房子依然不會倒，人和人之間可以都靠逼迫聯繫，活在一個很醜陋的房子裡大眼瞪小眼憎惡彼此，沒有任何美德的裝潢。仁慈、孝順、同理心…等，都是不能靠逼迫的，唯有正義是能訴諸暴力靠逼迫手段達到目的，換句話說逼迫的越徹底社會

就更美好了囉？財產權是一種文明象徵是不爭的事實，可是衡量一個社會文明的尺並不是建築於逼迫上，而是這個社會允許勞工和最弱勢的一群有著什麼樣的生活條件。

一個人的層次高低並不是來自財富的多寡，取決於在面對比自己弱勢的人散發出什麼樣的姿態。

司法是一個眼見為憑的世界，並且是在文字可約束的範圍內運轉的機器，仔細想想人的行為一定會超過文字的範圍，把一切文字化訂定出一個彼此不會傷害彼此的規範，司法講究明確的結果，它來自我們每人一點一滴的共識所組成，這裡說的共識是指我後面要說的是非對錯的觀念，你、我、他都覺得對了就把它文字化，可衡量化寫進法律裡，當然有些人的對錯感比較遲鈍有些人比較敏感，但他絕對不會消失。公道不在紙本法律，公道在於人心。

賣窮

第十章
英國十六世紀圈地運動

　　英國十六世紀圈地運動，十六世紀的英國正在由農業轉型為工業（有些像經濟起飛時的台灣），大家可能沒想過便宜的勞工從何而來？消費者又從何而來？故事是這樣的，地理大發現後西班牙不斷用從中南美洲開採出的金銀向英國購買（交換）羊毛，導致英國羊毛需求不斷增加，這也使牧羊業利潤增加（這裡說的利潤指的是金銀），土地被拿來畜養更多的羊群，地主開始主張他們的「土地所有權」，當然那些土地在法律上是地主的，不過在金銀湧入英國以前，社會觀念是把土地保留給最窮困的人（也就是長期承租土地的佃農），英國當時是有社會階級責任的，也就是西方人說的騎士精神，當今天站在比別人高的位置時必需顧及比自己弱勢的那個階層。不過，由於對金銀的貪婪腐蝕了這一份責任感，促使財產權的執行是來自對奢侈品（金、銀）的貪慾，從此以後地主和佃農「社會階級

責任的默契」就此打破。這一份貪婪促使財產權的執行，也是我們現在股東的基礎，沒錯，不犯法，但不犯法和這個人的行為值不值得被讚美不一定有關係。

這些長久承租的佃農唯一的出路就是到城市被迫販賣自己的勞動力。

英國政府也樂於見到這種情況，比起和零零散散的佃農課稅，向大企業課稅會輕鬆得多，況且貧窮使人們更加努力的工作，創造了ＧＤＰ成長。政府配合著資本階級不斷寫出新的法律（立法）以法律逼迫更多的佃農遷往有工廠的城市，著名的倫敦就是這樣誕生的，這些廉價的勞動力就是英國工業革命的基礎。這些從鄉下遷往城市的人不但提供企業勞動力，在不能自給自足的情況下一定要消費，又替企業提供了消費力道。有沒有很像我們的台北市商圈？

我並不是說要住在台北市的人去種田，而是台灣的ＧＤＰ成長很大一部分來自低廉的勞動力。

當然會有人說這是經濟成長一定要做出的犧牲，是「必要之惡」。我想說的是這種惡是可以控制的，就像電

賣窮

影魔戒裡面的法師，法師是魔戒的主人不應該被魔法吞噬。

第十一章
那立法和我們的生活有什麼關係？

　　有人認為作者都在講一些古代的故事，那就講一點現代的。有些人可能還是不明白立法和我們的生活有什麼關係，那就進一步說明。

　　要說台灣過去十多年最爛的修法是什麼？就是在 2008 年將原本 50％最高邊際稅率的遺產稅，一舉調降為 10％。

　　依台灣稅法，父母每年都可以對子女贈予數百萬台幣而免稅。因此，有錢的父母只要規劃好分年贈予，給子女遺產上億都絕對不必繳到一塊錢稅。在這麼寬鬆贈予的免稅規定下，若是還需要繳納遺產稅的，絕對是財產上百億的人。台灣降遺產稅，如果說背後沒有拿不上檯面的遊說，你相信嗎？

賣窮

　　賦稅改革委員會的非官員成員都反對亂降稅。中華經濟研究院某些賦稅改革委員對此有意見，行政院副院長親往遊說，台北商專另外幾位賦稅改革委員也有所保留，副總統某個週末請這些有意見的人去總統府喝茶。

　　有些經濟學沒念通的人說「降稅可以刺激景氣」，對，沒錯，不過那是在實體投資機會多的時候。但台灣從來不缺資金，一向錢淹到腳膝蓋，缺的是實體投資機會。當投資機會不足卻冒出這麼多熱錢十之八九當然流向房地產。

　　2008～2014 年台灣都會區房價大漲，想成家立業的年輕人買不起房，而「一切都符合法律程序」。

第十二章

第一節　合法的不一定合理

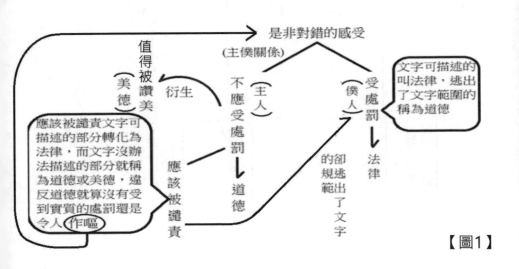

【圖1】

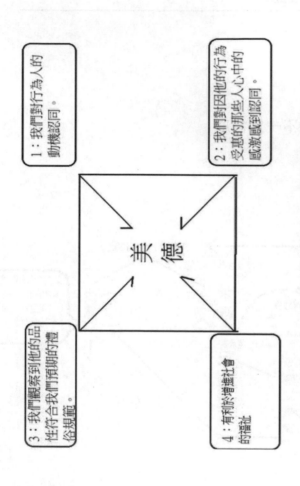

【圖2】

1：我們對行為人的動機認同。

2：我們對因他的行為受惠的那些人心中的感激感到認同。

3：我們觀察到他的品性符合我們預期的禮俗規範。

4：有利於增進社會的福祉

美德

備註：所有靠逼迫的手段達成的結果或善舉，通通不是美德和道德。

　　圖2這張圖是我們會覺得什麼樣的人有美德,你和我,會「覺得」他有美德。法官在審判人的時候多少會了解被審判的對象在社會上幹了哪些事。作者單方面的覺得一個人在社會上有做好事又做錯事的話會降低人對他的報復心(有點像功過相抵的概念)。美德是一種奉獻,也就是經過我前面說的良心檢視後的一種行動。結果會不會被讚美是另一回事,這張圖是我和你認為他(他和你認為我)有沒有美德,是外在的,有時候確實會產生誤會,因為他的動機只有他知道。(你、我、他讀者看了可能容易亂掉,半括號這邊幫讀者整理一下,你、我、他。你和他覺得我。我和他覺得你。我和你覺得他。我知道這幾句有點繞口令,總之圖2是別人認為,別人認為的,包括頭腦清楚的法官還是別人。而自己要怎麼覺得自己有沒有美德,是自己假設以他的角度,和你的角度。)

　　內在良心方面只有自己看得見(相較於我在第一篇第三章第十五節的圖),是自己認為自己有沒有美德,不得不承認有時候用良心做事不一定有好結果,可是如果求好結果做事的話那就不是良心,因為良心的行動是對不對的問題,求好的結果不是喜歡的問題,美德和值得被讚美是一樣的意思。有一個有趣的現象,當外人認為自己是值得

受懲法的對象，和自己明白自己是值得被讚美的對象，牴觸時，自己就不會那麼難過了。

法律固然重要，法律懲罰不了偽善者。講到這裡是想告訴大家法律絕對不是「是非善惡」的根源，合法的不一定合理（擔心誤導大眾，我再強調一次，我說的是「不一定」，不是「不合理」）。

合法的不一定合理！什麼意思呢？為了讓讀者更明白一些作者舉幾個例子，如果有人開車載著即將要臨盆的孕婦闖紅燈，那他不合法但他合理。

那合法的一定合理嗎？2019 年台灣環保署禁止店家提供塑膠吸管，官員們親自示範用湯匙喝珍珠奶茶，他合法。但不合理。（如果是作者自己還是喜歡用吸管吸飲料杯內的粉圓）

行為是否善良也是因為人的動機，默許當然也是一種行為，例如新聞上看到家屬衝上去打害死自己親人的殺人犯，警察也會要擋不擋的（不打死人的範圍內），他不合法，可是他合理。所以證明了一個人是善良或邪惡，是來

自人的每個念頭。雖然我在前面說邪惡來自默許眼前一切的人，但還是要看他「為了」什麼選擇這樣的行為。

值得被讚美的行為也不一定和合法有關係，例如關羽在華容道放走了曹操，這就犯了軍法。關羽念舊曹操過去的恩惠（在放與不放之間天人交戰千百回），即便犯法也要放曹操。1800 年前看關羽一定會認為他該殺，可是隨著時間推移，利益關係逐漸淡化 1800 年後，人才能跳脫法律的眼鏡，看到什麼才是值得被讚美的行為，關羽高風亮節正氣凜然活在我們東方人心中。

正義其實是一種美其名的包裝，我們有一半是神一半是動物，動畫動物方程式中的教父說：我們是進化了但仍流著動物的血。對於另一半動物的性情用恐嚇，達成人不去做壞事確實有用，因為只有動物才會被恐懼馴服，人類社會在學會互相幫忙之前，一定是先學會停止互相傷害。所以首先每個人要先有一定程度的自我約束。這時法律（正義）就出現了，也就是停止互相傷害成為社會大眾所有人的共識，因為第一步社會大眾認為這合理，再第二步把傷害任何人在文字可描述的範圍內寫成法律，任何只要傷害他人的人都可以被政府或公共機關報復，這是一套不

賣窮

完美的辦法，有缺陷，因為很難探討到人為什麼犯罪，而犯罪的影子是貧窮，舉個例台灣性交易是違法的，那些不幸的賣身女為什麼要賣身？犯罪都出現在什麼樣的經濟條件？作者擔心貧富差距再惡化，再多的警政人員也擋不住。

理論上第一道防線是自我約束（不成文），但如果自己控制不了自己傷害人的衝動，就是靠第二道防線，成文的規範（寫成文字的法律），只要想到受到群體公共報復的後果，也能達到約束的效果。但是約束畢竟是捆綁野獸的枷鎖，想看看一個只有正義的社會沒有道德和美德，就像是把一群野獸關在一個籠子，那基本上人和動物沒兩樣。

相信沒有人喜歡說自己是被恐嚇才守法的，因為那會讓我們想到自己流著動物的血而不是神的血。所以我們就給這種恐懼取了一個名詞叫「正義」，也就是當人類停止互相傷害後，才開始想著除了生存以外有什麼意義，當開始思考生存以外的價值後才和我們另一半尊貴的血統匹配。

　　什麼是應該受懲罰是「正義」的話：例如殺人、搶劫、綁票。不應該被懲罰是「道德」的話：例如自我約束、責任、義務、公德心。而什麼舉動是應該受到讚美是「美德」的話。

　　很多人誤以為優先順序是正義（法律）→道德→美德，這是錯誤的優先順序。正義是合理的使用暴力（我這裡把恐懼轉成暴力），如果一個社會的人數不超過一千人左右，例如早期的北美洲印第安人那樣的群體或早期台灣的原住民，其實不需要法律（文字寫成的法律）就能維繫群體，部落間人與人互相都有最基礎的信任與認識，就算有糾紛這份過去一點一滴相處的信任也不見得完全消失，人與人之間的糾紛往往都是酋長裁決，也可以說酋長是部落的法官，有糾紛的兩個人都是酋長從小看到大的，對部落間「每一個人」的品性和家庭狀況和為人都有最基本的認識，外加被審判的人也信任酋長，所以能做出最好的裁決。可是當人類社會越來越龐大的時候，這種方式已經不適用，因為法官不可能認識全部國家的人，而每一個有糾紛的人都說我是「對」的時候會變的很混亂，人類社會很難有進一步團結。於是當文字出現的時候就把「可以文字載明的部

分」寫成了「法律」，你、我、他通通先認識法律，才能在社會活動，也就是說法律是我們社會的共識，當人類社會越來越龐大時，法律的複雜程度就越高。不過也讓人誤會只要訂出更複雜的法律就能讓社會得以更幸福。而沒辦法用文字載明的部分就稱：道德、或美德。

其實是先有對錯感才有法律，也就是說「先合理才合法」順序是先有道德和美德再來才有法律（道德、美德→法律），法律本來就是從道德裡挑出幾個會重大危害到社會維繫的網子（法網），他的功能只限於不讓人們彼此攻殺彼此的最低標準，法律並不是針對個人設計，而是針對維繫總體社會一個不完美的辦法。所以有人總說漏網之魚，或司法不公，法官想的是怎麼樣用手上有限的證據（法官看得見的結果），至少不要讓社會四分五裂。講白了，有效的用恐懼來嚇阻最多的犯罪是每個文明國家的司法方向。

法律可以有效克止我們情緒激動時會傷害他人的行為，是立即性的解藥，可是如果今天的忍耐換不到明天的笑開懷時，如果是宿怨和怨恨的話，怨恨並不會隨著法律禁止我們怨恨他人而消失。況且傷害他人的方式不只侷限

在傷害他人的身體，也就是說可以讓社會更好的並不是法律而是學著發現除了生存以外的價值。

作者想到乾隆年間，有一次發生飢荒皇帝派和珅去發糧賑災，看透人劣根「性」「註2」的和珅發現很多不是災民也喬裝成災民來領粥，所以糧食永遠不夠發，沒辦法只好在粥裡面撒了沙子。和珅的理由是「真正快餓死的人摻了沙的粥也會吃，裝可憐的人不會來吃摻了沙的粥」。司法就像這一把沙子，和珅明白在幫助別人之前，要先明白什麼人不應該幫，才能把資源用在真正有需要的人上。法官頭痛的問題是每一個人都說我是對的該怎麼辦？

第二節　俠盜

總之正義是合法和合理的使用暴力或逼迫的手段。那如果合法而不合理的使用暴力呢？稱為：暴政或霸道。那如果合理而不合法的使用暴力呢？那就稱為黑道或「俠盜」，小說中廖添丁對抗日本殖民台灣初期的高壓統治，和英國中世紀羅賓漢搶奪貴族和王族的財富分給老百姓的故事，水滸傳的梁山108條好漢，和蝙蝠俠的行為，都是所有小說家和電影愛不釋手的題材。正義其實不是警察

的專屬，美國槍枝合法是建立在「偏」合理的使用暴力就叫正義，有點像水滸傳中的梁山 108 條好漢那種感覺，我們台灣則「偏」合法的使用暴力比較妥當，所以我們還是有正當防衛。沒有誰好誰不好，為什麼我這麼說呢？確實美國槍枝氾濫很恐怖，但把使用暴力的權限全部集中在公權力手上，也讓敢挺身而出的人變少了。美國的槍枝合法化是有這樣的理由，美國當初獨立時就是不滿被英國政府課稅，靠著集結民間的私有武裝力量獨立成功，所以美國一獨立時就把槍枝合法化寫入憲法，意思是如果這個政府再像英國一樣，我們一樣敢推翻他。台灣不動刀不動槍，得來不易的「言論自由」、「開放性社會」、「思想自由」，與槍枝合法是一樣的意思，不會像我們對面的朋友一樣。（作者強調我不支持槍枝合法）

　　法律既不是善良的根源；當然也不是邪惡的源頭。它是一把手槍，使用它的人決定法律是否善良或邪惡。這概念可以衍生到今天貧富不均的問題，錢本身跟法律或槍一樣是「中性」，賺錢只強調「守法」那這個人沒什麼了不起的（很多財閥、政治人物都賣力強調自己合法），賺錢並不能決定邪惡，花錢的地方才能決定邪惡或善良，再這

個「停滯性通膨」又貧富不均的年代怎麼花錢比怎麼賺錢重要。講點趣味的：一個人的消費習慣（或投資）可以看出他是怎麼樣的一個人，消費習慣是「照妖鏡」。

言歸正傳，「合理」和「合法」是一種主僕關係，正常的情況下，法律是繼承合理的觀點才傷害他人，少了合理就只是單純的傷害人。簡單的說：這個人如果受到傷害「可是」他不知道自己受的是傷害（傷害人的方式本來就不只局限於身體），那對他做再多的傷害都是合法的，就像嬰兒被保母虐待一樣。

寫到這邊是想說，司法的公正性很大程度是依賴2300萬人的所得是否平均，平均當然只是理想，但至少不要太誇張，貧富不均日益惡化，總有一天司法一定變成偏於某些特定團體的武器，一味的從法律去改進法律。就像手錶壞了時間不準機器不會修好自己，能夠讓它更好的只有鐘錶師，法律的智慧體現在人身上，而不是法律本身，不會有人說一本法律很有智慧，而是說撰寫法律的人很有智慧。台灣的法官素養高並不亞於我們羨慕的歐洲，只是現在的問題並不是法律規範而是道德的催促。

賣窮

第十三章

菲律賓

天主教國家菲律賓，2004 年記得去菲律賓中部宿霧旅遊時，地陪和我說錢包收好這邊不會搶劫，可是會偷東西，這邊偷東西沒有罪。我以為我聽錯了。所以再問一次地陪，地陪再重複一次：「這邊偷東西沒有罪」。第一個反應是，果然是落後國家，地陪花了很多時間和我解釋，受害者大多是怎麼樣的人和加害人為什麼要偷竊，才知道我們華人目光短淺，我並不是說偷竊好。

菲律賓的貧富差距比台灣更加嚴重，有錢的人可不輸台灣人，窮的人甚至翻垃圾找食物。在這種情況之下，被偷竊的都是什麼樣的人，和為什麼要去偷竊，是菲律賓的思考角度，他們把偷竊視為一定是因為日子過不下去才會去偷，雖然偷沒有罪，但，被發現的話被毒打一頓不是不可能，為什麼要鋌而走險？換個角度是什麼樣的人才容易被偷？今天如果換作是小偷會找穿金戴銀的人下手，還是

衣不蔽體的人下手？假設穿金戴銀的人被偷了 100 美金不痛不癢，這 100 美金卻可能讓小偷的家人一個月不用在垃圾堆找食物。社會的資本佔有者（富人）當然可以裝清高說偷竊就應該判刑。

我承認被偷竊時的金額和偷竊的手段有一種模糊界線，畢竟偷東西本來就是錯的，但，被偷竊的人和社會大眾是不是可以不要在把目光放在有沒有罪，而是為什麼去偷竊？

地陪自己也是華人（香港人），菲律賓 6000 萬的人口中有 60 萬是華人，甚至設立「台僑」學校全球只有菲律賓有，地陪自己也很清楚確實是華人的資本佔據了菲律賓的經濟命脈，觀光業和房地產，搞得很多菲律賓青年出國當外勞，有點像今天的台灣。地陪自己家也請了三個菲傭花了 16000 彼索（2004 年折合台幣約 12000 元），且自己也是天主教徒，在自己家有時候錢沒收好，莫名其妙的消失，也就誠心當作是捐給上帝的。

梵蒂岡是全球天主教教產的總部，就算在台灣看見的很多，學校、醫院、教堂…等，皆是「教產」。

賣窮

每年奉獻給梵蒂岡最多的國家，並不是先進國家，美國、法國、日本…等。而是菲律賓，據說當地人把教堂當銀行，每一天賺的扣掉花的之後，通通奉獻給上帝，難怪當地教堂往往是最美麗的建築物，反之在每一個人嘴上都掛著讚美主的台北市，連自己辦公室的沙發也比神父的座椅來的高級。也許他們不是很聰明的把明天的生活費也捐了出去，這種慷慨的氣度，把錢排在第二順位的價值的美，體現在教堂的一磚一瓦。

照理來說台灣的經濟比菲律賓好，2004 年聯合國統計「快樂」，菲律賓排名第七，學生快樂排名第一。

生為人快樂和痛苦的理由都是一樣的。

第十四章

第一節　價值和價格的區別

價值來自你相信。

價值和價格的區別，價格建立在價值之上，價值是我們兩個都相信某個東西有價值，然後我們兩個要分配它的價值，在分配的過程中大多都是以數字計算，計算過後就變成價格。

例如土地，我們兩個人都覺得土地有價值，那就你一半我也一半，而我想要你那一半的土地就必需要拿 10 隻雞來交換（當然你想要 10 隻雞為前提），這 10 隻雞就是所謂的「價格」。

　　當然台灣有些原住民的價值觀認為土地是共有的，也就是土地像空氣一樣誰都可以擁有，這時候在原住民之間土地就不會有所謂的價格。

　　我知道很抽象，我再舉個例子，例如「玉」這種東西，在老外眼中是沒有價值的，當然就沒有所謂的價格。可是在我們東方人眼中甚至比同樣重量的黃金還貴，因為我們先相信玉有價值，所以在我們東方人眼中「玉」就有了價格。

第二節　有價值的東西不一定有價格

　　我們把價值和價格的區別做延伸，會得出一個有趣的結論，有價值的東西不一定有價格，例如，閱讀、音樂、寫作、藝術、運動、電競、格鬥、親情、愛情、友情、義氣、信仰、文化、家庭等…（太多了寫不完，總之只要是沒有價格但是我們會在乎的東西），或說很難訂定出價格，可是他還是有價值。

　　（整本書為求通俗口語化，價值和價格有時會修辭轉換）

第二篇

引言

　　這邊就是比較實物的部分，尤其是大家最關心的工資、資本利潤、還有大家最好奇的房價。但不要忘了，雖然介紹了各種貨幣、股票、債券、房地產，但這些只是表象，財富的本質還是來自比較，也就是說一個人的財富來自有多少人比你窮，而債務來自有多少人比你富有。尤其在景氣不好的今天更明顯。

第一章

貨幣

　　每個人口袋都有貨幣，你絕對不能說貨幣不重要，我打算從貨幣切入讀者生活的方方面面。

　　貨幣的三種職能，交易的媒介、計價的單位、價格的儲存，在今天我們口袋的鈔票它也是貨幣，更正確的說法，它是一種「法償貨幣」，法償貨幣的價值來自政府有稅收；稅收來自人民有收入；人民有收入來自產業有利潤；產業有利潤來自市場有需求。（法償貨幣＝稅收→人民收入→產業→利潤→市場。第二篇第一章和第三篇第四章二、三節內容有關聯）

　　法償，「法」：也就是「法律」的意思，也就是強制規定。「償」：強制付給的意思。今天假設我是種西瓜的農夫，到了要繳稅的日子，我不能拿著西瓜去稅務局報稅，但是我可以拿去菜市場，把西瓜賣掉（或說西瓜換台幣）

賣窮

得到新台幣後，再拿著新台幣去稅務局報稅。也就是說我把西瓜賣得的新台幣扣掉我繳給政府的稅之後還有剩下來的就是價格的儲存，例如我把西瓜拿去菜市場賣，我一顆西瓜標價 100 元（計價的單位），西瓜換新台幣（交易的媒介）對於買的人他交易的媒介是貨幣，對於農夫它交易的媒介是西瓜，政府今年和我收 5 元的稅，100 元減 5 元等於 95 元，這 95 元我可以留著留做下一次的使用（價格的儲存）。

價格的儲存可以為「負儲存」，這和今天的信用卡，卡奴，與房屋貸款很有關係，在這裡提到「負儲存」是希望讀者思考的速度超越我提筆的速度，它是衍伸商品，在明白箇中道理的話，就會明白自己持有的東西為何物，不一定改善當下的情況，但，一定改善將來的處境。

商人用法償貨幣買到自己需要的西瓜，我們同時思考農夫和商人的利益關係，也可以說農夫用西瓜買到繳稅用到的法償貨幣，它同時有兩種功能，1 是當一般的貨幣使用，2 是和政府交易使用。

我們先排除 2 和政府交易使用，單看 1 當一般的貨幣使用就好，會比較好理解。貨幣其實長這樣（【圖 1】），

我們要有個概念，假設我今天是生產 A（牛羊）產品的，要換到 F 商品必需經過 B、C、D、E。太麻煩。一律換成 C，早期的貨幣通常以金、銀為主，因為方便儲存，並且可分割。你說那用牛、羊當貨幣行不行，其實可以！不過，問題在於不好儲存，我一定要有草地才能養活一群牛、羊。

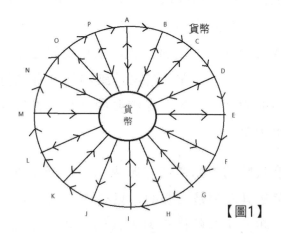

【圖1】

而且必須確定我的貨幣都是每一個人需要的，也就是說假設我生產的是 A，要確保組成我生活便利性和必需品，另外 15 個產品都需要我的 A 產品；例如 N 代表鹽，

賣窮

Ｏ代表糖，Ｐ代表石油，要確定生產鹽、糖、石油的人都需要我的Ａ產品，一個人富足的程度取決於這一個人支配多少生活必需品和便利性。

貨幣就是在彼此都需要彼此，連結各行各業的人，每一個人都盡自己的努力生產對他人有需要的產品，在今天分工五花八門的社會，沒有人可以單靠自己的產品過活，大家都把自己的辛勞換成貨幣，才能比較方便換到那個我不認識的人替我生產的工具。想像一下，今天有人摘了幾片樹葉或去沙灘撿了幾個貝殼，來跟我說這是「貨幣」！來換我辛苦養大的牛羊，問題是誰願意拿有價值的商品來換我手中的樹葉和貝殼，我們要的是貨幣背後的商品，而不是貨幣本身。

那麼貨幣的原始價格怎麼來的？今天不管是、金、銀、樹葉、還是貝殼都是一樣的，只要你相信它有價值它就能當貨幣。我的牛羊能換到多少貨幣；貨幣換到多少牛羊。甚至我同時有貨幣和牛羊又能夠換到多少石油取決於「市場」。

很多人看到「市場」兩個字，可能就把書闔上了，或暈倒。很多事情靜下心來，他還是會顯現出規律。

市場的雛型莫過於就是把我用不完的衣服和吃不完的水果、青菜拿出來賣，簡單的說就是吃剩的，拿到菜市場來賣的價格，才是「市價」。

但是，今天有人把這些用不完的衣服和吃不完的水果放在家裡沒有拿出來賣，那不是市價，他可能高興把水果放到爛，衣服放到發霉，是他的自由。由於並沒有把水果、衣服拿出來買賣，所以不能說是「商品」，我給這種看似可以賣錢卻又不賣的商品另一個稱呼「非賣品」，偶爾會出現「不是價格的問題；是要不要賣的問題」。就好像今天台灣的囤房客一樣，是交易「自由」，在經濟中自由的意思是以搶劫、偷盜、詐欺以外的手段拿到他人手中財物就是「自由」。

我們必須注意一件事情，一定是我有多餘的數量我才拿出來賣！今天假設是種稻米的農夫，一定是自己吃飽了才把米拿出來賣，自己都吃不飽了怎麼賣給別人，自己吃飽了才能賣給人家。同樣的道理，今天我們開車用的汽油來自阿拉伯，如果今天阿拉伯汽油都不夠自己用了，還可能賣給台灣嗎？而現金越來越多，商品越來越少，就是通貨膨脹。一般人看到的市場都是 L 型框框的部分，長方形

【圖2】

	10000 台幣	1000 個西瓜	100 個蘋果	500 個香瓜	200 個地瓜	1000 斤的鐵	100 斤的銅	10 斤的銀	1 斤的金	100 桶石油
發行台幣和10000元（說說行量不變）		10元 1個西瓜	100元 1個蘋果	20元 1個香瓜	50元 1個地瓜	10元 1斤的鐵	100元 1斤的銅	1000元 1斤的銀	10000元 1斤的金	100元 1桶石油
1000 個西瓜	10元 1個西瓜		10個西瓜換 1個蘋果	2個西瓜換 1個香瓜	5個西瓜換 1個地瓜	1個西瓜換 1斤的鐵	10個西瓜換 1斤的銅	100個西瓜換 1斤的銀	1000個西瓜換 1斤的金	10個西瓜換 1桶石油
100 個蘋果	100元 1個蘋果	0.1個蘋果換 1個西瓜		0.2個蘋果換 1個香瓜	0.5個蘋果換 1個地瓜	0.1個蘋果換 1斤的鐵	1個蘋果換 1斤的銅	10個蘋果換 1斤的銀	100個蘋果換 1斤的金	1個蘋果換 1桶石油
500 個香瓜	20元 1個香瓜	0.5個香瓜換 1個西瓜	5個香瓜換 1個蘋果		2.5個香瓜換 1個地瓜	0.5個香瓜換 1斤的鐵	5個香瓜換 1斤的銅	50個香瓜換 1斤的銀	500個香瓜換 1斤的金	5個香瓜換 1桶石油
200 個地瓜	50元 1個地瓜	0.2個地瓜換 1個西瓜	2個地瓜換 1個蘋果	0.4個地瓜換 1個香瓜		0.2個地瓜換 1斤的鐵	2個地瓜換 1斤的銅	20個地瓜換 1斤的銀	200個地瓜換 1斤的金	2個地瓜換 1桶石油
1000 斤的鐵	10元 1斤的鐵	1斤鐵換 1個西瓜	10斤鐵換 1個蘋果	2斤鐵換 1個香瓜	5斤鐵換 1個地瓜		10斤鐵換 1斤的銅	100斤鐵換 1斤的銀	1000斤鐵換 1斤的金	10斤鐵換 1桶石油
100 斤的銅	100元 1斤的銅	0.1斤銅換 1個西瓜	1斤銅換 1個蘋果	0.2斤銅換 1個香瓜	0.5斤銅換 1個地瓜	0.1斤銅換 1斤的鐵		10斤銅換 1斤的銀	100斤銅換 1斤的金	1斤銅換 1桶石油
10 斤的銀	1000元 1斤的銀	0.01斤銀換 1個西瓜	0.1斤銀換 1個蘋果	0.05斤銀換 1個香瓜	0.05斤銀換 1個地瓜	0.01斤銀換 1斤的鐵	0.1斤銀換 1斤的銅		10斤的銀換 1斤的金	0.1斤銀換 1桶石油
1 斤的金	10000元 1斤的金	0.001斤金換 1個西瓜	0.01斤金換 1個蘋果	0.002斤金換 1個香瓜	0.005斤金換 1個地瓜	0.001斤金換 1斤的鐵	0.01斤金換 1斤的銅	0.1斤金換 1斤的銀		0.01斤金換 1桶石油
100 桶的石油	100元 1桶石油	0.1桶石油換 1個西瓜	1桶石油換 1個蘋果	0.2桶石油換 1個香瓜	0.5桶石油換 1個地瓜	0.1桶石油換 1斤的鐵	1桶石油換 1斤的銅	10桶石油換 1斤的銀	100桶石油換 1斤的金	

框框的部分才是真實的面貌（【圖2】）。

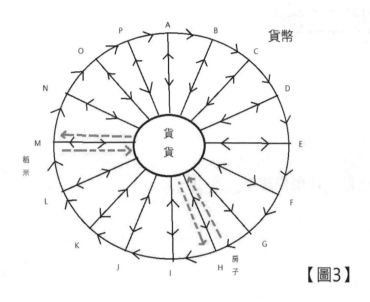

【圖3】

　　那房子土地能不能當貨幣用？可以。只要今天有人需要房子和土地就可以，房子為H換到C再換到M(【圖3】)。從H換到C再換到M的過程就叫做「通貨」，賣房子的人要的不是貨幣而是稻米，反觀賣稻米的人要的不是貨幣而是房子。仔細看貨幣就像血液一樣。

賣窮

第二章

第一節　什麼是資本

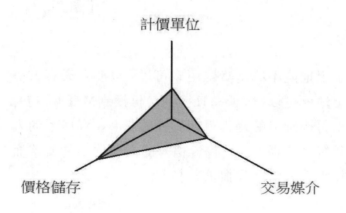

計價單位

價格儲存　　　　　交易媒介

不動產作為資本的屬性

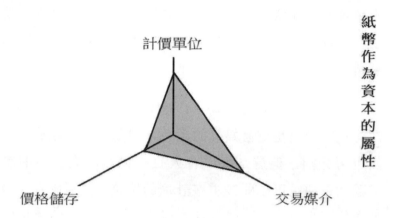

計價單位

價格儲存

交易媒介

紙幣作為資本的屬性

　　必須還是要介紹這個很基礎的概念，什麼是資本？一般人往往把資本侷限在貨幣內，這只對了一半。前面說過貨幣的三種職能，交易的媒介、計價的單位、價格的儲存，我們把資本也套在這三個公式上會得出一樣的結論，只要今天聽到稱為「資本」的東西也和貨幣一樣。但問題是經常扮演的角色不一樣，例如貨幣比較常以計價的單位和交易的媒介出現，去買一件衣服店家不會跟你說衣服值多少不動產而是值多少錢，雖然硬是要這樣交易也可以。

　　而土地或不動產則是占價格的儲存比較重，也就是所謂的「保值財」，但是要轉手並不容易，去吃一頓飯，你

不會拿土地權狀和店家交易，但不動產可不可以當貨幣來用？可以。把不動產拿去銀行抵押貸款再把錢拿去做其他事情，不動產就已經是貨幣了。

石油是很好的交易媒介，基本上每個人都用的到，石油比較常扮演是交易媒介的角色，因為它用途很廣泛，雖然也可分割，但還是很少有人直接以石油為計價的單位（雖然石油是可以間接主宰計價的單位），不會有人說不動產值多少石油，這樣會讓人很難理解。而石油價格的儲存常常受到產油國的供給和需求國的需求而定，產油國和需求國往往有政治翻臉比經濟翻臉還要快的問題，當今天需求不在或突然增加產量的時候，價格的儲存會瞬間蒸發，石油有點介於貨幣和不動產之間。

而貨幣（這裡指我們口袋的紙幣）在價格儲存方面則更加受人宰制，但又不得不用它。

扯一下股票，那股票這種資本可不可以當貨幣用？可以。就有公司以股票當作是員工的年終獎金，而員工也接受了以公司股票成為自己勞動的計價單位。

　　總之，任何以資本為名的東西都包含了交易的媒介、計價的單位、價格的儲存，三個東西缺一不可，想像一下如果股票價格的儲存能力變低，那員工會接受以股票當成自己的獎金嗎；口袋的鈔票價格儲存的能力變低那存錢又有什麼意義；如果石油沒人要它了不在是交易的媒介那它是不是也稱不上資本；如果沒有計價的單位一切的買賣要怎麼進行？

　　作者在這裡以問題的拼圖拼湊出大家認知中的資本，購入的是資本或負債，從這三個角度來看會澄清許多，各位可以把認為是資本的東西套在這公式上、房地產、鈔票、甚至家裡自己有種田的，稻米也可以，例子太多了就不繼續在支流末節上鑽牛角尖。

　　計價的單位，也不是說什麼東西都可以貼上標籤拿來賣，例如藝術品「蒙娜麗莎的畫」，就不能訂出價格拿來賣，藝術品和商品要區分開來，讀者可以仔細想想自己有什麼東西是不論別人出多少錢都不願意賣掉的。

賣窮

第二節　資本的進階版

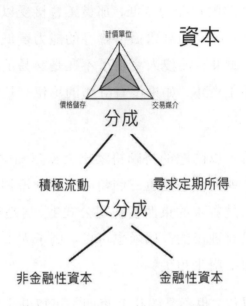

　　持有資本的根本目的就是能在不工作的情況下繼續
消費、累積資本，或至少能在工作所得之外，額外消費。

　　資本有兩種屬性，1是積極流動2是尋求定期所得。
以房地產為例，如果買了一個店面目的是放著收租，那就

是尋求定期所得，而如果買了是為了要賣掉它，買 1000
萬 1200 萬賣出，那就是積極流動。

而什麼是金融性資本與非金融性資本？

如果某人有中華電信的股份假設 50％，而中華電信是
有上市上櫃的，而股份的價值包含著一棟中華電信大樓，
土地和建築物聽起來就像非金融性資本。問題在於持有的
方式是以股份擁有它，所以他不能說中華電信大樓是他的
資本，只能說有它的股份。而股票就是金融性資本。那鈔
票呢？它算金融性資本，怎麼說呢？因為存在銀行的錢銀
行會把它拿去借給別人，這種行為我們就叫做有和營利為
動機的經濟活動做連結。也就是說私人之間的流動性很
強，外資可以買它，國內資金也可以買它，只要出得起價
的人都可以買賣它。而更貼切的說法應該是金融性資本的
價值容易和「期待價值」掛上勾。

而如果自己家中的金飾首飾或一塊土地自己也沒有
想要賣它或把它上市上櫃，那它算非金融性資本。

確實有時候不好分辨，因為如果持有土地的人以土地
的價值和某上市上櫃公司，例如開發度假村的公司合作，

以土地的價值換做股票的價值，那他的土地瞬間又變成金融性資本。而例如前面說的中華電信大樓，中華電信在還沒上市上櫃以前對政府而言是非金融性資本，而中華電信上市上櫃的時候又突然變成金融性資本。

第三章

那債務是資本嗎？

債務是資本嗎？如果他在未來可能還錢那他就是資本，如果他在未來不會還錢就是負債。我們必須承認一件事，常常把債務人有沒有錢和可不可能還錢混為一談，和我前面說的期待價值很接近，口袋有錢和將來可能有錢是兩件事。

大部分的情況下有錢的人怎麼會去借錢？就是沒錢才要借錢。所以如果是本票或政府債券的話它的價值是來自未來可能償還。而所謂的銀行信譽又是什麼？他指的是過去償還的紀錄，假設某人 10 年間 10 年平均都和銀行借 1 次錢，並且每次都償還，他的銀行信用信譽就會很好，會願意根據他 10 年來的紀錄借他第 11 次錢，可是過去的事是過去，嚴格來說還是覺得他「可能」會還錢。當然，貸款的金額也和個人收入能力有關係。

賣窮

其實對個人也是一樣，別人來借錢當然是看他上一次借的錢有沒有還，還有開口的金額，還有收入能力。我打個比方，今天一個月賺 20000 的人借 1000 元，並且一年後償還又加 10％利息，覺得有可能償還。可是當這個一個月賺 20000 的人開口借 10 萬一年後償還又加 10％利息，會開始猶豫，也許會借也許不會借。可是當這個一個月賺 20000 的人開口向我借 100 萬一年後償還又加 10％利息，一定一口回絕。

政府債券出現的歷史很早，印出債券的理由是戰爭，1379 年義大利還是各個城邦的時代，比薩和佛羅倫薩打仗，佛羅倫薩並不會要求自己的子民去打仗，而是聘請傭兵，政府債券就是在這種情況下誕生的。問題是舉債的次數必須有限制，因為發行的債券越多，債券的價值就越低。而政府稅收當然來自老百姓。

有人說通貨膨脹是來自印鈔票，但更正確的說法應該是，政府為了刺激景氣循環賺更多錢而借錢，這裡講的「借」是「印」，政府不會去搶保險箱中的錢，但政府可以印出很多錢。問題在於印出這些鈔票做出來的建設，是

不是真的有辦法賺更多錢。當鈔票多印一點的時候，鈔票自然就貶值，鈔票其實更像債券。

而債券和股票不同之處，在於分配利潤的方式不大一樣，如果兩個都是以尋求定期所得來說，債券的利潤是「固定報酬」，假設 100 萬的債券 3％利息（年利率 3％），債務人不管經濟狀況好壞都要想辦法償還這 3％，但萬一債務人狀況非常好賺了大錢，那也不會多付超過這 3％的利息。而債券還有一個問題，就是計價的單位的基準是什麼，例如美國發行的債券當然是以美元為基準，可是萬一美國狂印鈔票，讓美元購買力下降 4％，3 減 4 等於－1％，那原本用 100 萬買的債券還倒貼 1 萬美元。

而股票比較算是「分配未來的利潤」，怎麼說呢？例如現在以 1000 萬購入了某間公司的股份，並且取得 50％的股份，萬一明年這間公司明年加加減減賺了 200 萬，那分配利潤的方式就是以股份大小來決定，因為有 50％股份所以分 100 萬，另外 100 萬是別的股東的，這就叫「股利」。

可是萬一明年不幸，公司加加減減沒賺錢，淨利為 0，那持有股票的人是不能去找員工或其他股東要錢的。

賣窮

第四章

工資

　　工資是租賃自己的工作時數，有點像債券，尋求定期所得獲得固定報酬，提供自己的勞務或才能。工資報酬大多都是以固定報酬的方式發放，由於契約上的報酬是固定的，所以在簽訂契約之前，就很重要了，資本方當然希望工資越低越好，勞工當然希望工資越高越好，由於不管資本方未來有無賺錢都要付出工資契約上的報酬，也就是說資本方確實承擔了這部分的風險是事實。而勞工不管資本方未來的情況如何除非資本方倒閉，否則都能獲得固定的報酬，閩南話有一句：吃人頭路較穩定。就是這樣來的，因為風險不用自己承擔。

　　工資只有在一種情況下會漲，也就是當景氣好的時候，老闆們互相爭奪員工，因為不用更高的工資作為誘因，沒辦法從其他老闆身上搶走員工。當然工資的來歷，是老

闆有賺錢，員工才有工資，這是正常情況。想看看怎麼可能有一間公司一直賠錢還有辦法一直發薪水給員工。而景氣好是什麼意思？也就是說大家都有需求。

我舉個例，現在有 100 萬個人沒鞋子穿，就是需求，製鞋公司每天可以做出 100 雙鞋子，製鞋工人有 10 個，每一個工人一天能做 10 雙鞋，而每多一個製鞋工人，在有 100 萬人沒鞋子穿的時候對老闆都是利潤。我們在這邊先假設製鞋工人很稀少或很難培訓。而另一個老闆看見製鞋這麼好賺，也要開一間製鞋公司，只好花更多的錢挖別人的員工，這就是我講的老闆們互相爭奪員工。

當然如果 100 萬人中有 90 萬人都已經有鞋子穿了，資本利潤就會下降，這時候勞工就會是累贅。

在簽訂工資之前，談條件的過程很重要，為什麼議價的權利大多會偏向資本方？因為對於老闆來說，資本利潤可以來自於商品賣的好和壓低工資，工資怎麼壓低呢？最簡單的方式就是有更多的勞工，道理很簡單：你不做還有很多人要做。如果前提以我上一段講的：100 萬人有 90 萬人都已經有鞋子穿了，為時空背景前提。1 個工人會跟資本家議價，但 2 個工人會削價競爭。那要怎麼讓更多的

賣窮

工人削價競爭就是資本方很重要的經營方向。而且有一句話叫：今天不工作你還可以活多久。會以出賣勞動力「為謀生手段」的人本來就捉襟見肘，在議價的時候常常是勞務方到下個月生活就會出現困難，資本方就算沒有勞工也能撐到一年。

在ＧＤＰ中，國家的收入分成兩種，1是資本所得2是勞務所得。我們常常聽到偉大的工業革命，自從英國工業革命後，很多國家的政策都是偏向，資本所得。台灣也不例外。

要怎麼讓更多的工人削價競爭就是資本方很重要的經營方向，以生產出更有競爭力的產品。最好的例子就是16世紀英國圈地運動，把所有原本種田的農夫趕到有工廠的城市，這樣工廠需要的勞工就變多，勞工變多工資自然下降。英國出產的商品就更有競爭力。嚴格來講英國當時的ＧＤＰ成長富有是少數資本方很富有，大部分的人還是很貧窮，資本主義從來就不代表大家都賺錢的意思。

台灣現在也一樣，不斷進口外來農作物，讓原本有田地的人得不到理想的報酬，間接被迫往城市遷移就業，造就了國際競爭力。

第五章

人力資本

　　人力資本白話文就是才能，資本是沒生命的，人是有生命的，而才能只可能出現在人身上，而不是出現在沒生命的工具上，不會有人說一個榔頭很有才能。人力資本就是指人的才能，能夠讓人和資本，在議價的時候變成勞工方議價的籌碼，取得可觀的報酬。簡單的說老闆會因為勞工的才能，會給予勞工更多的薪水。

　　一個有才能的勞工和沒才能的勞工當然是有才能的勞工能分配到比較多的報酬。可是按照資本報酬為第一優先的公式來看的話，是資本方有賺錢勞工才能賺錢，有才能的勞工也不脫離這公式。對老闆來說工資永遠是追求利潤先墊付出去的成本，請一個勞工是來增加資本利潤，不是來增加資本支出，再有才能的勞工，面對景氣不好，需求量下降，也拿不出什麼辦法來，這種情況下就會裁員。

賣窮

不然想保有工作的話就是自動減薪，奇特的是在景氣不好的時候，有才能的勞工和沒才能的勞工工資會很接近。

有人說人力資本是改善貧富差距的希望，我個人是持保留態度。最常見的是學英文增加自己的技能未來可以獲得更多的工資，可是事實是菲律賓女傭的英文也是老師級的。（英文當然要學好，但學習不應該是有學習以外的目的）

況且有才能的勞工是可以培養的，可以設立很多技職學校，就算是數學這門科目在台灣也是被當技職來教，所以很多電腦工程師，做車子的，製鞋的，勞工，數量一多了工資自然漲不起來，而且又可以變成國際競爭力。

那人力資本就完全沒有改善資本所得和勞務所得之間的平衡？其實有！但效果不如預期，全世界都一樣我們面對的問題不是孤立的，這種需求跟供給的市場機制才是工資的根本。

第六章

第一節　市場的競爭類型

　　都是買賣交易的市場，但，有門檻高低，所謂的自由市場，「自由」一詞與法國的代名詞「自由」、平等、博愛中的自由意思不一樣。經濟自由中的自由建立在我前面說的「物權法」之上，在你不能搶劫我、我不能搶劫你的條件下，用買賣的方式拿到你想要的東西，買賣不見得要出賣商品才是買賣，勞動力也是可以賣給老闆的，勞力換鈔票再換自己需要的東西（用勞動力→鈔票→自己需要的東西），在市場中取得自己的最大利益就是現在的生活公式，所以自由交易並不等於公平交易。身無分文的人怎麼有辦法去做和富商一樣的事。像辦游泳比賽一樣，我們來一場公平的比賽，可是你不會游泳，他會。

賣窮

第二節　四階市場

在香港電影英雄赤女中，小弟發問：「大哥，你為什麼要選立法委員？」大哥回：「你有沒有聽說過夜壺，當別人需要你的時候巴不得你在身邊。當別人不需要你的時候把你一腳踢的遠遠的，我不想再當夜壺，要從被動轉為主動，要從被別人需要轉為別人需要我，要從被法律控制變成寫法律的人。」

這雖然是電影，但是套在經濟學上一樣很有意思（尤其我們是法治社會），要從被市場需求控制變成控制市場需求。

作者不是鼓勵大家為了致富要成為改寫法律的人，而是要看得出是誰在改寫法律，每一件事情都有最大利益者，那個人是誰呢？或說利益的著落點總是神秘的重疊在特定的一小群人手上。這裡講的不是法人而是自然人，在後面會有對法人的解釋。

可能有些人看到「法人」和「自然人」就暈倒，作者再講的更簡單一點，成立法律後，錢會流向誰的口袋。

台灣最有名的就是汽車責任強制險（當然每個人對保險看法不一，我在後面有對保險的解釋），在柯蔡玉瓊女士的極力遊走之下，說服力法委員，從此以後保險從要買不買都沒關係的東西，變成一定要買。在當時擁有保險類股最大權利的一小群人到底是誰，媒體的放大鏡怎麼變縮小燈。這樣講可能大家還是無感，作者換個說法，如果你是賣鹹酥雞的，法律規定每個禮拜一定要買一包鹹酥雞，那賣鹹酥雞的就會發財。不管立法通過的是什麼東西，理由共通點都是為你身體健康（在聽不懂作者也沒辦法）。

其實只要人民的思辨水平提升，這種官商美其名的合作自然會得到控制，我再重複一次「控制」。法律上來說官商勾結並不叫貪汙，因為獲利的方式是從買賣而來，貪汙指的是挪用政府的公款去做私人的事情。

第三節　灰色地帶

目光先移到日本，柏青哥是有賭博成分的遊戲，日本是禁止賭博的，那贏錢的人要怎麼樣把錢帶走才不犯法呢？把錢換成籌碼再把籌碼換成錢這就犯法（錢→籌碼→錢＝犯法）。但是，如果把錢換成籌碼再把籌碼換成禮物

賣窮

再把禮物「賣」給專門「買」禮物的人「得」到的錢這就不犯法（錢→籌碼→禮物→錢＝不犯法）。為什麼講這麼多呢？因為今天的官商得利都是靠買賣進行，把現金塞茶葉罐裡比較老土，在有選擇的情況下大部分會用買賣進行而不是直接拿現金，由於是買賣只要吃像不要太難看大多都會是合法的。

晚輩對黑道分子或灰色地代權貴有不一樣的看法，只要賺的錢不危害到公共安全也不是靠槍砲、毒品為前提的情況下，怎麼花錢會比怎麼賺錢略為重要一些，萬一獲益者是把大部分的獲益用於回饋社會弱勢的話，那還好一點（俗語說做功德）。為什麼作者這麼說呢？因為在每一筆買賣都是合法的情況下，很難定義什麼是官商勾結甚至是必要的官商合作（一體兩面），而這種灰色地帶確實存在著（不太可能消滅），決定是官商勾結還是官商合作不在於錢怎麼賺的（因為合法），而在於錢怎麼花的。從台灣抽取的社會剩餘產出，到底是繼續購入房地產炒股票，還是回饋社會弱勢和本土產業，決定一個人值不值得被尊敬，在資本主義社會一定會有人賺的比較多和賺的比較少，換句話說錢本身沒有問題，怎麼賺錢可以勾勒出一個

人的生活型態和競爭關係，那怎麼花錢就決定一個人的人格。曾經有個人，和作者討論要做什麼事捐多少錢才有功德。作者把這句話放在心裡很久了（當下不好意思說），那要看你們做了什麼事。

一味從法律約束只成功了一半，因為法律怎麼可能禁止誰跟誰吃飯，誰跟誰打高爾夫球，成文的規範只能做到一半，另一半則需要無形的規範就是社會風氣、和國民的思辨能力、和端正道德價值有關，我們的教育 12 年國教忽略了道德哲學（認識善良和邪惡）對社會產生的實際價值，哲學之所以重要是因為才不會再重複上一代的事情，只著重於把學生當廉價勞工一樣灌輸技職，這是社會的損失。

尤其財富的多寡總是扭曲我們的價值觀，很多人搞不清楚一個人的財富多寡，跟這個人善良或邪惡可以沒有關係。

而道德感腐敗就是來自於群眾的分辨能力逐步下滑，也就是應該被懲罰的人得到沒分辨能力群眾的欽佩，理應被讚美的人得不到社會大眾的認同（將會是比貧富不均更棘手的問題）。

賣窮

道德感的提升，作者知道聽起來很像口號，一件事情能不能成功，除了像老師說教一樣的呼籲以外，還要有逼迫的手段，在後面透明化的部分會有實際逼迫做法。

第四節　四階市場 2

市場分成 4 種，1 壟斷市場、2 寡頭市場、3 壟斷競爭市場、4 完全競爭市場，為什麼我說司法可以保障利益，前面我黑道大哥那邊敘述的是第 2 種「寡頭」市場（看【圖1】比較好理解），我們先從第 4 種說起，「完全競爭」市場。供給者控制消費者或消費者控制供給者，這是有趣的概念。來算一下數學，如果說 4 種市場分別代表 4 個電線桿，從第 3 個電線桿走向第 4 個電線桿，就越會被市場控制，往第 2 個～第 1 個走就越不受市場控制，就看每個人的資本或勞務投入線段的哪個地方。

看不見的手在第 4 種市場能發揮到最大效果，也就是說門檻很低誰都可以參與，例如便利商店員工，房仲、保險業務，都算完全競爭，如果有資本的話擺個路邊攤或小吃店，也算是完全競爭市場。大部分情況下賣的人多買的人少（或說常常要看人臉色）。

　　第 3 種是壟斷競爭，就比較沒有像第 4 種那麼激烈，例如公務員，警、教、公…等，因為能限制公務員的數量，當來分餅吃的人變少，勞務所得自然有保障，這或許是完全競爭市場很激烈的今天，擠破頭都要考上公務員的原因，這可能是唯一可以被社會認同的機會，作者在後面會說到，把公務員名額一定比率保留給弱勢或貧戶出生的孩子。

　　而房地產大部分也算第 3 種市場，以今日無產階級要購入房地產的角度出發的話，如果說公務員是以設定入取名額和考試分數作為門檻的話（排除競爭者），那房地產就是以售價和購入價格作為門檻，如果是以「尋求定期所得」來說，光收租金就能累積出可觀的資本，而如果當無產階級的薪資無法購入房地產的話，就只能一直成為承租人。好像古代的佃農一樣一輩子吃不飽還得繳供品。

　　而如果是持有石油類股、礦業、鋼鐵，各種必需品所需的材料、原物料，如果價格不會買的太高，那也算是第 3 種市場。例如：台塑、中鋼。

　　第 2 個是寡頭市場，能參與的人少之又少，不但不容易被市場供給影響，還能反過來影響市場，連資本中最難

撼動的房地產，也能用就業率調整人口密集度，來決定房價高低。又例如各種神祕由政府招標的公共建設，好像得標的重疊性都坐落在同一個人身上。

寡頭市場中已經沒有所謂的勞務所得（工資），因為很少有一個工程師或科學家自己的工資可以跟龐大的政治利益匹敵，只存在資本所得（勞務所得就是付出勞務賺的錢，資本所得就是用錢賺錢），寡頭市場的一買一賣是不能只用看不見的手或「純」經濟理論中的「生產函數」來衡量的，因為政治的比例太重。

最後要講的是壟斷市場，在明白什麼東西是可以買賣的，更重要的是明白什麼東西不能買賣。

在美國加利福尼亞就曾經出現把能源私有化的法案，安然公司「買方壟斷」用間接停電，變相勒索消費者的情形，安然公司在小布希總統競選時慷慨解囊，任何政治人物的競選費用實在有必要用媒體放大鏡來檢視，而任何法案通過後的利益著落點也必須用放大鏡來檢視，這個道理很簡單，錢從哪裡來錢到哪裡去。美國是沒有健保的，好一點的醫院搞不好還有發電機，爛一點的醫院停電不知道會怎麼樣？

　　直接跳到更極端的水資源，如果有一天連喝的一口水都由追求利潤的財閥決定價格，或經過股東的施捨，會怎麼樣？

　　至少台灣目前為止比較極端的資源，能源、水等都還是由出發點還算為人民著想的政府決定價格。

　　也許有人說台電、台水養肥貓（我不是說養肥貓好），但比起用電、喝水、洗澡要看商人臉色，還是看政府臉色好（中南美洲就有國家把水交給安然公司代理販賣）。

　　總之，壟斷市場，聽起來是負面的，但嚴格來說，壟斷的「動機」是什麼？比較重要。而我們常常把1、2、3、4種混為一談。

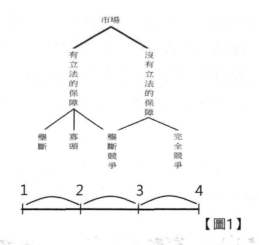

【圖1】

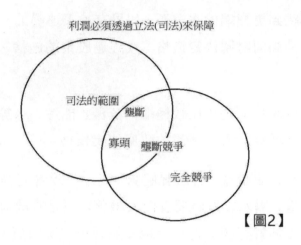

【圖2】

第五節　題外話，文市武市

　　市場的型態又分成文市和武市，怎麼說呢？文市就有點像便利商店的消費型態，大部分情況，商品都是放在貨架上，價格訂好，消費者不太會有議價的空間，走進便利商店去買一罐可口可樂 20 元，不太會在收營台和店員殺價。

　　文市販售的商品大多都是價值可儲存，而且品質會跟上一次購買時一模一樣，或不會落差太大，今天去買一罐

可樂不會和明天買的可樂差太多，可是如果是品質比較難掌控的商品例如蔬菜，那就不大一樣，今天的菜比較嫩或比較老，今天買的菜和明天買的菜，口感落差可以很大，且受氣候的影響，產量不見得可以控制，葉菜類本來就不能存放太久價值不容易儲存，這時候抬價和殺價的戲碼就很容易出現在各個菜攤上，這種討價還價的戲碼就稱武市。

當然，以基隆魚市場（供應台灣北部海鮮食材的大型批發市場）為例，常會有供給者把比較好的食材優先銷售給熟客這種現象，說不公平基本上說不通，生意有起有落，所謂的熟客就是常常來捧場撐買氣的客人（尤其是買氣不好的時候常要靠熟客），相較於觀光客，這種情況下比較好的食材選擇要賣給誰賣家當然有決定的權利。

武市的範圍當然不只侷限於一買一賣的商品，某些服務業基本上也算是武市，例如盲人按摩，人跟人彼此的交談會決定這一次的買賣愉不愉快，自然會決定販售服務的一方多花一點心思在消費者身上，這時候消費者是否健談和格調就很重要了，在武市中買賣是雙方面的事情，不一定出錢的是老大。

第七章
名目價值、實際價值

　　正如圖所說的 L 型的部分是名目價值，長方型的部分是實際價值。而貨幣（這裡指紙幣）都是名目價值的資本。問題在於在大多數情況下，都是以貨幣交易，如果某人的資本都是貨幣，那他的資本價值就來自別人願意用多少東西和他交換。

　　問題在於單位（前面說過貨幣經常扮演計價單位），是溝通的管道，從一包森永牛奶糖說起，如果打開包裝一看，會發現牛奶糖上有一條條凹痕，理由是起初戰爭時糖很貴（糖都還是配給的時空背景下這是不得已的做法），牛奶糖是以一盒為單位決定售價。所以就把每顆牛奶糖刮一點下來，又能在組成一包牛奶糖（和我在「那債務是資本嗎」那邊講解美國債券的意思一樣）。然而今天刻意保留下來刮一點牛奶糖下來的設計，是代表這個牌子挺過了戰爭，沒有惡意的意思。

長方形的部分
是實際價值

看不見的手在這裡

看得見的價格

L形的部分是名目價值

受到貨幣發行量的
影響

	10000 台幣	1000 個西瓜	100 個蘋果	500 個番瓜	200 個地瓜	1000 斤稻穀	100 斤稻草	10 斤稻草	1 斤黃金	100 備石油
發行台幣10000元(鈔票發行量不變)		10元 1個西瓜	100元 1個蘋果	20元 1個番瓜	50元 1個地瓜	10元 1斤稻穀	100元 1斤稻草	1000元 1斤稻草	10000元 1斤黃金	100元 1備石油
1000 個西瓜	10元 1個西瓜	1個西瓜 1個西瓜	10個西瓜 1個蘋果	0.5個番瓜 1個西瓜	1個地瓜 1個西瓜	0.1斤稻穀 1個西瓜	1斤稻草 1個西瓜	1斤稻草 10個西瓜	1000個西瓜 1斤黃金	0.1備石油 1個西瓜
100 個蘋果	100元 1個蘋果	10個西瓜 1個蘋果	1個蘋果 1個蘋果	5個番瓜 1個蘋果	1個蘋果 5個地瓜	1個蘋果 1斤稻穀	10個蘋果 1斤稻草	1個蘋果 10斤稻草	100個蘋果 1斤黃金	1個蘋果 1備石油
500 個番瓜	20元 1個番瓜	0.5個番瓜 1個西瓜	5個番瓜 1個蘋果	1個番瓜 1個番瓜	2.5個番瓜 1個地瓜	0.5個番瓜 1斤稻穀	2個番瓜 1斤稻草	5個番瓜 1斤稻草	500個番瓜 1斤黃金	0.2備石油 1個番瓜
200 個地瓜	50元 1個地瓜	1個地瓜 1個西瓜	1個蘋果 5個地瓜	2.5個番瓜 1個地瓜	1個地瓜 1個地瓜	1地瓜 0.5斤稻穀	5斤地瓜 1個地瓜	1斤地瓜 1個地瓜	200個地瓜 1斤黃金	0.5備石油 1個地瓜
1000 斤稻穀	10元 1斤稻穀	0.1斤稻穀 1個西瓜	1個蘋果 1斤稻穀	0.5個番瓜 1斤稻穀	1地瓜 0.5斤稻穀	1斤稻穀 1斤稻穀	10斤稻穀 1斤稻草	1斤稻穀 10斤稻草	1000斤稻穀 1斤黃金	0.1備石油 1斤稻穀
100 斤稻草	100元 1斤稻草	1斤稻草 1個西瓜	10個蘋果 1斤稻草	2個番瓜 1斤稻草	5斤地瓜 1個地瓜	10斤稻穀 1斤稻草	1斤稻草 1斤稻草	1斤稻草 10斤稻草	100斤稻草 1斤黃金	1斤稻草 1備石油
10 斤稻草	1000元 1斤稻草	1斤稻草 10個西瓜	1斤稻草 10個蘋果	1斤稻草 5個番瓜	1斤稻草 10斤地瓜	0.01斤稻草 拋1斤稻草	1斤稻草 1斤稻草	1斤稻草 10斤稻草	10斤稻草 1斤黃金	10斤稻草 1備石油
1 斤黃金	10000元 1斤黃金	0.001斤黃金 1個西瓜	0.01斤黃金 1個蘋果	0.005斤黃金 1個番瓜	0.1斤黃金 1個地瓜	0.1斤金 1000斤稻穀	1斤金 100斤稻草	1斤金 10斤稻草	1斤黃金 1斤黃金	0.1斤油 1斤金
100 備石油	100元 1備石油	0.1備石油 1個西瓜	1個蘋果 1備石油	0.2備石油 1個番瓜	0.5備石油 1個地瓜	0.1備石油 1斤稻穀	1斤稻草 1備石油	1備石油 10斤稻草	100備石油 1斤黃金	1備石油 1備石油

看得見的價格

看不見的手在這裡

賣窮

第八章

第一節　實質的債務人

　　講一個小故事，在蘇聯時期的某一天北韓和中國借錢，在票據到期日（該還錢的那一天），中國就去要錢，可是北韓根本沒有錢，於是拿人參抵債，中國拿著應收票據卻拿到人參，摸摸鼻子了。

　　又有一天北韓和哈薩克借錢，一樣還不出錢來，於是拿人參抵債，哈薩克說：「我不吃人參，給我別的」北韓說：「可是我只有人參」哈薩克拿著應收票據卻拿到人參。

　　不管是國與國或人與人道理都是一樣，債務人會時常協調以自己現有的東西來抵債。

換句話說，如果借錢給北韓換到的是人參，那借錢給阿拉伯就是換到石油。有人說貨幣是流通的工具，我更偏向以債務人和債權人的關係解釋，一張薄紙是兌現的承諾，債務人和債權人的關係很有意思，義大利的黑手黨都會把一切變成債務，由於債務是付款的承諾，所以看起來很神聖，欠債的一方變成服從的一方，被欠債的一方變成主人，債務改變了上下服從的關係。

第二節　金本位

二次世界大戰步入尾聲之際有三件事可以確定：1 同盟國會贏。2 所有人都急著戰後重建。3 美國會是戰後的經濟巨人。並且開一場布列敦森林會議「註 3」。

二戰期間各國都是焦土一片，工廠也被炸掉了、農田也沒人耕種、更不要說商業了，根本沒商品何來交易，物資嚴重短缺。

戰後重建重點在於怎麼凝聚這些在戰爭期間失業的人口，好讓他們從事生產，相信自己工作有價值，於是貨幣就扮演著戰後統籌和分配重要的角色。可是人民又不是

賣窮

傻瓜，才剛剛打完仗國庫空虛，國家印出來的鈔票怎麼可能兌換出黃金。

於是美元就出現了，各國只能接受讓美元成為世界儲備貨幣也就是所有在戰後靠美元挹注重建的國家都只好有一定的美元存底和美元掛起鉤來，戰後重建國的老百姓就算拿著本國貨幣換不到黃金也能換到美元，美國戰後的國際形象非常好，所以大家非常信任他，外加開出任何人只要持有 35 美元，都能兌換 1 盎司黃金的承諾。有了美元這個誘因才有辦法重組因戰爭失業的人口。金本位就是在這種情況下誕生的。

然而美國為什麼這麼好心送鈔票給別人花呢？重點在於各國央行以美元（紙鈔）作為戰後重建的貨幣，而不是黃金。戰後重建是個很龐大的商機（需求），各位可以想像把自己每個月的薪水都換成便利商店的點券就只能去便利商店消費。

而任何美國品牌的產品，甚至是美國的文化就在這種史上僅見的良機深植人心中。毫無任何競爭對手的情況下，透過美元流通至世界各地，從我們開的汽車到我們喝的可口可樂。

順帶一提，台灣在 2018 年有 4700 億的美元存底，特別寫到這個「布列敦森林會議」，是想告知讀者，從有金本位到沒金本位的過程。而當黃金不夠的時候怎麼辦？

10 個杯子 9 個蓋的黃金兌換承諾就這樣維持了 27 年，鈔票實在太好用了，反正印出來也有人認，最後美國面臨貿易赤字和對外戰爭支出（越戰），外加養成奢侈浪費的習慣，政府在 1971 年債臺高築，各界對美國政府能否兌現的疑慮升高，1967 年法國最先要求退出，把所有的美元都換成黃金搬回法國。（作者笑著覺得：法國人有選擇的話不愛用美國貨，法國的品牌意識很強，從服裝就看的出來，法國人說美國貨沒有設計感。）正常情況下是有多少黃金才能印多少鈔票。

10 個杯子剩 8 個蓋了！1971 年美國總統尼克森乾脆關閉黃金兌換窗口，不讓任何人兌換黃金，他的說法是「禁止國際金價炒作」。金本位算是名存實亡了。

照理來說美國應該努力工作彌補之前揮霍欠的債，或多印出來的鈔票，只有靠減少貿易赤字、還有縮減國內開支，縮減民眾的各項福利，才能維持美元的公信力，總之就是要過苦日子。

賣窮

　　相信在民主國家沒有任何一個政治人物敢宣佈：「要
過苦日子」，美國也不例外。尼克森先生並沒有選擇乖乖
工作償債，而選擇更加擴大需求，前面說的「布列敦森林
會議」其實已經是擴大需求量了。

　　怎麼做呢？剛好有機會出現在眼前，貨幣存在的道理
1 是提供黃金供給量 2 是提高需求量，尼克森的創舉，是
要怎樣讓美元變成每個人都需要的東西。

第三節　阿拉伯紹德王室

　　1974 年在關閉黃金兌換窗口後，尼克森派季辛吉到阿
拉伯，向紹德王室協議，願意出兵保護阿拉伯與油田，出
售任何所需武器，防止以色列與意圖不軌的中東國家入
侵，確保紹德王室永久統治阿拉伯。重點是：第一，石油
只能以美元進行交易，第二，賣油多餘收益部分則須認購
美國公債。

　　也就是說挖出的這個石油坑，填補了多出來的美元，
從第一來說：所有阿拉伯的石油都必須拿著美元才能買到
石油，石油是必需品就不多說，各國如果要即時的換到石

油就必須有一定的美元存底，不管這個國家和美國是否友好都要看美國臉色。也許有人會說：可以不用美元存底，即時買、即時換石油就好了。可是會產生國內油價不確定，油價不確定、價格時常浮動，對任何國家來說殺傷力往往比高油價還大，對於不確定性是自古人類深層的恐懼，開車的時候若不知道下個加油站在哪裡，總會把油箱加滿道理是一樣的。至於以美元交易的石油油價，要看阿拉伯的原油產量和美國印的鈔票數量。

對美國來說除少數自己有油田的國家，通通都需要美元存底，對於持有美元的國家換不到黃金也能換到石油。

尼克森先生造就了今天美元還算老大哥的地位，沙烏地阿拉伯也樂於尋求強權保護，認為尼克森的提議很好，同意簽署，石油「註 4」增加美元泡泡的張力。

第四節　美元體系

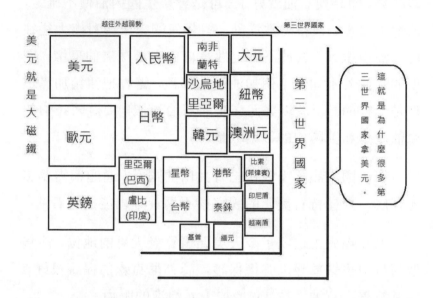

　　所謂的美元體系，就是指有和美元綁定匯率的國家，或在 2 戰後有接受美元挹注重建的國家，正如我前面說的貨幣存在的道理 1 是提供黃金供給量 2 是提高需求量。就算沒有黃金還有石油撐腰。那黃金就不是各國儲備貨幣了嗎？不見得。就算金本位名存實亡，各國央行還是會適時購入黃金維持幣值穩定。

第九章

所謂的賺取外匯

所謂的賺取外匯，可以想成是出口商品到他國，用商品在他國境內賺取他國貨幣，例如賣香蕉到日本賺日幣，再拿日幣去日本央行換取黃金或美元，帶回本國。（香蕉→日幣→日本央行→黃金或美元→帶回台灣）

所謂的外債（在這章說「進口」也可以），可以想成是本國進口其他國家的商品，外國商品在本國國境內賺取本國國幣，例如日本賣車子賺台幣，再拿台幣去台灣央行換取黃金或美元，帶回日本。（車子→台幣→台灣央行→黃金或美元→帶回日本）

【香蕉→日幣→日本央行→黃金或美元→帶回台灣】減【車子→台幣→台灣央行→黃金或美元→帶回日本】，會有 3 種情況，如果加加減減為 0，就是所謂的貿易平衡。

賣窮

如果加加減減為負，就是貿易逆差。如果加加減減為正，就是所謂的貿易順差。

這和我們常常聽到的「貿易戰」一詞很有關係，國與國之間在貿易的時候，通常都是以美元或黃金交易。而匯率的誰高誰低來自誰的央行的黃金存底或美元存底比較多。

我們常常聽到很多第三世界的國家喜歡用美元交易，那是因為他們自己的幣值不穩定，拿了也沒人認，而一國幣值的穩定除了我說的黃金存底和美元存底，還有一個不具體的因素，就是國家未來的償債能力。

第十章

第一節　自由貿易

18 世紀的英國經過工業革命的洗禮，產品產量高、品質佳，物美價廉的情形，他國的工業產品不然製造成本太高、不然就是有瑕疵（五金類產品）銷售至英國是無競爭力的，英國正好是島國，原物料缺乏，就靠著從他國輸入原物料再賣回商品給提供原物料的國家，賺取利潤。而提供原物料的國家同時也是英國的市場。

自由貿易一詞當時並不叫自由貿易，叫做「取消貿易限制」，也就是取消他國產品輸入英國的限制，換取，他國取消對英國產品輸入的限制，說白了自由貿易就是條件交換，英國是明白手裡握有「工業優勢」的牌為前提才與他國條件交換。

賣窮

第二節　原物料和奢侈品或一次消費商品

　　原物料和奢侈品或一次消費商品。如果能進口再次出口的東西稱為原物料，怎麼說呢？例如，石油，台塑進口石油，可是出口塑膠到泰國，這就稱為原物料，出口賺的錢扣掉進口賺的錢就等於台灣賺進的外匯。而什麼是奢侈品呢？從義大利 500 萬進口一台藍寶珍妮，理論上不可能 600 萬賣到其他國家去，其他國家不是笨蛋可以直接跟義大利買，不一定要讓台灣再賺一手。這種進口後又不能再出口的東西就稱為奢侈品。那有人會說，那所有不能再出口賺取外匯的東西就叫奢侈品囉？當然不是。例如，麵粉或小麥，這些東西可以叫奢侈品？人不能不吃飯。

　　奢侈品更進一步的說法，是用物質展現自己的獨特性，總之只要買這個商品的動機是用來證明自己過得比別人好和證明別人過的比自己糟的商品，都是奢侈品。消費本身就有證明脫離貧窮的問題，而更抽象的是品牌，最明顯的就是星巴克，一杯黑咖啡的售價約 35 元，經過星巴克的品牌加持，可以轉為售價約 100 元。

第三節　品牌的定義

品牌的定義，就是眼睛看不到可是頭腦想得到的，怎麼說呢？這裡雖然說的是眼睛，可是讀者不要想得那麼死，是一種身體的感受。品牌是來自於大腦想像出來的價值。

例如喝一杯星巴克的咖啡，和一杯便利商店賣的咖啡，喝星巴克就會讓人有高人一等的想像空間，好像只有人生勝利組才能喝的東西。

而開車也是一樣的道理，買本田的汽車和義大利藍寶珍妮，都是代步工具，坐在車裡面的差別感受也差不多，可是好像是只有人生勝利組才開得起的車。

住宅也是一樣，買房子要買高級住宅區還有用不到的公設，好像是人生勝利組才能住的東西。

一種高人一等的想像。你想不想要成為人生勝利組呢？那就應該去買一台藍寶珍妮，和豪宅中很多用不到的公設。

賣窮

　　從原本的喝咖啡是為了提神、開車是為了代步、買房子是為了遮風避雨，演變成販賣一種高人一等的想像。

　　當然，品牌的價值（消費性商品）和房地產、股票（投資標的）很像，是一種期待價值。常常會有人會把購買某商品，和證明自己的獨特性混為一談，購買特定品牌的商品當然可以證明自己與眾不同，作者絕對不是否定品牌，每個人或多或少都會有虛榮心（作者不是聖人我也不例外），工作很辛苦（如果經濟狀況允許）偶而買一些奢侈品犒賞一下自己是沒有關係的，問題在於消費者知不知道自己的舉動迎合別人的利益。

　　品牌當然不是全都這麼糟，品牌的雛形其實叫「商譽」。

　　在甲地與乙地之間，若乙地為消費者甲地為生產者，乙地的消費者對於產品甲提供之商品之生產流程不能掌握的時候，往往仰賴品牌的分工，做為控制產品品質的手段，換句話說品牌這種分工是建立在消費者對於生產流程的資訊不對稱，再換句話說品牌商相較於最終消費者更能掌握生產流程的資訊（最終消費者和生產流程，看第二篇第二十九章【圖2】會比較清楚）。舉例，我們購買ＮＩ

ＫＥ的鞋子，我們並不知道鞋子怎麼來的，我們仰賴ＮＩＫＥ幫我們做鞋子控管，即便會貴一些，就是不想買到爛貨。再再換句話說怕買到爛貨或許就是品牌成立的原因。當然如果消費者對於產品有充分的了解，就不需要依賴品牌。例如米其林品牌，如果從捕魚的漁夫至賣魚的魚販至親自為你烹調魚的廚師，都能明白每個生產流程的話，自然不用品牌，一條魚端到桌上時呈現的當然是最自然的價格和價格無法表示的美味，不見得公司才是品牌，人就是品牌。我想說品牌是消費者對於產品資訊不對稱時的保障。

第四節　關稅

而關稅是什麼呢？關稅是一種從國外進口商品時，針對國外商品課徵的稅。例如，進口一台車，假設賣 100 萬，外國公司才能賺錢，可是政府課它 10 萬的稅，那這間外國公司賣來台灣的車就要 110 萬才能賺錢。而如果在台灣自己做的車自己在台灣賣就沒有關稅的問題。這時候台灣自己做的車在價格上就比外國車有競爭力。

賣窮

　　但是品質上就不一定有競爭力，因為外國車太貴，消費者很難買得起，沒有選擇餘地下，只能買本國車，由於本國車品質差也沒關係，反正還是會賺錢，會不會因為關稅壁壘的保護，就讓本國的造車工業怠惰，確實有這個問題。

　　當然關稅也不是全部都這麼糟，關稅對於培養國內正在萌芽的產業幼苗，是有必要的，例如韓國現代汽車，汽車工業長久以來都是歐美、日本的天下，在萌芽階段就是靠關稅保護才得以茁壯，為什麼說萌芽階段呢？因為任何產業剛起步的時候一定會有要改進的地方，如果在萌芽階段就不斷進口外國汽車，利潤會被嚴重打壓，國內市場很難催促形成。經過不斷改進，檢討，韓國目前開國內自產車的比例約 80％，甚至出口韓國國外，品質讓美國可以接受。

　　關稅還有一個好處，就是可以將就業機會留在本國，在台灣感受最深的就是稻米。怎麼說呢？如果，不課關稅的情況下，進口稻米加上台灣自己種的米，相加，市面上的稻米變多了，消費者可以買的更便宜。如果以紡織業來說的話，進口紡織品加上台灣自己製造的紡織品，因為市

面上紡織品變多了，消費者可以買的更便宜。如果以製鞋業來說的話，進口鞋子加上台灣自己製造的鞋子，因為市面上鞋子變多了，消費者可以買的更便宜。進口太方便了，國外做的比自己做的便宜，乾脆全部都進口。可是問題在於這些失業人口怎麼辦？要靠出口什麼商品才能進口什麼商品？

　　對於勞務所得和資本所得已經很不平均的台灣來說，因為進口外國商品造成的本國失業率，無疑讓勞務所得雪上加霜，因為勞工的數量一多，工資自然抬不起來，尤其是進口稻米，外國的廉價稻米讓台灣很多有田地的人，種田養不起自己，賣稻米的錢還不如在便利商店打工，在台北就有很多是從中南部上來打拼的朋友，很多人家中是有土地的，可是種田不如來台北打工，當人口不斷往北部移動的時候，正如我後面要說的，人口的密集度會決定房價高低，房價自然會很高。也許有些人會成為電腦工程師，但不可能全部，很多原本家裡有田種的人，看到種田的報酬這麼低，在學生時課業選擇方面就決定念電腦工程，也就是說原本應該要去種田的人，只好去當電腦工程師，當電腦工程師數量一多，可是公司只有幾間的時候自然也會

壓低工資，而資本所得獲取利潤最好的辦法無疑就是壓低工資，遺憾的是這種低工資現象就是所謂的競爭力。如果競爭力是提升品質的話那還好，可是作者認為低工資會比較符合現況。

有人說可以出口電腦產品，取代出口輕工業，或農產品，這說法的「前提」是，每一個原本做輕工業或農業的人，可以找到和原本做輕工業或農業一樣報酬的工作，可是在現實上根本不可能。

當然也不是什麼東西都適合課稅，例如原物料，台灣自己沒有的石油，煤礦、鐵、錫，等…，這些可以進口再出口（就是因為沒有所以只好進口）賺取外匯，或關係到民生物價的東西就不適合課稅。

很多事情發生了就很難改變（尤其是進口農產品），作者也是事後諸葛而已，但從此以後當我們聽到自由貿易和 0 關稅等於消費者的福祉的時候，可以重新評估。

第五節　你所不知道的慈禧太后

　　清朝是中國最後一個封建王朝，最後一個實質的統治者是慈禧（1835～1908），由於清朝是前朝所以在我們的教科書中總要數落和妖魔化最後一代的統治者。她真的像課本上說的這麼愚蠢？雖然慈禧想要中國現代化，但，是有保留的現代化。以鐵路來說，她花了 13 年才努力說服老百姓興建第一條鐵路（京漢鐵路），有人說 13 年太沒效率了，可是以今天角度來看就像是核電廠蓋在自己家旁邊。國家需要借錢的時候就搞鷸蚌相爭的遊戲，把英國銀行、德國銀行、法國銀行…等，叫來面前，讓他們互相殺價降低利息。最重要的是，不願意推動紡織工廠，因為這會搶走中國女性的工作，被外國資本斥資的企業工廠剝削。為什麼不願推動紡織廠？歐洲列強不是都推動紡織廠了嗎？這是有時空背景的，因為在當時手工做的布料，還是比機器做出來的質地好，在英國有一段有趣的故事，維多利亞時期維多利亞女王（1819～1901）身邊的僕人是印度人，這個印度人就問女王：為什麼你們英國的衣服穿起來粗粗的。因為當時印度和中國一樣挨家挨戶都還有手工

做的布料，所以這位印度僕人來到英國穿不慣工廠做的衣服。

而手工紡織業是很多中國家庭的經濟命脈，如果讓外國資本設立紡織廠，會造成數以萬計的失業潮。她明白自由貿易從來不是全面開放。作者不明白她是不是昏君，但明白她的見解比現在的政治人物好。

第六節　海地

就像 1986 年海地開放外國稻米進口，取消稻米關稅保護，很多農夫瞬間無以為繼，因為外國稻米比海地自己種植的還要便宜很多，有人說進口稻米可以省掉自產糧食的麻煩，然後把勞動力全都投入附加價值比較高的工業、商業！事實並非如此，並不是所有人都適合轉型成工業，簡單介紹一下農業，農業是一種技術簡單、低資本、勞力多的產業，雖然不像工業能創造高附加價值，但非常適合海地的民族性。

海地是想學習例外中的例外南韓，一躍轉型成工業國家，南韓當初嘗試和 IMF（世界銀行）貸款，但 IMF

覺得一下從農業跳躍成重工業國家風險太高，之前也沒有這樣成功的案例，所以拒絕，南韓則轉向其他人募集資金貸款嘗試產業轉型，誰知道這種跳躍式的產業轉型成功，讓ＩＭＦ瞠目結舌，悔初沒貸款給南韓。現在南韓的蒲項鋼鐵廠是世界第三大的鋼鐵廠，南韓從原本的鋼鐵進口國變成鋼鐵輸出國。而有了南韓這樣的先例，海地 1986 年政變後，向ＩＭＦ（世界銀行）貸款成功，貸款是有條件的，就是開放稻米市場（強迫進口稻米）。

簡之：海地轉型工業化失敗，讓自己成了長期需要被施捨的對象，貧窮就是這樣產生的。

可能會有人說，經濟的進步就是需要外資資金挹注，外資挹注確實是一種力量，但只是輔助，脫離貧窮的根本要素是從被給予者轉變成給予者，二戰之後很多國家的生產與技術水準的提升，從一台腳踏車都要進口到今天可以自己做出汽車，就是從被給予者轉化成給予者，給予者就是有錢人被給予者就是窮人，尤其是 1960～2010 年的亞洲國家，日本、南韓、台灣…等，都已從被給予者的姿態轉變為給予者，說穿了，所謂富有國家的途徑，單純只是生產與技術水準提升，因為這意味著不用再靠別人救濟，

賣窮

簡之：自給自足。可是，今天你可以自己做商品的時候那我的商品要賣給誰？約 1980 年左右，美國人搞不清楚為什麼自己變窮了，不是美國變窮了，而是所有經過戰爭洗禮過的亞洲、歐洲國家工業力量迎頭趕上美國。

雖然海地人至今還不知道是什麼使自己變窮。偉大的台灣政府立法進口稻米間接使稻農改種高經濟水果（鳳梨、火龍果…等），一大群的農民別無選擇，否則就要把田地賣掉，去都市當廉價勞工，大家搶種的結果是高經濟也不經濟了，少了稻米分擔可耕地的產量，簡單的說原本應該要種稻米的土地通通跑去種火龍果和鳳梨，價格自然高不起來，血本無歸，農民想不通，自己甚至花錢去進修靠著心力和勞力種出來的水果，為什麼價格低成這樣，而在電視上表演吃水果和農民握手的政治人物說不定就是重要推手之一。

第十一章

折舊

可交換的價值(車子、家具、股票、土地)　×　折舊%

有期待價值

＝別人願意拿多少錢交換

不會有折舊的
問題

而且可能有期待
價值

【圖1】

一台車100萬 X折舊50%＝可交換的價值50萬

簡單的說：拿去市場上拍賣的話，別人只會拿50萬來跟你
交換，而不是當初花的100萬

【圖2】

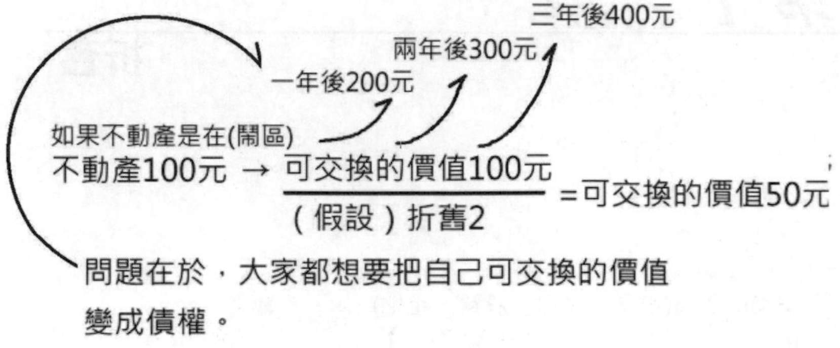

賣窮

三年後400元

兩年後300元

一年後200元

如果不動產是在(鬧區)

不動產100元 → 可交換的價值100元
　　　　　　　（假設）折舊2 ＝可交換的價值50元

問題在於，大家都想要把自己可交換的價值
變成債權。

【圖3】

　　在公司帳本內常常出現一欄，叫折舊，折舊的情況比
較常發生在公司，因為公司可以買來買去賣來賣去，如果
一間公司它購入的辦公室桌椅，電器、冷氣，流動資本，
很多的話，那它的折舊率就會很高，例如公司今年買了 100
萬的辦公室桌椅、冷氣…等，可能今年 100 萬買，明年只
剩 50 萬（假設公司明年淨利為 0）。

　　也就是說明年別人只願意用 50 萬買這間公司。

　　可是對於個人而言，不一定有這個問題，怎麼說呢？
如果是個人的桌子椅子，家裡的大同電鍋，折舊後就沒價

值了嗎？不，它還是有價值。問題在於買它的先決條件是不是為了要賣它，如果沒有買賣的問題，折舊對個人影響有限。除了吃飯不是為了不要再吃以外，有二句話叫「花錢就是為了要賺更多錢」「花錢就是為了不要再花錢」。開句玩笑話，那女朋友、妻子會折舊嗎？感情需求不在折舊範圍內，已經付出過的感情不會折舊。

正如上圖（參見【圖1】）所說的，電器、家具等有折舊的問題、股票的價值則來自期待價值，土地則沒有折舊的問題。

注意我說的是土地不是土地上的建築物，建築物會折舊，可是土地是「空間」，空間不會折舊。有一句話叫做「人潮就是錢潮」房地產的價值是來自人口密集度，如果以一間有人潮店面為例，也許建築本身已經破爛不堪，可是還有人潮，有人願意用2000萬買這間店面，是因為它可能有每個月20萬的店租的期待價值。有點像我前面講的（那債務是資本嗎）如果會賺錢的話那它算資本。

還有一個不會折舊的東西「勞動力」，也就是租賃自己的工作時數，租賃自己的工作時數才會產生工資。正如我前面說的，工資的漲幅來自資本方是不是有爭奪員工的

賣窮

情況。在景氣好的時候確實還有可能買得起房。而在景氣不好的時候，就很有困難了。因為問題在於景氣不好的時候，大家都會想把自己有交換價值的東西用於購入房地產（參見【圖3】），把車子賣了變現金購入房地產，把股票賣了變現金購入房地產，把金銀首飾賣了變現金購入房地產，這就叫所謂的「熱錢」。

可是問題在於每個人「所得起始點」不一樣，如果都是出社會的年輕人，一個有家裡資助而擁有資本，而另一個是白手起家的無產階級，大部分的情況是有資本的會比較吃香，就好像大富翁一樣先起步的人贏的機會比較高。而且就像我前面說的，景氣不好時資本所得可以來自壓低勞務所得。當熱錢不斷的湧入房地產，和勞務所得不斷往下降的情況下，想購入房地產會有困難。

第十二章

大富翁

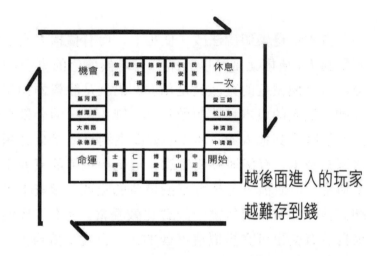

越後面進入的玩家
越難存到錢

　　資本主義不是壞事，因為每個人都想靠資本賺錢，每個人都想靠資本今天工作明天不要再工作。問題在於怎麼擬定出一個所得起始點不一樣但財富起始有可能追平的社會規範。

第十三章

債權

　　資本這邊換個說法改「債權」，而有債權人當然就會有債務人，債權就是可以吸納任何可換價值的東西，反之，交出可交換價值的東西就是債務。也就是說資本如果不能吸納其他人的資本那就叫做資本，例如家中的金銀首飾雖然不能吸收其他人的資本（不會產生利息或租金之類的），它還是資本。有個地方要注意，可交換價值的東西不一定是債權，但債權一定是可交換價值的東西。當資本可以吸納其他人的資本用債權一詞會比較妥當。因為債權的價值來自於有交出可交換價值東西的人，也就是債務人。例如地租、債券，如果是租店面的人都要交出一部份自己的資本，而欠債的人在應付帳款日那天也要交出一部分自己的資本，就算是公司股票也可以分配未來的利潤（有賺錢的話）。債權的價值來自有多少債務人。有人說股票的獲利不是來自債務關係，是的沒錯，股票的價值比較類似別人願意買公司的商品而產生，是一種軟性的債務關係，可以

不買。可是當今天是握有能源類的股份的時候（硬需求），很難不買。除非是山頂洞人，不然這種軟性的債務關係普遍存在，我們手邊的物件很少不和股份公司扯上關係，就算鞋子不是愛迪達，可是鞋子的塑膠材料可能來自台塑，就算牛仔褲不是鬼洗牌，褲子的拉鍊金屬可能來自中鋼。

第十四章

第一節　土地的原始價格

　　房價的高低，一定取決於人口密度，1 平方公里的土地擁有 1 人與擁有 1000 人，價格絕對不一樣。

　　請讀者們耐心想像，我們今天吃的米從哪裡來，農、工、商三種產業彼此的關係。首先一定是有人種田，其次是有人製作工具，其三才是有商人。

　　農夫每年生產的稻米有剩餘，而自己的工具剛好壞了需要再買，而工人生產的工具有剩餘，家裡卻沒有米了。自己過去和農夫換米太麻煩，農夫也覺得自己過去和工人換工具很麻煩，於是商人就出現了，告訴農夫和工人說：你們兩個都多分一點米和工具給我，當作是我的酬勞，我幫你們兩個來返兩地。

假設有一塊 10001 平方公里的土地,土地上有 1 萬人,首先這 1 萬人都各自在自己的土地上耕種,彼此使用的工具差別不大,都是自己做的,每年自己種的農作物也差不多自己吃完。隨著時間推進使用的工具也有了進步,不管是人類的智慧使工具有了進步,或耕作技術有了改良,總之農作物產量一年比一年多,當 1 個勞動人口的勞動產出可以餵飽 2 個人時,另一半的勞動人口就能夠供應糧食以外的其他的東西,工業因應而生。也就是說原本 10000 的人口通通務農,現在分出了 5000 人專門做工具,當然這 5000 個由農轉工的人是在去當工人比自己當農夫得到的稻米還要多才「產業轉型」,一技之長這一句話就是在這種情況下誕生的,沒有比較高的利潤作為誘因,通常不會產業轉型。

5000 人中又分出 1000 人做買賣,商人的利潤又一定要高於農人加工人的利潤,不然不大可能有商業行為。這邊有一個很重要的概念,是「產業利潤決定地價」而「非地價決定產業利潤」。不要搞混了,大家可能看到一個地方的地價很高,就以為高地價才會有好的產業利潤。正好相反,是產業有賺錢地價才跟著漲。這是邏輯上的問題,

賣窮

是因為有經濟繁榮提升產業利潤的「過程」，才有高地價的「結果」，但是高地價的結果不能回溯成有經濟繁榮的過程。就像 2018 年台北市很多因高房價而空著的店面，和因高房價移出的住宅人口不會讓台北市經濟更繁榮。

商業區是因為吸納工業和農業的利潤，所以地價高，工業區的利潤有了農業的利潤，所以地價比農業區高，農業區的利潤最低。

當分工越來越明確的時候，商人不用自己做工具和種田、工人不用自己賣工具和種田、農夫不用自己做工具和賣農產品的時候，就產生了三種區域：農業區、工業區、商業區，每個人都想工作離自己家近一點，依自己的習慣和特定的技能在自己最熟悉的圈子生活謀生。

三個區域人口密度也不一樣，首先是農業區，假設農業區是 9000 平方公里，務農的有 5000 人（1 人口比土地 1.8 平方公里），農業是很需要勞動人口和土地的產業，地廣人稀，在 1.8 平方公里的土地上蓋一個 40 坪的房子，土地多人口少，不會貴到哪裡去。再來是工業區：鐵匠需要木匠，木匠需要鞋匠。工人比起農夫更需要彼此的協助，所以彼此住的比農夫更加密集。

工業區的土地不需要像農業區那麼大的土地，卻能產出比農業還要高的利潤。於是假設有原本 10000 人中有 4000 人放棄種田到工廠上班，工業區的土地就已經沒有農業區大了，1000 平方公里的土地湧進了 4000 人（1 人口比土地 0.25 平方公里），土地的價值自然比農業區高。

第二節　市集

商業區經常坐落於工業區之間，商人有點像鞋匠、木匠、鐵匠、農夫的代理商，賣鞋子的商人不見得要和做五金的鐵匠碰頭才能得到五金工具，而是和鐵匠的代理人碰頭，這種商人們彼此聚會的地方就是早期說的「市集」。（10001 中 9000 是農地，10001 中 1000 是工業用地，10001 中 1 是商業區）

當農業、工業的產品越來越多（生產有剩餘），交易就越來越熱絡，也越來越穩定，早期的市集原本會移來移去，然後逐漸開始固定在某個地方，就形成了固定的「商業區」。台北市的南北貨迪化街就是很好的例子。

賣窮

商業區需要的土地又比工業區小，開一間店鋪比工廠需要的廠房設備小很多，主要是東西能賣出去就好，1平方公里的土地就能夠容納很多商家，假設1平方公里的土地湧進1000個靠買賣謀生的人，比起前面說的農業區人口1比土地1．8平方公里、工業區人口1比土地0.25平方公里、商業區人口1比土地0.001平方公里，所以商業區土地又比農業和工業來得貴。

再來是在這三區域謀生的人，所產生的利潤也不一樣，工人一定要擁有比自己當農人更多的產出利潤才會產業轉型去當工人。而商人一定要擁有比自己當農人和工人更多的產出利潤才會去當商人。

1960年代的台灣就是很好由農業轉型成工業的例子，1960年以前原本都是出口農產品，政府明白要增加收入就是要生產具有附加價值的產品（在這邊特別說明生產出來的產品一定要有消費者是必要前提），最明顯的就是紡織業，當時台灣製造的衣服除了4％自己國內消費，96％都是出口。簡單的說：政府當時看準了，做一件衣服可以換到兩斤米，而自己種出的兩斤米卻只能換一件衣服，所以要去做衣服不要去種田，要出口工業取代出口農業。

當時這波產業轉型是很成功的，成功的地方莫過於，產品一定賣得出去，當時距離二戰摧殘不到 20 年，不是每個國家都有像樣的紡織業。

由於工業產生的利潤比農業多，吸引了台灣很多中南部的青年選擇北上，造就了今天北部的人口密集度，有一首流行歌叫「向前走」歌詞內容就是中南部人口北上就業的情景。

第十五章

三角貿易

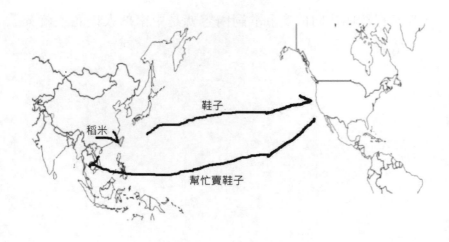

稻米

鞋子

幫忙賣鞋子

　　可以說工人吸納了農人的利潤、商人同時吸納了工人和農人的利潤，可是台灣很多青年都選擇北上就業去當工人，沒人種田，離台灣算近的泰國每年稻米產量剛好剩餘，可以當台灣的農人，那商人是誰呢？美國。

1970 年代台灣已經有世界工廠之稱，全世界每 10 雙鞋子就有一雙是台灣製造。不過問題來了，很會做鞋子可是不會賣，美國就跟台灣說：我幫你賣。

ＮＩＫＥ就是典型的「專門」賣鞋子，所有只要在台製作的鞋子，經過在美國俄勒岡州總部確認品質、造型都沒問題之後，就把台灣做的鞋子貼上ＮＩＫＥ的商標，然後銷售至所有和美國友好的國家。據說這間跨國品牌的公司總部內員工不到 200 人，仔細想想這不是不可能，因為自己沒有工廠、沒有工人，甚至沒有店員，所以在台灣國內常常可以看到ＮＩＫＥ「經銷」。意思是說：專門幫ＮＩＫＥ賣鞋子，ＮＩＫＥ可以說把每一個部分都發包讓別人去做，自己認真經營品牌，和拍出很好的廣告。

經營方式和從天花板至上廁所用的衛生紙都要一口氣包辦的本土企業台塑集團南轅北轍。

至於鞋子除了賣回台灣、和美國，也會賣到輕工業沒那麼發達的國家，例如：泰國。可以想像出一個畫面，泰國賣米給台灣；台灣賣鞋子給美國；美國再把鞋子轉賣給泰國。這就是所謂的「三角貿易」。

賣窮

　　三個地區就在彼此都是彼此的供應者和消費者情況下，做自己擅長的事，但這種「三角貿易」並不是沒有缺點，只要其中一個出問題，另外的夥伴也會遭殃。泰國萬一不再輸出稻米的話，就會造成台灣和美國糧食上漲，就是常聽到的「國際糧食上漲」，而萬一美國不再幫台灣賣鞋子，台灣已經由農業轉工業的工人接不到訂單，台股就一落千丈。

　　如果沒有問題，三者都做自己擅長的事，所得到的綜合產量，一定大於單獨一國的綜合產量。這種「分工」的理論有個很重要的前提，就是綜合產量是已經平均分配給每個辛勤參與勞動的人，沒有人拿的比較多或比較少。如果出現誰剝奪誰的情況，這種三角關係就會很脆弱。這種自由貿易有另一個名詞叫「食物鏈」，美國吃台灣，台灣吃泰國，泰國吃更弱勢的非洲第三世界國家。

　　對於每一個國家或個人而言，擺脫貧窮最好的方式，不外乎兩個，「不要再進口」和「可以買更多」。

　　不管是工業行為和商業行為都是建立在農業有穩定的產出之上，或穩定進口的條件之上，能夠省掉其他人去找糧食的麻煩，沒有餓肚子的疑慮，才能從事其他工、商

業活動，土地的價值和糧食有密切關係。只是農業技術突飛猛進，使得糧食盛產，產量高，價格就低，所以感覺不出來，但仍然不改變的是土地的基礎價值在於糧食。

農業區、工業區、商業區的意思是在這個區域靠什麼謀生的人居多，是由人謀生的手段來決定該區域的樣貌，而不是靠媒體參考式的報導或政府公佈。例如近代一點的名詞「觀光區」，就是在該區域靠販售服務為謀生手段的人很多。以此類推，農業區就是有很多靠種田謀生的人、工業區就是有很多靠做工謀生的人、商業區就有很多靠買賣謀生的人。

在電視上常常聽到經濟體、經濟體，很多人聽了常常一頭霧水，在這邊剛好串聯起來。

經濟體指的是在特定的區域內，生活在這個區域內的人，持有一樣的貨幣，並且靠貨幣的流通分配日常所需的資源及土地。例如香港，香港 7390000 人口都拿著港幣，在香港這個區域內生活，香港沒有自己的農業，利潤主要是靠貿易而來。和前面說的ＮＩＫＥ一樣幫別人的經濟體賣東西賺取利潤，再用一買一賣產生的利潤，再向其他農

賣窮

業經濟體進口糧食，而進口完糧食後又還有剩餘，這剩餘就是「經濟成長率」，也就是ＧＤＰ。

第十六章

GDP

　　經濟體的成長，來自老百姓每年的勞動，或來自老百姓的資本（廠房、機器、土地…等），產生的生活必需品與便利品。如果在經濟體內的每個人享受的便利品和必需品，如果不是自己經濟體內生產的，就是用自己體內的產出物向其他經濟體進口。ＧＤＰ是勞務所得加資本所得，也就是國民賺的錢和國民資本賺的錢。

　　而在經濟體內流通的各項便利品和必需品的東西就叫貨幣，皆是體內每個小個體彼此有共識的東西，在香港就是港幣、在台灣就是台幣，名稱隨經濟體的名稱有所不同。

　　而在經濟體內流通生活必需品，和便利品的貨幣，畢竟是紙幣，多印一些對於貨幣而言，它的價值就越低。例如發公務員的薪水，和任何公共建設都一定要有人管理或

賣窮

維修，如果每發完公務員的薪水和建設的維持費用還有剩餘，這個剩餘就是「自償性」，自己可以養自己的公共建設，例如：高速公路。如果「自償性」是負的就會產生「內債」，支付內債是可以靠印貨幣解決，但問題來了，印貨幣這種行為像刷信用卡一樣，而這種信用卡不知道什麼時候會刷爆。ＧＤＰ分資本所得和勞務所得，一買一賣並不會產生實際價值，只有勞務才會產生實際價值，所以靠以勞務為謀生手段的人消化債務。

貨幣的價值，來自於對於通膨的承載量，所以政府每年收入的一加一減中都努力讓收支達到平衡，好讓已經正在流通的貨幣保有價值。不管是縮減預算，還是增加收入，總之不能讓這個承載信用基礎的工具崩壞。

如果債臺高築壓垮了信用的基礎，當沒有價值和不能保值成為了每個人的共識，就不再能成為交易的媒介，在體內流通各種便利品和必需品的工具就會變成其他有價值的東西，例如：黃金、石油、或美元。

有些國家除了自己的貨幣，同時也流通了其他國家的貨幣，就是因為沒有價值和不能保值成為了共識。

　　至於有人天真的說：拿外國貨幣買東西又不會怎樣。必須注意，拿外國貨幣不代表自己是外國公民，別人政府要發行多少鈔票是別人的自由。

　　香港是很純的商業經濟體，雖然有一些小工廠、和漁業，但和商業比起來產生的收入沒有商業多，透過一買一賣才是 7390000 人主要的收入來源。2017 年香港的ＧＤＰ是 341659 百萬美元，成長率 3.5％，作者在這邊強調ＧＤＰ是「整體」7390000 人產生的收入，不代表每個香港人平均分配，香港和台灣一樣有貧富不均的問題。

　　貨幣價值和國家意識型態只存在於人跟人認為它存在，像網路一樣，一定要很多人同時家裡有網路，網路這種東西只有一個人有，沒什麼意義，但是如果很多人同時擁有力量就很強大。而網路品質決定於ＧＤＰ成長率，越多人使用這個貨幣，這個經濟體就越強大。當然很多第三世界國家，沒有自己的經濟體或說自己ＧＤＰ常常負成長，這種經濟體印出來的鈔票，不會有人想用，就像很爛的網路公司，第三世界國家的人常常不願接自己的貨幣網路，而改接美元網路。

賣窮

聽起來好像商業是最賺錢的產業，是嗎？商業區或活在商業經濟圈的人物價高的嚇人也是事實，簡單的說：賺的多、花的多。農、工、商中，商業一買一賣的過程並不會直接產生實質的東西，什麼東西都還是要用買的。

有人說農人看天吃飯，不過那是在古代沒有氣象報告的年代，很多自然災害無法預防。想像一下自己有一塊土地，自己種什麼吃什麼，也不用繳房租，每天就是和自己的農作物與牲畜為伍，並且樂在其中，除了偶爾採買必需品，生活花費極低。不管是發生金融風暴或金融海嘯，影響不大，永遠都明白自己下一餐在哪裡的安全感，是商業的利潤和工業的利潤無可取代的。

比起農人今天的商業區很怕自己東西賣不出去，更像是看天吃飯的，或說看人臉色吃飯，因為如果「市場已經飽和」意味著交易量下降，不管是工人或商人，衝擊是最大的。

如果說香港是商業經濟體，那紐西蘭就是農業經濟體，靠農產品輸出率占了這個經濟體一半以上的收入，全國有一半以上的土地為農業和牲畜業用地，相較人擠人的香港不斷創新高的地價（在東九龍一坪土地是 1829 萬台

幣），紐西蘭的土地價格在有中資炒作的情況下還是低很
多。

賣窮

第十七章

產業轉型

　　1950 年至 1970 年台灣政府是在確定「市場未飽和」的情況才由農業轉至工業的，白話講就是一定賣得出去，產業轉型中，不是瞬間老百姓（勞動力）通通去工業區上班，而是逐漸。當原本種田的人（勞動力），可是看見了去工業區上班的人過得比自己好，才逐漸一批一批的前往工業區。在這個逐漸的過程中有個有趣的情況，脫離貧窮最佳的方式莫過於兩種「不要再進口」和「可以買更多」，在還沒加入ＷＴＯ前，可以選擇要不要進口，由農業轉工業的過程中，同時有人種田、有人生產工具，在這種工具（日用品、衣服、鞋子等）賣得出去能賺取外匯，又不用進口農產品的情況下造就了物價低、高收入的現象。雖然當時的重工業例如車子、飛機這種比較複雜的東西需要進口，但出口賺的錢還是有找，這種經濟體出口扣掉進口，也就是常常聽到的「貿易順、逆差」，而且長年下來都是正成長，而且更驚人的是所得分配很平均。也就是「勞務

所得」（勞工）和「資本所得」（資本家、老闆），按照
當時的收入和物價不管是老闆或勞工都可以看到一個今
天工作明天可以不用再工作的明天。

賣窮

第十八章
從更大的框架來看富爸窮爸這本著作

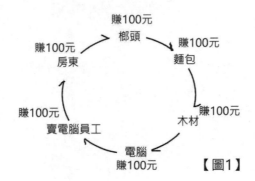

賺100元
檳頭

賺100元
麵包

賺100元
房東

賺100元
木材

賺100元
賣電腦員工

電腦
賺100元

【圖1】

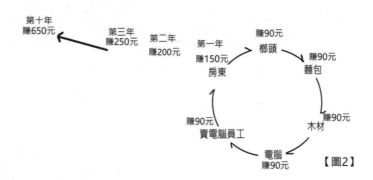

第十年
賺650元

第三年
賺250元

第二年
賺200元

第一年
賺150元

賺90元
檳頭

賺90元
麵包

房東

賺90元
木材

賺90元
賣電腦員工

電腦
賺90元

【圖2】

在富爸爸窮爸爸這本書中有一個很有趣的理論，叫傻瓜財務原則（Keep It Simple Stupid），每個月從自己口袋拿出錢的東西叫負債，每個月會把錢放進自己口袋的東西叫資產。

嚴格來說這是一種會計學，資本減負債，如果是正，就是好事，如果是負，就是壞事（這本書寫的非常好）。我們先排除通貨膨脹和前面四階市場複雜的政治問題的話，這理論說的基本上都是對的。

可是問題在於錢從哪裡來呢？

我舉個例子（參見【圖1】），假設是做榔頭的工人他花 100 塊買麵包，那賣麵包的賺 100 塊；賣麵包的花 100 塊買 100 塊的木材，那賣木材的賺 100 塊；賣木材的花 100 塊買電腦，那賣電腦的賺 100 塊；賣電腦的花 100 塊給自己電腦員工，那電腦員工賺 100 塊；電腦員工花 100 塊繳房租，那房東賺 100 塊；房東花 100 塊買榔頭......100 塊又回到做榔頭的工人。（這邊呈述的是觀念，很多東西不只 100 塊）

賣窮

在會計學中只管檳榔到麵包這一段，之後的賣木材的有沒有賺錢，賣電腦的有沒有賺錢，賣電腦的員工有沒有賺錢，房東有沒有賺錢。就不重要。

從短期來看，會計確實能改善個人財務狀況。但是不可能只有短期，時間一拖長進入 1 年 2 年，甚至 10 年後，就會進入所謂的長期。也可以說會計代表短期，總體經濟學代表長期，兩個都很重要。

總體經濟學並不複雜，只要想著花 100 塊出去會不會像迴力標一樣繞一圈回來，錢繞一圈回到自己手上的還剩多少，總體經濟是把圖（【圖 1】）上講的 6 個人串成一圈。當然參與人數可以更多（可以像ＷＴＯ這麼多），不過先 6 個就好。

但問題是，真的可能像我第一張圖（【圖 1】）說的每個人都賺 100 塊嗎？當然不是。第二章圖（【圖 2】）會比較接近事實。如果說從做檳榔的工人開始起步的話，經過靠賣麵包維生的人、賣木材維生的人、賣電腦維生的人、賣電腦的員工領工資維生的人、租房子維生的人，繞一圈回來剛好是一年。

　（【圖 2】）也許第一年沒什麼感覺，差 10 塊而已，但是 2、3、4、乃至 10 年過去了，差別就會開始出現了，而且房東一定還會把累積的資本用於購入房地產。

　必須考慮到從長期來看，怎麼樣用我有的東西，不管是榔頭、土地、勞動力，換到我沒有的東西，並且換到最多。健康的經濟循環下，不管是消費也好，債務關係也好，進入長期的狀態是每一個人都要賺錢，或賺的錢差不會太多，不然消費者怎麼有錢消費、債務人沒賺錢債權人怎麼有錢。

第十九章

社會生產剩餘

　　可是問題在於每一個人都想把有交換價值的東西變成債權（延伸第二篇第十一章【圖3】和第十三章的概念），也就是把勞務所得轉化成資本所得，那要怎麼樣讓靠債權累積出的資本，不要一直湧向房地產。第十八章的圖6個人串成一起的圈圈，產生的價值通通加在一起，就叫做經濟圈成長率，是ＧＤＰ成長的迷你版。

　　請想像一下每一個人都把自己用剩的東西、吃剩的東西、用不完的時間，丟在一個大廣場前面，這些剩下來的東西叫「社會生產剩餘」。問題在於怎麼分配。

　　在1950年代的台灣一台汽車可以買一棟樓房，而在2018的台灣一棟樓房可以買十台汽車，為什麼呢？1950年代正是戰後重建的年代。也可以說是國民政府來台後台灣才真正有發展工業，工業產品的價值讓房地產的價值看

【圖1】

土地

發行台幣10000元（設發行量恆不變）	10000 台幣	1000 個西瓜	100 個蘋果	500 個香瓜	200 個地瓜	1000 斤的鐵	100 斤的鋼	10 斤的銀	1 斤的金	100 桶石油	土地
1000 個西瓜	10元／1個西瓜	—	0.1個蘋果換／1個西瓜	0.5個香瓜換／1個西瓜	0.2個地瓜換／1個西瓜	1斤鐵換／1個西瓜	0.1斤鋼換／1個西瓜	0.01斤銀換／1個西瓜	0.001斤金換／1個西瓜	0.1桶石油換／1個西瓜	
100 個蘋果	100元／1個蘋果	10個西瓜換／1個蘋果	—	5個香瓜換／1個蘋果	2個地瓜換／1個蘋果	10斤鐵換／1個蘋果	1斤鋼換／1個蘋果	0.1斤銀換／1個蘋果	0.01斤金換／1個蘋果	1桶石油換／1個蘋果	
500 個香瓜	20元／1個香瓜	2個西瓜換／1個香瓜	0.2個蘋果換／1個香瓜	—	0.4個地瓜換／1個香瓜	2斤鐵換／1個香瓜	0.2斤鋼換／1個香瓜	0.02斤銀換／1個香瓜	0.002斤金換／1個香瓜	0.2桶石油換／1個香瓜	
200 個地瓜	50元／1個地瓜	5個西瓜換／1個地瓜	0.5個蘋果換／1個地瓜	2.5個香瓜換／1個地瓜	—	5斤鐵換／1個地瓜	0.5斤鋼換／1個地瓜	0.05斤銀換／1個地瓜	0.005斤金換／1個地瓜	0.5桶石油換／1個地瓜	
1000 斤的鐵	10元／1斤的鐵	1個西瓜換／1斤鐵	0.1個蘋果換／1斤鐵	0.5個香瓜換／1斤鐵	0.2個地瓜換／1斤鐵	—	0.1斤鋼換／1斤鐵	0.01斤銀換／1斤鐵	0.001斤金換／1斤鐵	0.1桶石油換／1斤鐵	
100 斤的鋼	100元／1斤的鋼	10個西瓜換／1斤的鋼	1個蘋果換／1斤的鋼	5個香瓜換／1斤的鋼	2個地瓜換／1斤的鋼	10斤鐵換／1斤鋼	—	0.1斤銀換／1斤鋼	0.01斤金換／1斤鋼	1桶石油換／1斤鋼	
10 斤的銀	1000元／1斤的銀	100個西瓜換／1斤的銀	10個蘋果換／1斤的銀	50個香瓜換／1斤的銀	20個地瓜換／1斤的銀	100斤鐵換／1斤的銀	10斤鋼換／1斤的銀	—	0.1斤金換／1斤銀	10桶石油換／1斤銀	
1 斤的金	10000元／1斤的金	1000個西瓜換／1斤金	100個蘋果換／1斤金	500個香瓜換／1斤金	200個地瓜換／1斤金	1000斤鐵換／1斤金	100斤鋼換／1斤金	10斤銀換／1斤金	—	100桶石油換／1斤金	
100 桶的石油	100元／1桶石油	10個西瓜換／1桶石油	1個蘋果換／1桶石油	5個香瓜換／1桶石油	2個地瓜換／1桶石油	10斤鐵換／1桶石油	1斤鋼換／1桶石油	0.1斤銀換／1桶石油	0.01斤金換／1桶石油	—	

起來沒那麼重要。也就是說房地產本身的價值還是存在，可是因為五花八門的工業產品剛剛生產出來的時候，創造出了和房地產「等值」的東西，例如一台汽車。我在這邊強調「等值」，我們每個人除了需要有房子住也需要有車開，這是兩種不同的需求可是等值。1950~1980 年當汽車剛出現的時候想像一下是汽車多還是房子多？一定是房子比汽車多。而所謂的術語：「市場機制」，白話文就叫作「物以稀為貴」。在同樣的需求不一樣的數量，就產生了各式各樣的價格。剛開始汽車價格和房地產比較，可能還是汽車佔上風。可是汽車的數量越來越多，市場越接近飽和，價格就越來越低，而房地產的數量不變多也不變少，當汽車的數量比房地產多的時候，房地產的價格就會比汽車高。換個角度想，那要怎麼讓車的價格也提升呢，就是土地變多！可是土地怎麼可能變多（參見【圖1】、【 圖2】）。

$$\frac{\text{車子} \quad \text{(分子)}}{\text{房地產} \quad \text{(分母)}} \quad \begin{array}{l} \text{分子動} \\ \text{分母不動} \end{array}$$

【圖2】

　　錢像迴力標一樣，雖然繞一圈回來每個人的實質利益都增加了。假設繞了 10 圈，可是會出現有房地產賺 650 元（第二篇第十八章【圖 2】），而其他行業賺的比房地產少。在這種每個人賺錢有高有低的情況下，有房子的人比較容易有可觀的「儲蓄率」。當有了之後還會想要更多是我們的天性，正常的人都會把錢投入更有收入的標的，而且要穩定，而穩定的收入是怎麼來的，也就是必需品，在價值觀中有土地或房子是證明脫離貧窮的象徵，比起其他價值受數量宰制的麵包、榔頭更穩定。

　　有人認為「資訊科技」能扮演和工業化時一樣的角色，使能抽取社會生產剩餘的能力不會過度集中在擁有房地產的人手中，或資金不會過度集中在房地產。但約從 1980 年代開始佈局的「資訊科技」至 2018 年的現在，分配社會剩餘產出的潛力不如上一波工業化。台灣有很多優秀的資訊工程師薪資只有 3 萬多台幣，就是很好的證明。

　　值得一提的是「價格機制」不見得是用在以物易物上，用在討論薪資的水準也會有啟發的作用。

第二十章

第一節　房地產

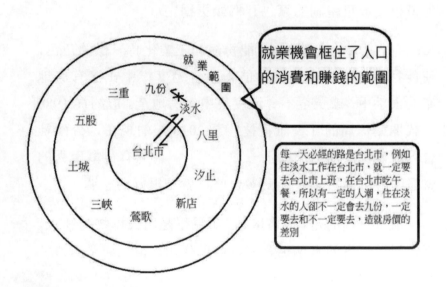

就業機會框住了人口的消費和賺錢的範圍

每一天必經的路是台北市，例如住淡水工作在台北市，就一定要去台北市上班，在台北市吃午餐，所以有一定的人潮，住在淡水的人卻不一定會去九份，一定要去和不一定要去，造就房價的差別

　　房價的高低，一定取決於人口密度，1 平方公里的土地擁有 1 人口與擁有 1000 人口，價格絕對不一樣。買房有兩個目的其一是以買賣為主的商業概念，另一個是以生產糧食自給自足的農業社會概念。前者可以想像成投資，後者可以想像成自住。

　　房地產如果是以自住為目的的話，會有不要賣的問題，正如我在貨幣那邊講的一樣。也許這房子是祖厝祖先交代不能賣，也許這房子有著屋主的回憶，或許是以父母親的遺物來看待這一棟房子，也就產生所謂的非賣品，在這種情況下房地產就不是簡簡單單的商品。而如果買來是要來經營家庭的話，也許可能買貴了 5％左右，但考慮到自己的妻子小孩都喜歡，自己工作也算穩定例如公務員，也不是靠轉賣賺取差價謀生，計較的程度會比目的是投資的人沒那麼多。

　　以投資的角度來看。投資人，看的是未來的價值，例如 1000 萬買就期待以 1200 萬賣出，而怎樣洞察出未來的價值，真實價值中人口一定是第 2 條件，第 3 是交通與公共建設，例如醫院、學校，高速公路，捷運…等，第 4 才是這塊土地上的賣家各喊各話。第 5 個條件是因資金的充

裕主導了房地產的價值，進而產生了五花八門的媒體報導，第 5 個條件產生的價格是浮動的，什麼時候漲什麼時候跌很難掌握，因為別人要怎麼報導是別人的事情。

在商業社會中，就業機會可以說是房地產最重要的價格因素也就是第 1 條件，因為沒工作活不下去，或為了維持一定程度的生活品質必須工作，簡單的說，好的房地產投資是追逐下一個有就業機會的地方，例如能在新北市的鴻海科技園區規劃好之前就先在那裡買一塊地。

我們要先區分蛋黃區和蛋白區的由來，蛋黃區和蛋白區很大程度上是和人口密度有關聯，蛋黃區是一定得經過的地方，例如：商業區並且停留消費。蛋白區就是不一定要經過的地方，例如：住宅區。一定和不一定房價差非常多，就算是媒體加油添醋也必須以人口密度為基礎，有一句話叫作：牛皮不吹破都是事實。例如台東縣的土地將上揚一倍以上一定不會有人相信，而如果說新北市八里區（相較於台東就業機會比較多）上揚一倍以上，後者可信度就比較高，這一塊土地或房地產的價值來自於有多少人相信他有價值。

蛋白區通常是以住宅區為主，支應著蛋黃區所需的消費人口，例如台北市周圍的八里、土城、淡水、遠的話甚至到基隆…等，總之住不起台北市卻要到台北上班的人，增加了台北市人口的密度。這道理應該不難理解，例如住在土城，可是一天當中有一半的時間都待在台北市上班，這些來台北市上班加上本來就住在台北市的人，造就了台北商業區，而有就業的人，消費力道會比較強，比起住宅區中的老人、和小孩，雖然老人和小孩也是人潮，但消費力道就沒有上班族這麼強。外來的消費力道造就所謂的商業區（消費力道和銷售能力相輔相成），商業區的價值顧名思義是以銷售能力來決定價值（和我前面第二篇第十四章第一節說的利潤決定地租、價一樣）。更正確的說法，人要賺錢也有花錢的需要，賺錢和花錢可以想成是一種框框的範圍，如果賺錢和花錢的範圍都脫離了台北地區，如果今天大家都不在台北市消費，台北市的房地產一定不會是現在（2018 年）的天價。

有人可能會說有人會去消費的地方就是商業區了，說得好，人潮等於錢潮，但，重點在於這人潮是穩定的人潮或是不穩定的人潮。

賣窮

如果是在台北市忠孝東路的雙子辦公大樓旁邊開一間早餐店，每天光是一棟大樓固定進進出出的上班族就1000人左右，外加附近學區台北科技大學的學生，都是固定會經過店門口的人潮，保守估計算約2萬人，不管晴天、雨天，上班族一定要上班，大學生一定要上課，更重要是一定要吃東西。假設20000人中有200人固定來店裡消費，每個人都賺他100元，營業額一個月60萬不是難事，進一步假設食材20萬，員工請2個人一人3萬，一共6萬（其實工資應該沒這麼高…），老闆賺34萬，這邊有一個重要的概念是「利潤決定地租」，也就是說34萬中，房東和老闆各憑本事喬房租，理論上房租不可能超過34萬的，但，約莫比十坪大一些的店面，保守估算10萬不是不可能。

至於出售的房價怎麼算出來的？就是來自於承租的租金，而租金又是怎麼來的？來自人潮的消費力道。其實店面的房價是在算轉虧為盈的時間，假設人潮不變多也不變少的情況下。假設一個月收租10萬一年就是120萬。假設屋主以1200萬出售；買家就會在10年內轉虧為盈；假設屋主以1320萬出售；買家就會在11年內轉虧為盈；

假設屋主以 1440 萬出售，買家就會在 12 年內轉虧為盈，以此類推…難怪有人說時間是金錢。

第二節　九份

　　九份在 1893 年發現了金礦、銅礦、煤礦，礦業為九份帶來了 78 年的繁榮，猶如今天台北市的人潮密集度，我前面就講到就業機會一定是房價的骨髓。就業機會就像個框框讓人潮只能限於某個區域，例如九份就是很好的典範，這麼多的礦工總要吃、住、睡，乃至特種行業，強大的消費力造就了原本住在那座山城的房東媲美今天台北市的房租收入，據說在 1950 年，在那邊開一間麵店房租是 1000 元（差不多也相當於今天的台北市）。簡之：礦業為了九份提供了 78 年穩定的消費人口而不是不穩定的。1971 年礦源枯竭走向沒落。

　　大概是 1989 年電影「悲情城市」又讓九份又有了人潮。2000 年宮崎峻大師畫了一部動畫並且坦承取景至台灣的九份才為九份注入了有如神隱少女動畫般的魔力。真正出現爆炸式觀光人潮其實是在 2000 年。

賣窮

之後，很多觀光客說九份每次去人都好多，店家一定很賺錢，觀光區的人潮和商業區的人潮，和前面講的住宅區有點類似，觀光區的人潮用這二句話來說明最為合適：「可以視心情而去，而非絕對必要去」。而且觀光這種產業很吃政治因素，明天別人跟台灣建交觀光就看好，後天別人跟台灣斷交觀光就不看好。

所以在九份這邊的例子先排除看心情會出現的人潮。九份的人口在日治時有統計的，約 4 萬人左右（這只是有登記戶籍的，不加礦工就業人口），現在的九份不到 4500 人，如果要是九份開一間早餐店也抓取和台北市一樣的 100 人有 1 個人來消費，假設每一個人都賺他 100 元，一天賺 4500 元，一個月就賺 135000，食材方面由於人潮沒這麼多抓 30000，員工請一個人 30000，老闆還賺 75000，利潤決定地租，一定是老闆有賺錢房東才有地租可以拿，也就是說 75000 中，房東和老闆各憑本事喬房租，理論上租金的價格容易坐落於 2 萬 5 千～3 萬之間，因為老闆還要管理店中大小事，甚至員工生病請假老闆一個人要做兩個人的事，這些看不見的成本也要算在內，保守估算房租 25000 元。

　　我們就可以明白人潮是如何決定房價，也可以粗略推理出價格是不是亂喊，算轉虧為盈的時間，假設一個月收租 25000，一年收租就是 30 萬。假設屋主以 300 萬出售；買家就會在 10 年內轉虧為盈；假設屋主以 330 萬出售；買家就會在 11 年內轉虧為盈；假設屋主以 360 萬出售：買家就會在 12 年內轉虧為盈，以此類推…

　　當然這是從穩定的人口試算出來。就像減肥時只算體重不算身高的單純算式，算轉虧為盈的時間只是參考書，實際上考場可能會是另一回事。

賣窮

第二十一章
引導期待價值

　　可以達成通貨手段的不一定是靠貨幣，引導期待價值也可以達到搬運價值的效果。怎麼說呢？價值來自人認為它有價值，不能否認今天把錢投入於某項投資標的，不論房地產或股票，都是人認為它未來可以替自己帶進收益。

　　聽起來很抽象，媒體資訊可以搬運價值！我換一個說法與其說搬運，不如說讓人信或不信。台灣話有一句叫「唬爛」。如果直接跟他講某個投資標的有價值，他一定會想說「你是不是騙我」，要讓投資人自我探索的過程很重要，所以媒體常常找來有教授、專家名稱的人談論某項投資標的（這邊和我後面第四篇第三章第四節要說的 85％ 的人認為思考是以他人為榜樣有關係）。

　　一則訊息如果發出來，假設 10 人看見，尤其是要 50 ～80 歲這個年齡層的人看見，因為台灣的財富主要掌握在 50～80 歲的人手中，而這個年齡層的人受獨立思考的教育也比較少（作者絕對沒有嘲笑的意思，而是有當時代背景），所以很難不形成輿論，輿論一旦形成就能達到以資訊來搬運價值。

第二十二章

第一節　公司

公司持股、公司紅利、公司資產，公司到底是什麼？

公司是一種只存在於白紙黑字上的東西。

在古希臘有一個數學家叫芝諾，他提出了阿基里斯不論如何都追不上「先起跑」的烏龜，「先起跑」，的結論。

條件是這樣的，烏龜「先」起跑了 100 公尺。阿基里斯的速度比烏龜快 10 倍。阿基里斯要去追烏龜，卻永遠存在 10 分之 1 的距離。

芝諾問：那阿基里斯會在幾公尺追到烏龜「註 5」。

旁人答：會在 110 公尺阿基里斯追到烏龜。

芝諾：那我來證明你是錯的。

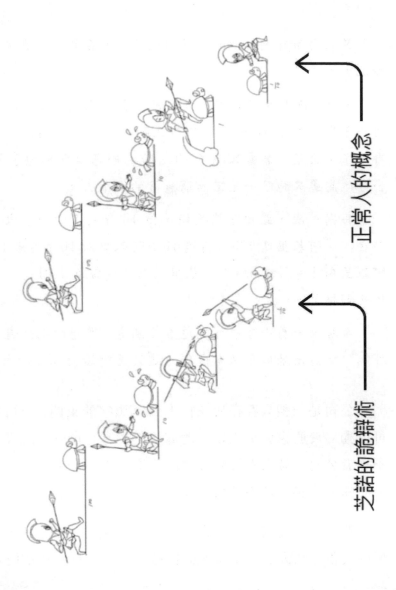

正常人的概念

芝諾的詭辯術

賣窮

芝諾向所有嘲笑他的人提出證明，寫在紙上（應該是沙地）。

因為，阿基里斯跑到 100 公尺，烏龜又跑了 10 公尺。阿基里斯再跑了 10 公尺，烏龜又跑了 1 公尺。阿基里斯再跑了 1 公尺，烏龜又跑了 10 公分。阿基里斯再跑了 10 公分，烏龜又跑了…芝諾無窮無盡的寫下去。

每寫一次，距離雖然縮短，但 10 分之 1 的距離永遠存在。（阿基里斯 100 ＝烏龜 10；阿基里斯 10 ＝烏龜 1；阿基里斯 1 ＝烏龜 0.1；阿基里斯 0.1 ＝烏龜 0.01 ＝ ；…依此類推）。

希臘第一勇士怎麼可能追不上烏龜，用想的也知道不可能，但寫出來似乎又有道理，這就是辯證術或詭辯術。

公司是一種只存在於法律上白紙黑字的東西，公司是可以獨立於股東或員工以外遭起訴的對象，也就是說股東不等於公司；員工不等於公司；董事長不等於公司；公司裡面的辦公桌、椅不等於公司。

雖然沒血沒肉，可是在法律上被認定是一個「人」，所以又稱「法人」，聽起來很古怪。所以在打官司的時候

都會聽到律師說：「我代表某某公司」。有趣的是英文的公司這個單字 c o r p o r a t i o n 的詞根（英文詞根相當於中文部首）來自拉丁文的 c o r p u s 意思是身體，不曉得當初創造出這個單字的人是想提醒法官它有血肉，還是想諷刺法官。

假設我和朋友合開一間咖啡店，並且成立一間公司，可以說這間公司是我和我朋友結合創造出的「人」，這間店裡面的各種設備，桌子、椅子、收銀機裡面的錢，並不直接屬於我，而是公司的資產，我是間接擁有，每年要分配賺的錢的時候，就由這個我和我朋友創造出的「人」幫我們分配賺的錢，我拿出當初開這間店投入 100 萬的紙本證明，他也拿出當初開這間店投入 100 萬的紙本證明（兩人一共 200 萬），這紙本證明，就是「股票」、「證券」、「權利」，透過公司分到的錢就是「股利」。

第二節　買賣股票、頂讓

買賣股票並沒有那麼複雜，各位不知道有沒有在街上看到有的店家貼上大大的兩個字「頂讓」，今天的證券交易所，就是建立於頂讓的基礎上。

賣窮

　　有一句話叫作「股票的價格不等於股票本身的價格」，怎麼會這樣子呢？或者聽不懂。我在這邊多花筆墨和讀者解釋。頂讓總是讓人有負面的聯想，仔細想想若是一個好的賺錢機會為什麼要脫手？為什麼要賣？為什麼要買？

　　銜接前面的咖啡店，去年靠著這和我朋友合資一共 2,000,000 的股份為我和我朋友 2 人一共賺進 500,000（1 人是 25 萬），我有 1,000,000 的股份。

　　今年年初，我的鄰居看到這種報酬率很羨慕，想要「認購我的股份」，正好我想轉行開麵包店，開咖啡店已經用掉了身上大多數現金，購買開麵包店的器材、設備等…都需要用現金購買，我就用賣掉咖啡店股份的現金去開麵包店。

　　我和我的朋友講一聲，說我想去賣麵包後，就開始向我的鄰居提出咖啡店當初購買各項裝潢、設備等的採購紙本明細，店內有一半皆是我出的 1,000,000，而另一半則是我朋友出的，更重要的是年度（去年）店內的財務報表獲利能力，去年的報酬率是 25％。（可以想成是一年擁有 1,000,000 元就會賺 250,000 元）

　　而我的鄰居自己也常來這間店喝咖啡，親自看到店內確實生意絡繹不絕，親自看到很重要，因為財務報表畢竟是我老王賣瓜，甚至可以灌水。而自己有沒有去認識投資標的，可以大大降低未來會不會成為冤大頭的機率，合理的價格容易出現在買賣雙方資訊對稱上，相反的，不合理的價格容易出現在有一方資訊不對稱。財務報表就像ＧＰＳ，但實際的路最好自己有開車走過。

　　常聽到有人把公司的一半賣掉，並不是真的把公司（店）切一半賣給別人，而是把公司一半的權利賣掉。這間店我花了 1,000,000，但我想用 1,100,000 賣給我的鄰居，這間公司的獲利能力去年是 25％，我鄰居仔細看了一下方圓幾公里內都沒有別的咖啡店來競爭，所以今年的獲利（年報酬率）可能也會接近 25％，覺得我開的價錢還算合理，於是我鄰居就用 1,100,000 購買我當初花的 1,000,000 成交了。

　　我這邊必須重複一段話「所以今年的獲利（年報酬率）可能也會接近 25％」，之所以能用 1,100,000 賣給我鄰居，是因為我販賣的是「期待值」，實際上咖啡店（公司）裡

的一半東西只花我 1,000,000。多出來的這 100,000 畢竟是我花心思經營得到的成果,不會表現在財務報表上。

萬一,去年是賠錢,去年的獲利是負 25%,那我的鄰居就不會接受用 1,100,000 購買我的股份,而會用更低的價格。在我的財務報表都不作假的情況下,談判桌上,我鄰居可能和我說「你雖然當初花了 1,000,000 購買這間咖啡店一半的設備,但,是賠錢貨,我 600,000 跟你購買,這還算不錯的價格。」這些設備成本我實際花了 1,000,000 卻只能用 600,000 賣出去。

所以說我的鄰居願意用多少錢購買這間咖啡店的股份,代表他「認為」這股份將來能為自己帶來多少收入,也就是很不具體的「期待值」,而不是我實際花了 1,000,000 的價值。

第三節　當期待值化為泡沫

前面有說到 1,000,000 的股份,因為有 25% 的年度獲利能力,而以 1,100,000 出售。假設 25% 的獲利能力不變,其實我賣太便宜了,我可以主張賣到 1,200,000,更狠一點

1,250,000 都是在合理的價格內。畢竟都賣掉了，這間公司以後跟我沒有任何關係。

本來以為鄰居會好好經營我建立起來的心血才用 1,100,000 仁慈價賣給他殊不知鄰居只是想「轉賣」賺取差價，不到一年內鄰居就以 1,200,000 賣給鄰居的鄰居，而鄰居的鄰居又以 1,250,000 賣給鄰居的鄰居的鄰居。沒有人想要高買低賣，經過每一次的成交價格已經到達現在的 1,250,000。

用股票賺錢有 2 種，第 1 種是認真參與公司內的大小事賺消費者的錢，收取股利。第 2 種是賺取股東的錢。這裡說的是第 2 種。

不合理的價格容易出現在有一方是笨蛋，如果說 1,250,000 內都是合理的價格，那可不可能有超過 1,250,000 的成交價？有可能。

然而買賣咖啡店股份的消息不脛而走，重點是每個買的人「都會賺」，而怎樣經營似乎不是重點了，一般人只聽得懂「都會賺」，很多街坊就爭相搶購，當 1 個人跨越

賣窮

了這不合理的界線後，第 2 個人也搶跟在後。第 2 個搶第 3 個人也跟著搶，再來 4、5、6、7……到 100。

好像大自然景觀中牛群狂奔一樣，牛不知道為什麼要跑，人不知道為什麼要買，只是看見了前一個買的人有賺，就跟著買。好像不買是笨蛋一樣，奇妙的是價格越高，人就更想買。

作者自己開麵包店，要管理店中大小事、還要開很多煩死人的會議，眼睜睜看著光買賣股票就能賺錢，實在是輕鬆太多了，作者也想加入聰明人的行列。

經過了 100 次的疊疊樂成交，咖啡店的股價已經來到 10,000,000，因為現金只有 900 萬，還借了短期高利貸 1,000,000 才買回自己的咖啡店，心想反正前面 100 個人都賺，不會這麼倒楣我賠錢吧。高利貸的利息很嚇人，而且利息還會再生利息，由於有成交（把股票變成現金）的急迫性，也就是常聽到的「賣壓」，9,000,000 就賣了，還賠 100 萬，這一賣不得了！賠錢的消息像癌細胞擴散至每一個投資人耳中，從我手中流出去的股票，並沒有經過 100 次成交打回原形，而是像跳樓一樣。從 101 樓跳到 90 樓的陽台；從 90 樓跳到 50 樓的露台；從 50 樓跳到地面上，

才成交 3 次就跌破了合理的價格來到 800,000（這是沒跌停板的情況）。

　　注意咖啡店一半有拋售出來的股份，包含的各項設備，會計師算過後確實值 1,000,000，而每天依舊還是有客人光顧，報酬率也還是 25％。客人願意喝杯咖啡才是腳踏實地賺的錢，才是「實際價值」，而從股東手上賺到的錢是「期待值」，今天一般論述的股票和各種神秘的股票 K 線圖，大多都是「期待值」，至於那些專家是怎樣把價格算到天上去，作者就不知道了。

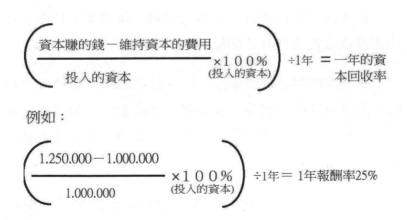

例如：

期待值往上像爬樓梯，往下像自由落體，至於為什麼會跌破「實際價值」，是因為恐懼壓垮了理智，自由落體的速度在地表砸出凹洞。

第四節　報酬率

先打一劑預防針，投資包含的意義很廣泛，不見得是用錢來賺錢才叫作投資。所以有人說「讀書是投資」、「花時間經營家庭也是投資」，沒獲得實質的金錢，很多抽象的事情不見得產生價格卻又是名符其實的投資，各位可以仔細想一想對自己而言最重要的投資是什麼。

作者在此先把投資寫成以錢賺錢，畢竟是寫財經，在此把投資訂定成有實質的回饋。

報酬率的說法眾說紛紜，作者自己認為時間是計算報酬率不可或缺的一部分，有錢賺也要有命花。如果有一個投資項目是一百年後才能轉虧為盈，對個人而言就不是一個好的投資項目。

所以報酬率大多會加上年，也就是所謂的「年報酬率」，我投入 1,000,000，不管這 1,000,000 是抵押借到的，

還是賣掉自己房子得來的，這 1,000,000 多久才能賺到下個 1,000,000。

所以，25％的報酬率（如果報酬率不變），4 年的時間我就可以賺到下一個 1,000,000，當然這是在穩紮穩打的情況下。如果今天我不想要這張股票想要現金去做其他事情，我沒有辦法拿著股票向公司換成現金，也沒辦法向另一個合作夥伴（股東）換成現金，除非他願意買。不過，我可以把股票賣給想要它的人得到現金。能賣到多高的價格，除了自己一張嘴講外，賣股票的人的議價籌碼與買股票的人殺價空間，就是已經發生的「期待值」。

第五節　疊疊樂效應

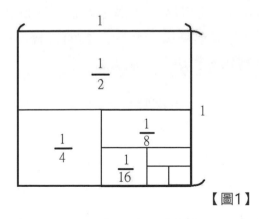

【圖1】

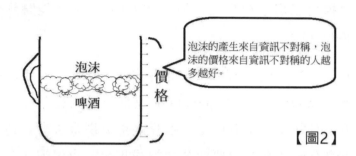

泡沫的產生來自資訊不對稱，泡沫的價格來自資訊不對稱的人越多越好。

【圖2】

　　1～5節綜合整理，合理的價格來自永遠的下個買家，假設公司一年賺250,000。以1,250,000買下股票的人5年才能回收1,250,000，假設他又以1,500,000賣出，買下股票的人6年才能回收1,500,000...直接跳到10,000,000...以10,000,000買下股票的人40年才能轉虧為盈。假設衝到100,000,000的價格是經過100個人100次成交，那這100個人都是股票贏家。其實股票的買賣，與其說是投資不如說是轉嫁債務給下一個人。

　　那價格還會再更高嗎？不知道各位有沒有玩過疊疊樂，反正最後一個不會是我的心態，只要每個人都有這種心態，一定會衝上去。就像芝諾講的阿基里斯追不上烏龜，每成交一次利潤就會縮小，但不會消失。砍一半的利潤再

砍一半永遠有利潤（參見第二篇第二十二章第一節圖和本節【圖1】）。

也許會有人說咖啡店的期待值，有實質利潤做根據。不過實質的利潤成長速度跟不上瘋狂期待的速度。大家口袋的鈔票都是有限的，就像一組疊疊樂的積木總有用完的時候，那就來借錢買股票，錢跟誰借？銀行啊。

銀行在放款前大多會過問借款人借錢的用意，我並不是說銀行經理都是笨蛋，而是設身處地的替經理想，從媒體到街坊鄰居到念小學的小孩子都說買股票會賺的時候，就算有著高深學術涵養的銀行經理他的理智也會被所目睹和所接觸每一個股民瘋狂的情緒壓垮或催眠。而且已經有一個成功的範本擺在眼前，於是不管三七二十一還是放款了。

也就是說今天不管是股票或房地產的高價都有一部分來自借來的錢，這種行為叫做「預支未來收入」因為資本是有限的，而債務是無限的。今天花明天的錢，可是明天還有明天。當這種不是以實質的價格儲存而是以「負實質價格儲存」的經濟循環，是非常脆弱的，只要下一個人不再借錢，上一個借錢的人就還不出錢。

賣窮

第六節　股東會

　　想要了解股東會，要從航海時代說起，1405 年～1433
年鄭和 7 次下西洋，每經過一個地方鄭和並沒毀滅當地的
人口。而哥倫布於 1492 年發現美洲後，歐洲人對美洲執
行了很殘酷的「掠奪性統治」，緊跟在哥倫布後最有名的
是 1519 年征服墨西哥的科爾特茲。

　　簡單的說鄭和沒有借錢，科爾特茲和很多貴族借了很
多錢，和貴族借的錢就是股票的基礎，所以科爾特茲沒賺
錢回到西班牙的話就完蛋了。而鄭和下西洋的錢由皇帝
出，動機是宣揚國威。科爾特茲到美洲去動機是為了賺錢，
假設借了 1,000,000 要賺 1,050,000 回來，這種壓力也讓科
爾特茲的士兵變成豺狼虎豹，也許那些願意投資科爾特茲
或其他探險家的股東不一定在歷史上留名，不過股東每年
期待著 5%～10% 給的壓力，是今天商品價格很重要的一
部分。

　　不知道各位有沒有在電視上常常看到，某間公司今天
的利潤不能滿足股東的期待，董事長（老闆）在鏡頭前對
著所有股東 90 度鞠躬，說「我們會更加努力」。

　　不管是純粹的想賣掉股票或乖乖收取股利，股東常常對自己投資的項目一無所知，他們並不關心這間公司，對短視近利的股東所有的「維持費用」都是累贅，包括員工的薪水在內，如果是食品概念股，更是恐怖。股東會在無法可管（跳脫文字約束）的情況下要求或慫恿壓低成本，因為只要法律管不到的範圍就是合法的。所以說台灣充斥著很多有疑慮的食品就不奇怪。

　　所以常常看見一間公司（某航空公司）獲利不佳的時候就裁員，裁員之後股價馬上往上跳，因為付給員工的薪水是股東利潤的負擔。寫到這裡是想說今天並沒有比過去差多少，一樣的掠奪性的投資，掠奪的對象從美洲原住民換成消費者和自己的員工。

　　為了避免無知的股東干涉公司營運，並不是每一間公司都會把股票賣來賣去，台灣的全聯就是很好的例子，董事長可以採納真正關心公司股東的意見。

賣窮

　　回到咖啡店，用咖啡店比較好解釋，可以想像一杯咖啡賺的錢落入工資、地租、資本利潤、股東，四方彼此拔河的遊戲。

　　一杯咖啡的錢包含

　　工資　　＋地租　　＋公司利潤　　＋　股東利潤
　　　↓　　　　↓　　　　　↓　　　　　　　↓
　員工薪水　　房東賺的錢　　店長賺的錢　　股東賺的錢

第七節　企業利潤和股東利潤

　　企業利潤和股東利潤大家常常傻傻分不清楚，簡單的說，拿股東利潤的人是坐在那邊等錢，拿企業利潤的人要管理公司大大小小的雜事，很累人，公司的主導權和營運方向通常是大股東來主導，就如我前面所說公司也算是一個人，而帶領公司或決策的首腦就是董事長。

　　大部分情況下公司也會有自己的股份（保留盈餘），不會把自己全都賣掉，省著被股東綁手綁腳的，大多數公司會是自己最大的股東。

　　有一個不大容易釐清的部分需要多花筆墨，公司是一個沒有血沒有肉的人，也不會發言，所以公司需要一個董事長幫它發言做決定，董事長可以是讓大股東來當，如果是大股東來擔任那就是名副其實的「企業家」例如已故的王永慶先生，大部分情況「企業家」和股東們分配利潤都是企業家分比較多，畢竟付出比較多。

　　那公司豈不是和董事長合為一體？我在這邊用比喻的，公司就像一個小孩子，企業家或大股東是這個小孩子

的監護人，創造公司的人雖然像這孩子的父母一樣，可是孩子是孩子，父母是父母。父母擁有這個孩子最多的主導權，所以可以從孩子身上分到最多錢。其他的叔叔、阿姨類的算遠親，算是小股東，分到的錢比較少。

而也有股東們不知道怎麼管教孩子，就外聘董事長，有點像花錢請保母，例如圓山大飯店曾經就請嚴長壽先生接掌了一陣子。

第二十三章

催眠

　　要去催眠一個很理智的人很難，但要催眠懶散的人就較為容易，這裡指的懶散是常常不經思索，且不進一步的探究虛實。別人說什麼就是什麼也不問消息來源。

　　假設：我把人（請容我這樣比喻）分成 10 個等級，第 10 級的人最難被催眠，所以先催眠另外 1～9 級的人，1～9 級的人就會去催眠第 10 級的人，第 10 級的人就算再理智他的堅定穩固也會被軟化。所謂三人成虎就是這個意思。1 個人說街上有老虎，不相信；2 個人說街上有老虎，不相信；3 個人說街上有老虎的時候，開始動搖了。

第二十四章

虛擬貨幣

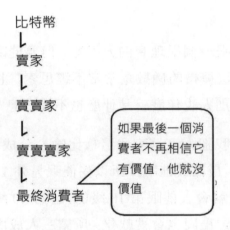

比特幣
↳
賣家
↳
賣賣家
↳
賣賣賣家
↳
最終消費者

如果最後一個消費者不再相信它有價值，他就沒價值

　　價值觀的確立是來自你、我、他共同相信它有價值，那這個「它」就不能說沒價值，拿著美元就是願意相信美國央行不會食言的拿出黃金兌換持有者手中的美金，就算換不到黃金也能換到石油，可以說貨幣是一種給付的承

諾，不論歐元、日圓、泰銖，都是由各個國家的央行做保證，當然不敢說各國政府不會賴皮，雖然有時候會發生像1970年阿根廷惡性通膨的問題，但國幣比起什麼都沒有的虛擬貨幣算是有實質的債務人。

同樣是貨幣，虛擬貨幣就是一種求償無門的投資標的，就好像我後面要說的天幣一樣，我不可能去找橘子公司要回我花在遊戲中3000塊的價值，也許今天比特幣可以順利交易，而且真的有價值，但，沒有實質的債務人。

所謂的催眠並不是拿一個硬幣在人面前晃來晃去使人睡著，我看過一個魔術，魔術師台上拿著硬幣在自願者的面前晃來晃去使他睡著，這沒什麼了不起的因為自願者可能是套好招，了不起的是魔術師安排自己的人坐在觀眾席中，當坐在自己身旁的觀眾高呼：太神奇了。的時候，人的懦弱就會默許行為。會因為得不到別人的認同不安而跟著鼓掌，不管是相信真的有魔術或因為不鼓掌就會不安，但結果都是鼓掌，並且按著施術者的願望發展，通常是一群人，而且人數越多效果越好。註解1中有介紹到霍金斯博士，博士把每100人分成85人和15人，被催眠的都是從85個先開始，然後再擴散至另外15個人。

賣窮

周星馳演的鹿鼎記中有這一段刺耳的對白：「讀過書明事理的人都在朝廷當官了，所以要對付清廷就要用蠢一點的人，對於蠢一點的人不能跟他們說真話，必須用宗教形式催眠他們，使他們覺得所做的事都是對的，所以反清復明只不過是一個口號，和阿彌陀佛其實一樣。」

如果說怎麼讓人們以為自己做的每一件事情都是對的，就是電影中的反清復明和近代的反攻大陸。那如何讓人們相信買的每一個投資標的都能為自己帶來將來的利潤就對映著今天的虛擬貨幣市場。

我們都知道上個笑話是反攻大陸，那下一個笑話是什麼？我在這裡必須多花筆墨解釋有實質債務人和沒有實質債務人的區別。

慾望總是會美化判斷的標準，某方面來說比特幣只是一種單純的財富轉移，一買一賣的交易，賣給相信自己不會是賠錢的那一個的僥倖買家，如果說保險是販賣恐懼。那比特幣就是販賣僥倖，不斷告訴買家就是這麼幸運。

比特幣的價值是每一個購買僥倖的買家造成的，買了只能靠祈禱有下一個買家，來達成財富轉移。

至於說為什麼必須「祈禱」，如果說今天是投資房地產也許不幸買在最高點價格跌到最低點，好一點就留著當倉庫，差一點付不出貸款只好賤價出售，但像房地產這種實質的投資標的，還是踩得到底。

而股票也是一樣，假設今天買一支中鋼（2002）股票，30 塊買，不幸腰斬至 15 塊，用大腦想一下就知道，除非台灣蓋房子不需要鋼鐵？不然一定踩得到底。中鋼股票的價格來自蓋房子需要鋼鐵，被蒸發的價格是所謂的泡沫價格，價格可以分成「真實價格」和「浮動價格」，「真實價格」的組成來自把商品賣給真正有需要的人，「浮動價格」的組成來自和上帝祈禱和電視台名嘴的祝福。

「浮動價格」就像是「國王的新衣」，粗魯的說比特幣的價值只有聰明人看得見。

「擦鞋童理論」在 1929 年美國股市崩盤前夕，有一個人叫羅伯特．勞，有一天幫他擦皮鞋的小男童說：我要把我全部的家當都投入股市的時候。隔天，羅伯特．勞，就變賣自己所有的股票。他的理論是當今天連財務知識很低階的人都知道這是好投資的時候，那就要退場了，因為自己就是在賺他們的錢。

賣窮

第二十五章

虛擬貨幣，天幣

$$\frac{1\,小時內的《可能》天幣量}{基本工資\;+\;網咖費用}$$

$$\left(=\frac{例如：1小時內賺100.000天幣}{工資70元\;+\;網咖收費30元}=\frac{1000\;天幣}{1\;台幣}\right)$$

最後加上，當日網咖內賣天幣賣家的數量和
買家的數量，有很多以網咖終日為家的人這種
人大多是賣家，幾乎24小時守在電腦前，所以
更正確的匯率坐落在，$\dfrac{900\sim1000天幣}{1\;台幣}$

　　針對虛擬貨幣的價值從何而來，我想用天幣這種遊戲
幣和比特幣放在一起不為過。

　　相信在台灣很多人都玩過線上遊戲，線上遊戲最老牌的莫過就是天堂（ＬＩＮＥＡＧＥ，作者知道這英文單字是血統，但台灣翻譯天堂），這款由橘子公司從韓國引進的遊戲最讓人佩服的就是玩家自由交易系統，國富論中「一隻看不見的手」的概念供不應求和以價制量，反而在遊戲中更能體現，因為消基會（法律）沒有辦法規定線上寶物要賣多少錢，遊戲中寶物的價格，完全從玩家願意拋售到市場上的數量再除以可能的虛擬貨幣數量而定，一般人玩了可能沒感覺到，一手交錢一手交貨的自由交易系統沒什麼，卻減少交易糾紛，使不同的 4 種職業，王族、騎士、法師、妖精，順利促成「分工」以達到每個玩家都能各取所需，使得遊戲更加現實。而玩線上遊戲能看出一個人的人品，因為線上遊戲中沒有法律約束。

　　還記得那個瘋狂的年紀，由於網際網路並不是家家戶戶都有所以都只能去網路咖啡廳，最荒謬的是天幣竟然可以換到台幣！這方面雖然難以考究但天幣和台幣的匯率是這樣來的（看圖會比較好懂）。

　　2002 年是天堂最熱烈的時候，政府甚至明文規定禁止以虛擬貨幣交換台幣，同一時間上線人數達 50 萬人，台

賣窮

灣幾乎每 50 人就有一人在玩天堂（當時科技並不發達，不太有今天假帳號的問題），相信橘子公司當時的獲利和股價都相當可觀，但也是這種可觀的獲利吸引了其他競爭者來分食線上遊戲市場這塊大餅，我帳號中的一千萬天幣跌的比橘子公司的股價來得快，我發現每多一個遊戲出來，我的天幣就會跌一點，我帳號中虛擬貨幣的價值來自有多少人願意拿台幣和我交易。

講點趣味的，當學生時我跟我媽說天堂的天幣可以賺錢，我媽說我頭腦有問題。長大後跟我媽說不要投資比特幣我媽又說我頭腦有問題。

第二十六章

第一節　銀行

	1970年	2019年
法定利率	20%	20%
資本存量	低	高
銀行利率	高	低
企業利潤	高	低
勞動工資	高	低

　　銀行利率理論上不會高於企業利潤，因為正常情況下是企業有賺錢銀行才有錢賺，而企業利潤又和資本存量有關係，和我在房地產那邊講的「利潤決定地租」意思很像。這邊有必要特別說明「資本存量」是什麼？

前面有說到當 100 萬人中 90 萬人都有鞋子穿的時候需求就會下降（延用第二篇第四章工資那邊的例子），需求下降企業利潤就會變低。先誇張的假設我們國家都只要穿鞋子，那鞋子就代表存量，當國家的資本存量越來越多的時候，企業利潤就會變低，伴隨著銀行利率變低。而當資本存量還很低的時候企業利潤就會高，伴隨著銀行利率變高。

那要怎麼讓企業利潤變高呢？就是等所有人鞋子都穿壞的時候，或者去尋找更多沒鞋子穿的人。

那跟我要說的銀行有什麼關係？

我們可以單從銀行利率推測出這個國家的經濟是否活絡，和景氣是否好壞。例如在 1970 年的台灣，看到銀行的借據上寫著年利率 5％，我們就可以推理出 1970 年開店做生意可能一年的報酬有 10％，扣掉給銀行的自己還剩 5％。

有個很重要的概念必須說明，一個國家的資本多不多（國家有沒有錢），跟景氣好不好是兩件事（有錢和錢容易賺是兩件事）。

那法定利率是什麼意思呢？簡單的說就是避免高利貸，在台灣放貸可以合法收取利息的範圍為 20％，除非另外有磋商條件，不然正常情況下借 100 萬出去只能收 20 萬回來。

第二節　為什麼我的錢存在銀行有利息

為什麼我的錢存在銀行有利息？這是比較生活化的問題。與其說把錢存銀行，不如說是把錢借給銀行。銀行跟客人借錢，再把跟客人借的錢借給要做生意的人。假設借給製鞋廠的公司，這間公司營運很順利可以負擔銀行開出的 5％利息，而跟客人借的錢（存的錢）「先」談好利息是 1％，5％減 1％銀行還賺 4％。

銀行是一種集結所有閒置資本，再把它借給真正想創業可是沒資本的人。最重要的是在能夠「評估風險」的情況下把錢借給想創業的人。也就是大家常常聽見的金融業，字面上的意思就是融合大家的資金去做有助產業發展的事。

賣窮

第三節　通貨膨脹率的九九乘法表

　　有趣的一件事，通貨膨脹一定高於銀行給散戶的利息。假設銀行利息是 1% 那通膨率（多印 2% 的鈔票）可能就是 2%，1% 減 2% 等於負 1%（1% － 2% ＝ － 1%），因為政府就是不要大家把錢存在銀行裡，要大家去多做投資，如果景氣低靡的時候通膨率到 5% 也不奇怪。

　　這種刺激經濟的方法用在大蕭條時代（1929）可以。可是用在今天卻苦了為數眾多資本都是鈔票的受薪階級，因為長期來看受薪階級很難累積出資本。通貨膨脹來刺激景氣只能說是一種強心針，偶而打一次沒關係，但不能一直打。今天面對的是全球市場已飽和帶來的不景氣，簡稱「停滯性成長」。

第四節　那為什麼有很多大、中、小銀行

　　銀行是一種集結所有閒置的資本，再把它借給真正想創業可是沒資本的人的行業。相信大家都聽說過錢滾錢這句話，在這邊先排除政府亂印鈔票的問題，如果台灣大家都把錢放在保險箱裡，不把錢放在可以增加產品的地方，

那大家的生活必需品就會變少，對誰都不會有好處。以捕魚這個行業為例子好了，這些原本放在保險箱的錢改成放在（借給）銀行裡，也就是說銀行變成把錢放保險箱裡的人和想去捕魚的人，第三方的「仲介」，也可以說中間人，讓銀行的專業來評估風險。

那保險箱有錢的人一定要透過銀行讓銀行多賺一手，不能自己借給要去捕魚的人嗎？當然也可以不要透過銀行這種仲介，不過問題在於風險不好評估，有錢的人不一定懂投資，也許這個保險箱有錢的人是做車子的，對捕魚一竅不通，萬一真的有會捕魚的人登門來借錢，也不敢借。那保險箱裡的錢對社會就不大有益處了，也就是少了一艘漁船出海捕魚那我們吃的魚就會變貴。我們再把規模從個人擴大一點，至台灣 2300 萬人來看，如果每一個人都把錢放在保險箱裡，不放在銀行的話，那就很難把這些分散的力量讓銀行「統籌」用在有益於增加產量的地方。

那為什麼要有這麼多大銀行、中銀行、小銀行？全部都統一成一間銀行不就不用那麼複雜了嗎？因為資本越是集中的銀行越是笨重的像巨人一樣，不同的產業會需要借貸的資本額當然會不一樣，如果是大銀行例如台灣銀行

（存款餘額約 40 兆台幣），面對大型的借貸，面對大型國家建設或建商等級的借貸案，還可以。不過面對中小行借貸案，就不見得很拿手，如果有人想去捕魚可是沒有錢，就讓小行銀行出動，例如基隆漁會銀行（存款餘額約 7 億 5 千萬台幣）。

地方小銀行（銀行經理）容易在地方上打聽到借款人的信用是否良好，比起大銀行的遠端操控，小銀行對難以捉摸的地方報酬率更能掌握。所以為什麼台灣的中小銀行很多，就是因為靈活的台灣中小企業多。總之，各種產業需要借貸的金額也不一樣，總不能每個銀行都去做房地產吧。

而在銀行自己的財務報表上會出現一欄叫「存款餘額」也就是存進銀行的錢，另一欄又會出現「放款餘額」也就是借出去的錢，健康的銀行存款餘額會大於放款餘額，如果長期下來是放款餘額大於存款餘額代表這間銀行可能會不安全。如果放款出去沒辦法收回來的錢就叫「呆帳」，這讓銀行很頭痛，銀行都會努力讓借出去的錢回得來，以減少呆帳率。所以啦！銀行最在乎的還是借款人的

還款能力。在電影神鬼交鋒中的銀行經理有一段名言：我
不在乎你做什麼，我只在乎你還不還錢。

賣窮

第二十七章

遞減時期

	1970年	1971~2019	2019年
法定利率	20%	20%	20%
資本存量	低	遞增	高
銀行利率	高	遞減	低
企業利潤	高	遞減	低
勞動工資	高	遞減	低

遞減存在於「供給大過需求」時。

第二十八章

第一節　分工

　　前面三角貿易有說到食物鏈，還有自由貿易那邊寫到取消貿易限制，我們必須明白食物鏈是怎麼產生的，為什麼有些國家一直積極的想要自由貿易？因為對於資本存量很高的國家，他們的景氣很差也可以說他們的資本是一灘死水，所以他們很積極的要開拓新的市場，可以想像美國就是獅子，台灣是鬣狗，泰國是羚羊，因為美國的資本比台灣多，所以急著要開發台灣這塊市場，台灣的資本又比泰國多，所以又急著開發泰國這塊市場，可是萬一都開發完了沒有需求的時候，就會變成肉食性動物互相攻佔的局面。

賣窮

　　因為雙方簽訂貿易條約時，是按照條約文字內容實現承諾，可是問題在於經濟環境會改變，文字卻不會改變。我舉個例子，當景氣好的時候，例如泰國還有很多人沒鞋子穿的時候，很多條約簽的很愉快，泰國會不斷買鞋子，可是當泰國的鞋子越來越多的時候，就是經濟環境改變。簽條約就沒有那麼愉快，甚至不簽。不然就是要培養願意效忠台灣或美國的泰國政客，讓政客告訴泰國老百姓簽貿易協定是好事。政治和經濟實在很難切割，干涉他國政治這是慣用伎倆。總之簽條約大部分都是從極短期的角度為預設立場，很少考慮到長期。

　　食物鏈的另一面就是所謂的分工，在國富論很有名的「分工」中，很多念商科的人，都會念到分工可以達到產品最大產量，但是在分工那篇中並沒有說誰的資本存量比較多和誰的資本存量比較少的問題。也就是說沒有用錢賺錢的人，大家都憑勞力。今天股東地主和實際做事的勞工的關係就脫離分工本意。

　　分工的前提是，所有參與分工的人資本都從 0 開始。在分工的過程中如果有誰的資本比較多和誰的資本比較少，就會變成食物鏈。現代我們的社會（任何國家都一樣）

有一個特性就是高度分工（股東吃董事長、董事長吃經理、經理吃員工）。

今天的跨國自由貿易也是一種分工，只是規模大得多，有人反駁作者說：可是參與自由貿易的國家普遍有比較好的經濟表現，北韓就是把自己長期鎖國才會這麼窮（我也反駁：可是前面講的海地參與自由貿易表現也很差）。這一半是事實一半是假象。今天的經濟學普遍都是二次大戰之後的理論，因為在二戰的時候所有人的資本都被炸彈和飛機炸成 0，所以就滿足了我前面說的參與分工的人從 0 開始的條件，財富分配自然會平均。

可是我們把時間拉長到工業革命開始的 1700 年，為什麼要拉長到 300 年前呢？因為 1700 年英國工業革命以後，人才開始稱得上用資本賺錢，也就是用錢賺錢。1800 年到 1900 年歐洲的所得分配非常不平均，也就是所謂的分工變成了食物鏈，歐洲人底層民眾的生活並沒有比較好。有紀載，去工廠上班的母親一早餵小孩吃鴉片，因為這樣小孩就可以安靜一整天，等母親下班回來

二戰之後約 1945 年到 1980 年分工造成財富會自然平均分配純粹是巧合，很多經濟學家都是以 1945 年後的時

賣窮

空背景為範本，簡單的說以為 30 年（約 30 年）來都是如此那未來都是如此囉！相信在台灣大家都聽過「錢淹到膝蓋」這句話，就是指當時的時空背景。現在很多社會觀念仍然停留在台灣經濟起飛的年代，只要努力工作總有一天會出頭天，作者持保留態度聽這一句話，因為事實是憑勞務所得很難追得上資本所得（用勞力賺錢很難超過用錢賺錢），為什麼作者一直強調貧富不均的問題很重要，因為這關係到社會和國家的凝聚力。

在國富論中國家財富來自有多少勞動人口，這是現在經濟成長的理論基礎，這些因貧窮和財富沾不上邊而勞動的人假設創造 10%的成長，這 10%成長是犧牲社會凝聚力換來的，和早期經濟起飛不一樣，人是因為能累積財富而勞動，累積到財富可以是促成勞動的動機，但不能忽略貧窮也可以是促成勞動的動機。經濟成長的數理模子中大可用貧窮榨出 20%的經濟成長，但現實上並不可行，因為必須考慮到社會衝突的可能性，所以我則認為國家的經濟成長率來自有多少勞動人口這個說法必須要有一個人的財富是來自於有多少人比自己貧窮為補充，比較妥當。

　　每個人的出生有的就是生在有錢人家，有的就是比較窮，這是事實，但要怎麼擬定所得起始點不一樣但財富起始差距有可能追平的經濟規範，才能讓台灣引以為傲的民主和自由有實質上的意義。

第二節　分工 2

　　雖然今天對比遙遠的過去來的有改善，現在大部分的資本還是握在少數人手中，資本越大越難管理，就算真的都把錢存在銀行讓銀行管理，也只是一種遠端操控，不可能各行各業都用遠端操控這種方式，雖然已有大銀行、中銀行、各類銀行…等，產業的細緻的程度絕對會超過紙上數據能表達的範圍，一張數字表 K 線圖沒辦法勾勒出社會生活型態，資本越是集中在少數人手上能妥善運用的效率就越低。除非透過各種規範及流程，把每一個工作都透過規範及流程簡單化成機械般的運作，否則很難運作，想像一下光是一間約百億元的公司從員工、課長、主任、經理等少說也要 2000 人（今天自動化人力比較少），員工的意見又很多，公司管理中人是最難管理的，一個人要讓一

個市值約百億元的公司運作根本是巨人在移動身體，巨人的腦袋很小資本卻很大。

分工越不需要精細的產業越不需要巨人的管理模式，例如旅館業、餐飲（餐飲和旅館業不一定會精細分工，例如家庭式民宿，或夜市特色小吃）、各種傳統產業。分工越需要精細的產業越需要巨人的管理模式，例如重工業、高科技、醫療研發。做一台汽車絕對是需要固定程序，涇渭分明，不同部門的工人經過一個腦袋或一個人的意志，做出一台汽車，像汽車這種高精密的東西，每個零件都不能有一絲毫的差錯，如果有100個零件少說也要100個人，像這種大型公司或大型公廠管理員工最常見的就是機械化管理，把一台車需要的100個程序（做齒輪的就做齒輪、做輪框的就做輪框、做輪胎的就做輪胎），程序簡化成一個或兩個以便增加零件最大產量。

今天有個比較好的名詞「軍事管理」。就大部分人來說，人的「悟性」必然取決他平常的工作，一個人如果他全部生命都花在執行少數幾個簡單的工作，而這些動作又總是相同的結果，那麼他就不會有機會運用悟性。簡單的說：就是會變笨。為什麼悟性這麼重要呢？一個國家的競

爭力應培養積極的社會參與者，而不是培養更多的廉價勞工。

　　我不否認分工帶來的好處，自己身邊很多便利品確實來自分工，但過度的分工實在是有疑慮。

賣窮

第二十九章

商品價格的組成

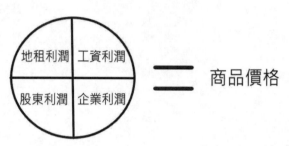

【圖1】

【圖2】

前面有說到（第二篇二十二章第六節），商品價格的組成分成了，工資，企業利潤，股東利潤，地租。

那「產業鏈」是怎麼形成的？我以一件衣服為例，當它流通到我們面前的時候，會有四個階段，分別是生產、製造、批發、零售。種植一件衣服所需要的棉花就是生產的過程，棉花送進工廠就是製造的過程，變成成品之後的衣服交給批發商來賣就是批發的過程，轉賣給各個較小的零售商來賣，就是零售的過程。零售的過程應該不難理解，就像要喝鮮奶的時候不會跑到牧場去買，而是在便利商店買。我們手邊的任何商品很少不是透過產業鏈流通到我們手上。

而生產製造批發零售的 4 個過程中（本章【圖 2】），每一個階段都包含了工資利潤、企業利潤、股東利潤、地租利潤。

第 1 個衣服在生產階段所需的棉花，把棉花田的棉花賣給工廠（生產賣給製造階段）就包含了企業的利潤、斥資企業的股東利潤、摘棉花的工人的工資利潤、還有棉花田的地主的地租利潤。

賣窮

第 2 個棉花送進工廠變成衣服。把衣服賣給批發商（製造賣給批發階段）包含了企業的利潤、斥資企業的股東利潤、在工廠上班的工人的工資利潤、還有把土地租給工廠的地主的地租利潤。

第 3 個衣服賣給零售商。把衣服賣給零售商（批發賣給零售階段）包含了企業的利潤、斥資企業的股東利潤、在批發商上班的工人的工資利潤、還有把土地租給批發商當存貨倉庫的地主的地租利潤。

而第 4 個衣服賣給最終消費者。把衣服賣給消費者（零售賣給最終消費者的階段）包含了企業的利潤、斥資企業的股東利潤、在零售商上班的工人的工資利潤、還有把土地租給零售商當店面的地主的地租利潤。

當然，雖然我說每個產業鏈的階段都分成 4 個部分，但是很多時候可以更靈活一點，例如我們吃的魚就沒有地租的利潤，海上沒有地租。而如果零售店（零售階段）不是上市上櫃連鎖店，而且店面是自己的，那就會同時少了股東利潤和地租利潤。

　　而今日的產業鏈不一定都是在國內，也有不少都是跨國合作，例如台灣雖然有工廠可是沒有棉花，在生產階段就仰賴泰國的棉花田。

賣窮

第三篇

引言

第三篇主要是想聊聊，我們討論的問題都奠基在一個奇怪的預設立場上，今天談到成本的部分時，往往是把工資當成本。正確的說法應該是，對勞工而言資本方是成本，對資本方而言勞方是資本。我們的政府和媒體都是比較強調資本所得。

包括一些歷史小故事，講故事的用意是提出證明補強我在第一篇說的唯一不變的永遠是人的動機。

第一章

第一節　東方對於資本的概念

有資本才有員工還是有員工才有老闆？

在東方包括台灣在內，傳統的價值觀是生產者至上，因為今天享用的一切都是來自生產者的辛勞和汗水，所以常聽到士、農、工、商「註6」，士指的是讀書人孔子、孟子那一類思想家的意思，由於現在是在講經濟學不是要介紹思想家，我們先把士抽出來，先農、工、商，仔細想想這不是什麼落伍的想法，是「先有什麼，才會有什麼」的概念，藉著這個概念來決定誰比較值得被尊重。沒有農人種的米工人吃什麼？沒有工人做的工具商人賣什麼？努力付出汗水的人才配得到更多的產出，而不是不事生產的人得到更多，就算商人真的得到比農人和工人更多的實質利益，也會在名譽階級上給予打壓，而在農、工給予名

譽上的鼓勵，就是有法律以外的道德規範提醒資本家（老闆）必須要多照顧自己員工多一些。

也不要太怪罪孔子，出生在工業革命以前的孔子（公元前 551～479）很難想像今天有各種自動化可以縮減人力，也就是說，工業革命以前所有商品的產生都很吃人力，所以在工業革命以前資本重要性很難完全取代勞務重要性。工業革命後資本的優勢才慢慢顯現出來，很多產品甚至只需要少之又少的人力就能生產出來。

總之，資本為輔人力為主，我舉個比較好理解的例子，例如種田，地主一定要請工人插秧、收割、打穀。表面上雖然資本利潤被請來的這些工人吃掉了，但憑勞務賺錢的人薪水變多了。所以社會在分配利益上就比較平均。工業革命後，工具可以取代更多的勞力，進入了資本為主人力為輔的模式。例如，一台機器就可以同時自動插秧、收割、打穀，表面上地主的利潤變多了，可是利潤的增加，是來自少了請員工。所以社會在分配利益上就比較不平均。

這邊先介紹第三篇五章範圍會用到的概念，因為這一小部分不好理解所以我會重複。一間公司在分配產出中會出現兩部分，納入工資的份額（有生命的人，單純就是出

售自己的勞力），和，納入非人力資本的份額（非人力資本，總之就是土地、廠房、沒有生命的東西，不是人的東西，通通是資本，希望我說的夠明白），一邊是出售自己勞力的勞工方簡稱「勞方」，一邊則是提供土地廠房設備的所有權人簡稱「資方」。

我對「勞方」的預設立場是沒有資本的人才以出賣勞力為謀生手段。

在工業革命以前例如孔子的時代，任何商品都很仰賴人力，總之，資本為輔人力為主，最好理解的就是種田這個行業，地主一定要請工人插秧、收割、打穀。表面上雖然資本利潤被請來的這些工人吃掉了，但憑勞務賺錢的人薪水變多了。雖然鐮刀、鋤頭、雖然也是資本，可是畢竟要有人力揮舞，在這種情況下，勞工方就很容易和資方談分配利潤的條件，簡單說：「勞工敢跟老闆說：你沒有我你也混不下去」。是制衡資本「過度」剝奪勞工方報酬的談判籌碼，雖然利益談判上還是資方略勝一籌，但勞工方不至於手無寸鐵，那麼在這種時空背景貧富差距就不會過度惡化。

賣窮

　　當然一個只強調資本所得的國家（上一段的時空背景），在工業革命「以前」邏輯上行不通，因為根本不可能發生。雖然用錢賺錢還是比用勞務賺錢快，可是工業革命以前勞工方的價值不可能完全被取代。可是，工業革命後，改變了分配利潤的天秤，各種自動化不斷取代勞力，到 2020 年的現代不管是行政祕書的工作，或銀行專櫃人員，很多原本可能需要 10 個勞工的工作，變成 1 個勞工 1 台電腦就能完成任務。就算是種田這個行業也有插秧機和收割機。不可能每一個人都有上一代留下來的資本可以使用（也就是我常重複的「每個人所得起始點」不一樣），產業需要的勞工方越來越少，也就是說勞工方越來越多，老闆敢說：你不做還有很多人要做。工業革命後的自動化逐漸讓資方在分配產出（利潤）上有絕對的主導權，所以為什麼我前面有說人類要等到工業革命以後才真的稱的上用資本賺錢。

　　不是否認各種自動化的方便，但想到那些失業的員工到哪裡了？在這種情況下，台灣是不是要暫停對資本主義的歡呼，反過來檢討一下，失業人口怎麼辦？

在民國 60 年～80 年間雖然台灣逐漸由農工社會轉型成商業社會，這段過程中，偶而還看得見伙計是住在老闆家裡的，而且通常不會收房租面對面一起吃飯，在那個還沒有勞保的年代，老闆就算沒有法律硬性規定，伙計要是生病了老闆仍然會協商負擔一部分的醫療費用，雖然產出還是老闆拿比較多，我想強調的是在沒有法律逼迫條件下，是這麼視為理所當然。這也是胡雪巖講的：商道就是人道。

第二節　西方對於資本的概念

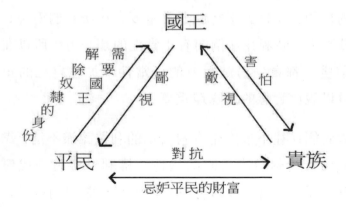

賣窮

資本在西方常和自由畫上等號，那是因為資本幫助了西方人推翻封建王朝，給了歐洲人對抗貴族的機會，像英國老字號的資本主義，英國早期分成了三種階級平民、國王、貴族。承接國王分封出去土地的人就是貴族，這些貴族是有自己的武裝力量的。法理上不論是貴族或平民都要聽國王的話，但擁有軍隊的貴族怎麼會想聽國王的任意擺佈，更不要說繳稅了，國王也很擔心這些忠誠度堪慮的貴族總有一天會起兵推翻自己的政權，也就是說國王只不過是統治範圍內最大的地主，卻很怕第二大的地主。

這時後產生了三角關係。國王害怕貴族；貴族忌妒平民的財富；平民需要國王解除近似奴隸的身分增加自己和貴族對抗的正當性。正當性非常重要，在所有的衝突、對抗、戰爭中，勝利往往倒向有正當性的那一方，所以在衝突之前雙方都會先消滅對方的正當性，加強自己的正當性，可以說比實際的軍隊還重要。

貴族們往往不事生產也對自己的利益認識不清，靠著第一代貴族受封於國王賜的領地，權利世襲著一代傳一代，也一代一代腐化，過著茶來伸手飯來張口的日子，然而絕對的權利會導致絕對的腐敗。貴族忌妒平民的財富，畢竟平民才是實際生產的人，自然會累積出可觀的財富和

貴族們喜愛的奢侈品，約西元 1000～1500 年平民除非有
得到國王的特許不然財產並不像現今代表保障與權利。貴
族可以隨自己的心情美其名的徵收自己領地上的一切。

　平民們知道如果要停止貴族的騷擾除了需要自由人
的身份以外，再來就是要把財產變成一種權利（參見第一
篇第九章第二節），雖然對平民來說國王也只不過是想從
自己身上扒皮的另一個地主，不過平民想著，國王對貴族
課稅；貴族再對平民課稅。平民想著如果少了貴族平民是
不是就少了被多扒一層皮，而國王也想著如果少了貴族是
不是可以從平民身上多徵一點稅，國王畏懼貴族儘管也鄙
視平民，但共同的利益還是促使國王和平民結成同盟。

　越來越多從幾乎等於奴隸的平民，逐漸被國王賦予自
由人的身分，和財產逐漸的變成一種權利後，平民們享受
自己勞動果實的權利也就得到了有效的保障。

　從此以後貴族不能再靠徵收或掠奪的方式從平民身
上得到自己想要的奢侈品，想要的話只能用買的，錢花完
了就把土地抵押給銀行，貴族們不明白想把抵押權贖回來
必須要有錢，不斷抵押購買奢侈品的過程中，貴族的勢力

賣窮

不斷縮小，把舞台讓給了新興階級，也就是資本階級。這是我們常聽到的資本主義誕生的故事。

第二章

階段

　　可以世襲的黃袍加身確實阻礙了階級向上流動的機會，就像我前文說的我們都想得到同胞們的注視，取得權利這種工具就是最好的辦法，事實證明資本主義不代表提供公平爭奪權勢與公平自我實現的機會，所謂的自由指的是每一個人都有公平爭奪權勢的機會，而這個標準來自有努力就能得到權勢，改變自己在同胞之間上下服從的階級關係，但今天呈現在眼前的不是這個樣子，只是過去的貴族變成了有股票和房地產的人，員工還是奴隸。

　　首先大家往往把自由、民主、公平和資本畫上等號，必須要先有個概念自由、民主、公平這個字眼在拉丁文中有好幾個不同的意思，所以英語國家的老外普遍還要再學拉丁文、或希伯來文，才會明白真正的意思，不然就會像幼稚園只會注音符號，而我們普遍透過英文這種工具吸收西方文化，我們唸得出來卻不知道他的意思「註7」。例

如「不動產」英文 Real estate，「Ｒｅａｌ」不是「真正」的意思，來自西班牙語（拉丁語系）的一個詞根，意思是「貴族才能擁有的」。再例如「抵押貸款」mortgage 來自一個法文單詞 mourir，意思是死定了。再再例如嚷嚷上口的科學這個詞和拉丁文 ignoramus 這個詞有關聯，意思是我知道自己不知道。

也就是說資本主義在西方重新制定了爭奪權勢的新方法，權利不在像過去只把持在少數人手中，但仍然還是有缺陷。因為它還是一套階級制度，剛開始逐漸推翻貴族時，大家財產都近乎於 0 會有一種平等的假象，但隨著時間推移，資本逐漸累積又造就了有誰貧有誰富，權利不平等的問題，簡單的說剛開始會很公平然後慢慢的變不公平。只是從貴族血統轉變成有資本的人，自由在以前是有血統的貴族才能擁有，現代自由是有資本的人才能擁有。

推銷這一套理念的過程，商人們為了推銷資本主義這一套理念把它用話術包裝成自由、民主、公平，這樣就算連教育程度不高的人（遺憾的是通常占多數）都能嚷嚷上口，就比較方便推廣到每個地方，例如美國獨立時用的口號就包括自由、平等，來增加自己的正當性（不只是美國

而已台灣也是如此）。這套話術把它拆開來就是「每一個人在法律規範內和不觸及法律的情況下，可以兜售自己的商品或租賃自己的服務，換取自己的最大利益是每個人的期盼。」但仔細想想每個人的所得起始點怎麼可能一樣，所以創造出很多貧富不均的問題。

再來「所得起始點」這個詞我會斷斷續續重複出現，因為這是個很重要的概念，我們是資本主義國家，意旨，用資本賺錢比用勞務賺錢重要，一個國家的ＧＤＰ中分成，用資本賺的錢和用勞務賺的錢，不只是國家，個人也是一樣，個人的收入也分成用資本賺錢和用勞務賺錢，資本主義的國家當然法令規劃會偏重資本方，而資本的力量來自司法，如果不加以控制的話，法律這把文字鍛造成的劍總有一天會淪為掠奪窮人的幫兇，如果我們是一個要走資本主義路線的國家，又要注重均富的情況下，在這種情況下就是盡可能要讓每個人的所得起始點很接近（第四篇的範圍會說的比較細）。

賣窮

第三章

自由是什麼

民主的起源是古希臘大家都知道，可是公民的權利，是只有有財產的人才能擁有。

什麼是自由？可能很多人還是一愣一愣的，自由是在有說不的情況下做的每一件事情。在給對方說不的權利，讓他做每一件事情，所以常常看見軍人要宣示效忠，政治人物要宣誓效忠。反之，在沒有說不的權利下做的每一件事情不是自由，例如早期的奴隸買賣，奴隸是不用宣誓效忠的。自由意志下做的決定是一種彼此信任高貴的美德。

例如奴隸在做任何事情都稱不上自由可言，因為他們沒有說不的權利。講到奴隸大家可能又覺得作者扯遠了，不，其實很近，今天你有說不的權利嗎？有辦法對消費者說不？有辦法對公司老闆、股東說不？可以不看人的臉色

過日子嗎？為什麼有些人可以，有些人不可以？有些人要工作，有些人不用工作？是陪笑過生活，還是有反駁的餘地？階級可以簡單的劃分成要工作的人（債務人）和不用工作的人（債權人）。講刺痛一點，很多有房貸、車貸、學貸的年輕人，他們稱的上自由嗎？

作者在後面的「如果電話亭」會探討世俗的階級。而也許今天台灣對大部分的人來說財富是不自由，但思想的自由比財富的自由更加重要，思想的自由簡單說就是你可以不用接受洗腦式的教育。如果說財富代表階級，縱貫歷史人類的進步其實是靠「階級流動」，也就是世代交替的過程中進步。

賣窮

第四章

第一節　明朝隆慶年間

　　明朝隆慶年間，遊牧民族韃靼部落時常騷擾中國北方邊境，韃靼人搶劫過的村子鍋子都一個不留，有時被趕來的明軍追趕時，金銀珠寶丟滿地，唯獨煮飯的鍋子抱著不放。張居正敏銳地看出遊牧民族侵擾的原因，於是便說出：制虜之機，就在於此！區區一口鍋。遊牧民族的生活物資十分匱乏連煮飯的鍋子都沒有。

　　用貿易取代了戰爭，開放互市（貿易），專賣鍋子給韃靼人，賣的是廣東鍋，這種鍋子以遊牧民族的冶煉程度是沒辦法重新熔鑄製成其他鐵器或刀劍，並且提供舊鍋換新鍋的服務，只要是用破了的鍋子貼一點錢（牛、羊）就可以換新鍋。互市一開雙方百年無戰爭，其餘中國生產剩餘的瓷器、陶器、絲織品…等，也能夠順利找到買家，最

重要的是遊牧民族也能夠用牛羊，買到自己要用的鍋子，這是歷史上難得的雙贏。

自古以來遊牧民族的工業力量就不如中國，在荒蕪的草原上有些土地甚至是永凍土，在生活物資匱乏和氣候惡劣的條件下，張居正看出韃靼人打仗的理由是因為只有戰爭才有更好的明天，是迫不得已才打仗，所以要消滅的是戰爭的理由。反觀中原民族土壤肥沃，吃得好、住的暖，不會有人沒事想打仗，這就是為什麼中原民族和遊牧民族衝突中大多處於被動的位置。

吃虧了沒有關係，問題出在不知道自己吃虧。被佔便宜不要緊，只要知道自己被占便宜都有得救。最自欺的是佔別人便宜以為自己很聰明，是沒得救。

第二節　紙幣的誕生

古代皇帝能認錯的很少，這是宋太宗的悔過書：「朕委任非當，燭理不明，致彼親民之官，不以惠和為政，筭權之吏，惟用刻削為功，撓我蒸民，起為狂寇。」

賣窮

意思是說：因為當時要和遼國打仗，國家需要軍費，我派去蜀地（四川）徵稅的稅吏，並沒有拿捏好分寸，徵稅徵的太過火，身為皇帝的我只要軍費就好，並不多過問蜀地老百姓的生活情況，對於實際執行徵稅的稅吏是不是有中飽私囊也不去探究，導致蜀地老百姓不滿，發生兩年叛亂。

公元 993 年，一座名叫青城的小城，台上有一個名為王小波的人正在演講，台下一大群人聚在一起，手上拿著鋤頭竹竿，當台上喊出「均貧富」口號，眾人揮舞著農具熱情響應。起初一百多人的叛亂（起義）兩年內演變成十多萬人的規模，這是典型的官逼民反。

宋太宗時期和遼國戰爭使政府財政嚴重赤字，皇帝找錢急紅了眼，把矛頭指向物產富庶的蜀地，做了兩件事。1 在四川設置「博買務」的機構 2 蜀地百姓以後的完糧納稅，不是繳交實物而是繳納銅錢。

「博買務」的機構，也就是說所有的布帛、茶葉不得私下交易，否則就是逃漏稅，必須經過博買務課徵交易稅後，才是合法的，有點像菸酒公賣局。但合法的不一定合理；而合理也可以和合法一點關係也沒有。徵稅的困難在

於一定要注意靠此產業維生的老百姓（尤其是勞工或無產
階級）生計會不會受到衝擊，徵稅的同時如果不會減少交
易量才會是好的「課稅標的」，文明政府的收入來源就是
一條條立法通過的課稅標的。要讓買的人感覺不到貴；賣
的人賺得到錢，才是明智的做法。一定不能減少交易量，
因為稅一定加在買賣雙方上，俗語羊毛出在羊上。

今天比較常聽到的是「薄利多銷」，而薄利多銷的反
面就是「高價制量」，當商品因政府課稅越來越貴，買得
起的人當然變少，賣的人賣不出去。簡單的說：就是不景
氣。而不景氣如果時間拖長的話，伴隨的就是失業潮，茶
和布帛自古就是四川龐大的產業，靠茶和布帛維生的人口
眾多，這次叛亂很多就是茶商布商。

至於「課稅的基準」到底是什麼，不知道各位有沒有
想過政府一直強調要開統一發票，統一發票是一種政府比
較容易掌握的收入證明也就是政府要取得的議價籌碼，有
這種證明也比較不會上演討價還價的戲碼，換句話說如果
店家做生意沒開統一發票，政府不容易課到稅。簡之：每
一筆交易都不通過博買務那政府賺什麼，當然在四川課徵

賣窮

的稅，是不是有用於被課徵的四川人身上也是蜀地百姓不滿的原因之一。

而收成後的完糧納稅，不是繳交實物稻米，改成繳交銅錢，乍看之下繳交實物和銅錢沒有區別，農夫只能拿辛苦耕種的稻米去官府兌換，稻米和銅錢兌換的比例（匯率）掌握在官府手上，因為繳交的是銅錢。

可能有人說：古代皇帝不是要收多少稅就收多少嗎？我想說這樣的皇帝當不了太久，皇帝也很怕人民不滿造反，所以必須換一種新花樣從人民身上課徵到稅，繳交稻米百姓看得懂，繳交銅錢百姓就看不懂，這是一種製造「資訊不對稱」。例如原本要繳交十分之一的稻米，變成要繳交 1000 文銅錢。而 1000 文銅錢怎麼來的？

課稅不能用豪奪的，稅一定是百姓有收入（生產剩餘），政府再從收入上拿一點走，就是「稅」，如果百姓都沒賺錢硬要課稅一定會引起不滿。想從百姓身上得到更多稅必須化不合理為合法，因為一般人都認為合法就是合理，總之讓老百姓窮的有道理的話，百姓就不會造反，甚至還會感謝剝削他的人。說穿了不動腦子才是造成貧窮的原因。精明蜀地百姓被愚弄了 17 年後終於發現官府要鑄

多少銅錢是他的自由，稻米多銅錢少，這個詭異的匯率有問題，每次兌換都被悲慘盤剝。

受夠了官府的蜀地百姓，越來越多人投奔王小波，終於造反了。這時起義的人數已達到十多萬人的數量。宋太宗不能再不重視這場叛亂，一場十多萬人的叛亂動用了三十萬軍力平定，和兩年才平定，外面還有遼國虎視眈眈，內外交困，宋朝的歷史差一點提早畫下句點。

宋太宗撥出了一部分的禁衛軍（精兵），和動用二十萬的正規軍，終於攻下成都，起義軍在怎麼勇猛畢竟都是老百姓組成的民兵，對抗數量多和訓練有素的禁衛軍根本不是對手。最後在嘉陵江口一戰是起義軍的最後一場戰役。

戰爭結束了，但還要戰後重建。蜀地起義的原因就是被派去籌措對遼國軍費的稅吏，除了給皇帝看自己籌措的績效以外，稅收經過稅吏手上再轉至皇帝手上的途中卡油卡太多，皇帝很清楚這一點，所以這次決定派一個正直的官去，叫張詠。

賣窮

　　兩年的戰爭，重創蜀地經濟，百業凋敝，戰後重建不是簡單的事，要怎麼讓因戰爭失業的百姓振作起來，和前面講的布列敦森林會議一樣，只要人們相信自己今天工作明天可以脫離貧窮經濟自然會復甦，凝聚戰爭失業的人口和扮演著戰後統籌分配的角色就落到了「交子」身上，這是世界第一張紙幣。

　　由於政府在戰後的形象很差又有詐欺的紀錄，所以張詠找來蜀地十六家富商為保人，代替政府出面發行一種可兌換銅幣的「交子」，看到有十六家富商為擔保，蜀地百姓自然放心以交子作為流通的工具，交子的出現好似給蜀地百姓打了強心針，經濟復甦的很順利。重點是根本拿不出錢的政府，重建的大坑就這麼被一張交子填平了。

　　由張詠管理的紙幣換銅幣的匯率，並沒有發生因為紙幣濫印發生類似現代銀行擠兌潮的文獻紀載。而十六家富商讀者可以不用想的太複雜可以看成借錢給政府，借給政府的錢專門用於戰後重建，靠著借貸再收取 3％ 的保管費（當時的錢存在錢莊裡面要收保管費，與今天銀行給利息不同），就是十六家富商的收入來源。

第三節　澶淵之盟

　　宋代在華人歷史是一個，屈辱、懦弱、割地賠款、小人當道，忠臣沒有善終的朝代，大概次於滿清末年的腐敗。但忠奸難辨的歷史倒是給了很多分辨是非的想像空間。由於宋代的版圖並不算很大，所以是一種不能合理化現有疆域的歷史教材，開句玩笑話，如果再多幾個宋代這樣的歷史，現在的中國版圖應該縮小不少。

　　言歸正傳，公元 1004 年宋真宗御駕親征，在到達澶州北城前，宋軍守城方以床弩擊斃遼國名將蕭達凜，遼軍士氣低靡，此刻的遼軍已深入敵境撤退困難，有被包圍斷了後路的可能，蕭太后積極求和想回到長城塞外。

　　這是宋真宗得知此消息和宰相寇準的對話。寇準：「御駕親征才打出了這麼一片大好形勢，目前的遼軍害怕自己的歸路被切斷，主動求和，這局面來之不易，只有再接再厲，把他們打出國境去，趁勢收回燕雲十六州，才能真正的長治久安。如果現在談和只能苟安一時。」

賣窮

宋真宗：「現在老百姓的生活太苦了，我不忍看到老百姓流血犧牲，所以決心早日談和。至於幾十年後他們是否再來侵擾，到那個時候自有能人出來保國安民，我們就不必為子孫擔憂了。」

我無意美化這段歷史，但從經濟的角度來看會有不一樣的結論。

條約內容：

1 雙方結為兄弟之邦，宋帝為兄、遼帝為弟，宋帝尊蕭太后為叔母。兩國恢復邦交，互通慶弔。

2 宋每年給遼銀十萬兩，絹二十萬匹。（從談判回營的曹利說一共三十萬兩，推估當時物價一匹絹等於一兩。）

3 雙方以白溝河為界（宋國喪失有防禦要塞的疆域，少了防禦要塞的掩護宋軍就更不是遼國的對手。）

先來看看 30 萬兩是什麼概念，打仗不管打贏打輸都會死人，而打一次仗的軍費最少是 7300000 兩，宋朝的最低薪資是一人每年 36.5 兩（大概今天 60 萬台幣）。而朝廷的稅收是 1.1 億兩，坦白說 30 萬兩不會很多，但確實有屈辱感。

從宋代的詩詞或遺留下來的借據是可以推估出當時的物價和薪資所得，來自一首北宋詩人「感春三首」張耒的詩：山民為生最易足，一身生計資山木。負薪入市得百錢，歸守妻兒烹鬥粟。山林未盡終不憂，衣食自足無他欲。人生誰使愛功名，萬慮千思撓心腹。

我簡單翻譯一下，也就是說一個砍柴的樵夫一天的薪水是 100 文錢，能養家活一家三口，生活無憂無慮。樵夫並不是很高尚的謀生方式，大概就跟今天便利商店打工店員差不多。有人問我為什麼不用官方的資料？因為正史是為當權者服務，美化資料不只是現在才有，比起加油添醋過的資料，詩人的紀錄沒有欺騙的理由。

先來看看朝廷的稅收怎麼來，稅賦一定是從人民身上課徵來的，再不然就是公共建設，收過橋費、渡船費…等。人民一天賺 100 文錢，一年 365 天就是 36500 文錢，宋代 1000 文錢等於 1 兩，北宋的人口約 3000 萬，假設課稅 10％，朝廷的收入就是約 1.1 億兩，還不加茶稅、鹽稅…等（36.5 兩×3000 萬人/10＝約 1.1 億兩）。

再來看 7300000 兩的軍費怎麼來的，宋朝是募兵制，假設一個下階士兵的薪水是一年工資 36.5 兩來算（一定不

賣窮

能低於最低工資不然沒人當兵了），條約簽訂前遼國出動
20 萬大軍，宋太宗總也要有 20 萬人才打得起來，一個士
兵一年的薪水 36.5 兩乘 20 萬人，一年光是士兵的薪水就
是 7300000 兩，還不加裝備、安家費、伙食…等。

可能會有人好奇，那遼國很有錢嗎？遼國軍費是掠奪
而來，打到哪裡搶到哪裡，按照遊牧民族的習慣越勇猛的
士兵會分配到越多的獎勵，而宋國的士兵是領死薪水，如
果想靠打贏遼國獲得賠償更是不可能，遼國就是因為很窮
日子過不下去才去打宋國，換句話說打得起賠不起。

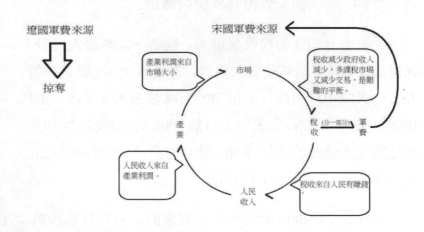

不管怎麼說雙方最終還是簽訂和平條約，當然包括貿易囉！

遊牧民族的工業自古就遠落後於中原民族，而宋國所生產的每一件商品都是遼國想要的。

第一條中「兩國恢復邦交，互通慶弔。」隨著和平的到來，雙方開放貿易，這意味著，暴力不在是遼國談判的籌碼，竟然是兄弟之邦你不能打我我也不能打你，聽起來很有道哩，遼國拿手的原本以武力掠奪手段的規則，改成宋朝拿手的貿易的規則。也就是，不能再以搶奪的方式或武力威脅獲得宋國的商品，只能靠輸出宋朝有需要的商品獲得宋朝的商品。我並不是說搶奪威脅是正確的行為，而是想強調遼國沒意識到自己喪失最重要的談判籌碼，是致命傷。

如果你是活在遼國的公民，身上穿的、市場買的通通來自宋國，你想不通為什麼這麼努力工作生活卻沒有改善，想不透什麼原因使自己變窮。

開放互市後明顯是對遼國不利，遊牧民族除了賣羊賣馬以外根本沒有其他商品輸出給宋國，起初是賣了一些馬

賣窮

給宋國，但發現宋國的騎兵越來越多，後來就嚴禁賣馬了，連馬都不能賣，那來賣勞動力吧。

簡之：遼國的勞動力和原物料就源源不斷輸入給宋國，而宋國就不斷輸出各種加工品給遼國。這種貿易一面倒的情勢，讓每年送給遼國的 30 萬兩白銀被賺回來。

一批一批遼國貴族以下的階級就這樣到宋國當外勞（宋朝主僕關係是建立在契約上，契約終止期滿，主僕關係跟著解除，跟 16 世紀的黑奴不同）正好又為宋國的產業提供廉價勞動力和原物料，使宋國的陶瓷、絲絹、茶葉、糖…等，更具有市場競爭力，賣回給遼國賺取利潤，同時破壞遼國自己還在向宋國學習的產業技術和產業幼苗。

至於貨幣方面，由於遊牧民族不懂「預算平衡」遼國財政經常性赤字，鑄出來的貨幣也沒人認，連遼國皇帝都認為宋國的貨幣才是錢，乾脆自己不鑄拿宋國的，所以考古學家很少發現遼國的貨幣，反倒是宋國的貨幣數量多造型也多種，比明朝、清朝的數量還多。

前面說過透過美元，美國透過美元把自己的商品和文化流通至世界各地，而宋國是透過宋國品牌的商品，把宋

國的貨幣和文化就這樣流通至遼國每一個人手中和生活中，貨幣可以流動商品，商品也可以流動貨幣（貨幣、商品、文化相輔相成）。

就這樣過了 100 多年，一場不動刀槍的貿易戰腐蝕遼國的國力，以致無力對抗後來崛起的金人勢利，遼國被滅了的時候，皇帝還是不懂為什麼自己這麼窮？與前面說的韃靼人不一樣，韃靼人是在不改變自己生活方式的條件下，和中原民族貿易各取所需，和一腳踏進長城內改變生活方式的遼國不同。華人文化一直受塞外民族仰慕，但事實證明仰慕容易，不動大腦的有樣學樣是貧窮的根源。

金滅遼。金人後來的下場也好不到那去，之後宋和金於 1142 年簽訂「紹興合約」和 1165 年「隆興合約」，和澶淵之盟差別不大，只是歲幣數字大了一些。

第四節　西夏

1038 年 10 月李元昊稱帝，國號為「夏」，西夏使者到宋國皇宮也帶來李元昊的親筆信，要求承認西夏獨立，

建立友好邦交。宋仁宗（宋太宗的兒子）看完後把信扔在地上，一口拒絕。

西夏這個國家位於河西今天的甘肅一代，自漢、唐以後就是中原行政的範圍，人口約 300 萬，而宋仁宗時期人口以達 4000 萬，很多歷史學家在研究歷史的時候只看得懂國土大小，大就是正面評價多，小就是負面評價多，總之：宋朝很爛，連一個小小的西夏都打不贏，忽略戰爭是綜合戰鬥力。

正當宋仁宗思索如何對付西夏時，西夏就先發動攻擊了。1039 年李元昊出兵進攻陝西，1041 年宋軍在好水川戰役中，中了西夏「鐵騎」的埋伏，宋軍死亡人數超過一萬。

鐵騎！人口只有 300 萬的西夏怎麼會有錢支應這種昂貴的軍事單位，遊牧民族大多以輕騎兵為主，將敵方引進伏兵處和騎射是主要戰術，一百多年後的成吉思汗就是靠這種靈活的輕騎兵從太平洋打到黑海，對沒有工業可言的遊牧民族這應該是退而求其次的方法。不同於輕騎兵，鐵騎屬於重騎兵，類似和今天坦克車一樣正面衝鋒，衝散對方的陣形，由於是正面衝鋒，人員和馬匹的裝甲也比較厚，

需要程度較高的冶煉技術，並且工序繁複，沒有一定的經濟實力是負擔不起的，總之：很貴就是了。

原來歷史課本上都少提到西夏產鹽巴，在今天隨手可得的鹽，在當時等同於今天石油的地位，有人說宋國不是旁邊就有海，自己煮鹽不就好了，為什麼還要跟西夏買？重點在於一樣多的鹽付出的人力成本差很多。海水煎煉出來的成本，一公升的海水得 35 克鹽。要有會煎煉爐的人；還要有人去提海水；還要有人去砍柴；煎煉時還要有人在煎煉爐旁顧火⋯等。

而西夏是鹽池甚至是鹽礦，鹽池的水，鹽度和海水密度不同，煎煉出來可得的鹽也不同。或許也不用煎煉，位於今天甘肅一代氣候乾燥，鹽池的水放著風乾就是現成的鹽巴，價格當然低很多，只有 300 萬人口的西夏吃不完這麼多鹽，所以出口鹽巴到宋國就是主要的財政收入，有了這些收入後，購買自己不大有的重騎兵裝備和茶葉。所以小小的西夏能夠和宋國對抗就不奇怪了。

鹽雖然比美今天的石油，但產業結構單一也是西夏的弱點，由於任何東西都可以用鹽巴換到，西夏的產業中甚

至不耕田（西夏是半放牧半農耕的生活型態）、不放牧，吃的喝的從宋國進口就好，結果是一下就被宋國掐死。

包拯（包青天的原型）就向宋仁宗介意：西夏的財政收入依賴鹽，必須禁止西夏的鹽進口。宋仁宗聽取包拯的意見（有這種老闆還不簡單）。

西夏本身只有 300 萬人口，供養軍隊時高峰達 50 萬，也就是說每 5 個西夏老百姓要養 1 個軍人。貿易戰一開啟，對西夏人影響最大的首先是茶葉的來源斷了。沒茶葉有這麼嚴重嗎？我講解一下。甘肅一代水質本來就不佳，因此有需多經水傳染的疾病，茶葉有淨化水質的功效，有點像今天的濾水器，而且喝茶時必須將水煮沸，所以茶葉在當時被認為有預防疾病的功能，總之茶葉是必需品。再來是各式各樣的國內物價飆漲，雖然宋國的鹽價也飆漲，貿易戰跟武力戰不同，武力講求速戰速決，貿易戰講求誰可以撐比較久，宋國了不起就是鹽吃貴一些，茶葉、麵粉、米糧…等，都還吃得起。

為了更好的明天而打仗永遠是戰爭的理由，眼前慘遭斷糧斷茶的處境實在不像更好的明天，產業結構單一的西

夏，鹽巴不能當飯吃，西夏國內許多部落首領開始反對和宋國戰爭，質疑李元昊發動戰爭的正當性。

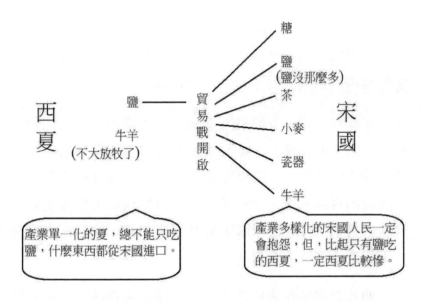

1042 年雖然在定川寨取得勝利，但承受內部龐大的政治壓力和戰爭人員傷亡的李元昊已無力支應下一場戰爭，1044 年以向宋國稱臣的姿態簽訂「慶曆和議」。和議內容

賣窮

聽起來很奇怪，「宋每年給予歲幣 7 萬兩銀，絹 15 萬匹，3 萬斤茶葉」，皇帝是笨蛋嗎？

宋仁宗看的是和議後重新開放互市從「榷場」課徵商品的「出口稅」。榷場是，雙方官方認定的合法交易場所，和前面說的博買務類似，博買務可以想成國內交易稅。榷場的稅可以想成針對出口西夏課的稅。

在產能過剩，不怕沒人賣只怕沒人買的今天，比較常聽到的是「進口稅」，而不怕沒人買的宋國從榷場課徵的是一種「出口稅」。在國富論中有提到英國針對小麥出口所課徵的稅跟這邊是一樣意思，因為怕糧食出口太多會導致國內物價飄漲。而宋國正好利用出口稅，控制國內物價（不要賣太多留著自己用）。

朝廷把稅加在宋國商人身上，商人再把成本加在西夏的消費者身上，不管價錢多不合理，依舊賣得出去，商人賺得到錢朝廷又有稅收，因為宋國每一樣商品都是西夏需要的。

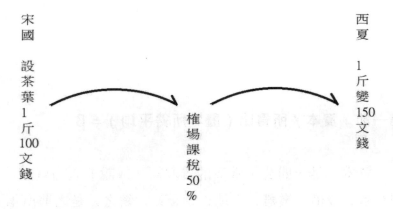

宋國 設茶葉 1 斤 100 文錢

権場課稅 50 ％

西夏 1 斤變 150 文錢

第五章

第一節　資本／所得比（歷年所得平均）＝β

　　資本。是一間公司當下的資本額（或說非人力資本、辦公室、設備、機器、土地、現金），總之，是之前所承接或累積的所有財富。

　　所得比。他指的是在一年內（通常是一年），所有產出（賺的錢），再減去成本和維持費用之後，再納入員工薪資和納入非人力資本的總和。

　　資本／所得比，一般都是「當下」公司的資本額，除以，過去 3～5 年的產出（一般都抓 3～5 年）。

　　例如（【圖 1】），一間公司第一年賺 200 萬－成本和維持費用 110 萬＝90 萬；第二年賺 200 萬－成本和維持費用 90 萬＝110 萬；第三年賺 200 萬－成本和維持費用

110 萬＝90 萬；第四年賺 200 萬－成本和維持費用 90 萬
＝110 萬；第五年賺 200 萬－成本和維持費用 100 萬＝100
萬。而這間公司現在可動用的資本額達 500 萬，是 5 年的
產出，而年度產出「平均」達 100 萬，那 β ＝5。

公司現在的資本額除以所得比（歷年所得）雖然是簡
單的概念，但可以讓這間公司很快有個粗略鳥瞰。

作者知道，多此一舉重複了很多次「成本和維持費
用」，成本和維持費用以下會設為「X」，當成本或維持
費用減低的時候利潤自然提升，講是這樣講，不過並不是
什麼成本和維持費用都適合減去的，假設是石化工業的管
線保養算維持費用，而不保養的話會爆炸，沒有爆炸前利
潤自然提升。也就是說還沒出事以前都不是事情。在股東
眼中只要還沒爆炸前都有利潤可以拿。而食品的農藥殘留
也是一樣的道理，只要使用的藥物的品名，能夠跳脫法律
文字規範，將一切都符合法律程序，一樣能達到成本或維
持費用減低的時候利潤自然提升。也就是說各種記帳表、
會計表，它們反應出的實際情況有限。

這間公司當下的資本額
５００萬，過去５年來：
第一年200萬－Ｘ＝90萬
　　　　　設110萬(成本)
第二年200萬－Ｘ＝110萬
　　　　　設90萬
第三年200萬－Ｘ＝90萬　　平均100萬
　　　　　設110萬
第四年200萬－Ｘ＝110萬
　　　　　設90萬
第五年200萬－Ｘ＝100萬
　　　　　設100萬

而這間公司現在可動用
的資本額達500萬，除
以，年產出平均100萬，
那 $\beta = 5$ 。

【圖1】

　　如果一間公司的資本額 500 萬，平均 5 年來每年賺 200
萬－成本和維持費用（Ｘ）後還能平均每一年賺 100 萬，
100 萬中 60 萬納入員工薪資，40 萬納入非人力資本（非
人力資本背後還是由「人」持有），那我們可以說這間公
司裡非人力資本占公司產出 40%，也就是 $\alpha = 40\%$。人力
資本占公司產出的 60%。但我們現在要算的是非人力資本
的收益（我前面第二篇第二十九章【圖1】有一張圓形圖
把工資給刪掉後的收益），那就是 40 萬除以 500 萬，將
得出這間公司的非人力資本 5 年內平均每一年報酬率為 8

％，也就是 γ ＝8％。我強調，我特別加上「非人力」也就是一般人常說的資本報酬率，其高低可以來自創造利潤與低廉工資。

當資本報酬率高於經濟產值，這個資本報酬率勢必來自降低某些人的生活水準。

我誇張的比喻是，如果這 40％的產出都歸 1 個人，而員工有 10 個人，就是一個員工分 6 萬，老闆得 40 萬。α ＝ β × γ

α ＝資本占一年產出的份額
β ＝資本除以所得比
γ ＝平均報酬率
X＝成本和維持費用

$$\alpha = \beta \times \gamma$$

(以前面那家資本額500萬的公司為例)

$$\alpha = \beta \times \gamma$$
$$40\% = 5 \times 8\%$$

寫成中文就是：這間公司5年來平均每年賺100萬，有40萬分給有股票的人，有60萬分給員工，對股東(假設一人)而言這間公司每年可以替自己帶進8%的收益。　　【圖2】

賣窮

　　如果有一間公司資本額 300 萬就能平均每一年內賺 100 萬（【圖3】），但也比較依賴員工。100 萬賺的錢有 70 萬納入員工薪資，30 萬納入非人力資本利潤，那就是 300 萬除以 100 萬，那 β＝3，非人力資本占一年產出的份額 α＝30％，資本報酬率 γ＝10％。

這間公司當下的資本額
３００萬，過去３年來：

第一年200萬－X＝90萬
　　　設110萬(成本)
第二年200萬－X＝110萬　　平均100萬
　　　設90萬
第三年200萬－X＝100萬
　　　設100萬

而這間公司現在可動用
的資本額達300萬，除
以，年產出平均100萬，
那 β＝3。　　　　【圖3】

以此類推：
P＝薪資占產出的份額
M＝工資平均利潤
作者知道 P 和 M 在這邊
第一次出現，後面幾張
的圖和下節會用到。

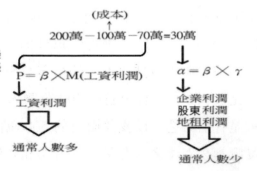

(成本)
↑
200萬－100萬－70萬=30萬

$P = \beta \times M$(工資利潤)

↓
工資利潤

$a = \beta \times \gamma$

企業利潤
股東利潤
地租利潤

(小註解：M=23%，
70=3×23.3333...)

通常人數多

通常人數少

【圖4】

過去三年來這平均賺的100萬(每一年)，有70萬
納入員工薪資，30萬納入資本利潤。

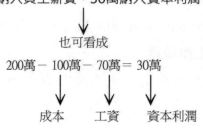

也可看成

200萬－ 100萬－ 70萬＝ 30萬

成本　　　工資　　資本利潤

【圖5】

賣窮

所以今天當媒體說台灣投資報酬率很高（非人力資本）的時候，跟付出勞務的人不大有什麼關係。2019年2800億的台資回流，與已經過度開放外資進入台灣，以台灣目前實體投資機會不足的情況只會不斷湧入房地產。如果是股市，有沒有想過以600萬購入這間500萬公司的人會是什麼心態（以我前面說的500萬的公司為例），利潤從哪裡來？十之八九又是提升房租，和壓低勞動階級的生活水平。

我不是說投資報酬率高不好，投資報酬率高，「好」，的前提是股東、企業主利潤增加的時候會把錢投入於提升國民購買力的地方。我舉個例子，已故王永慶先生把賣米賺的錢投入建材業；再把建材賺的錢投入塑膠；再把塑膠賺的錢投入醫院。當資金從賣米到開醫院的「過程」，因為商品和醫療服務變多，台灣每個人的平均購買力提升，簡單的說：不但有工作做還可以買更多。不是利潤增加時守財奴把錢全都藏得死死的，只有要算錢的時候才拿出來。守財奴不犯法，但絕對不是值得讓人敬重的對象。

台灣的經濟法治規章已經很完整，但對消費者的道德判斷和企業、股東、地主的美德催促仍顯不足，消費者的

道德判斷又比企業、股東、地主的美德催促更為重要，台灣畢竟是資本主義，「市場決定產生什麼」，事實證明消費者是可以引導的，在自動化不斷壓縮勞工空間的現在，實體投資機會不斷減少，催促新的市場誕生才能使所有受薪階級可以活的有尊嚴不用再靠被施捨救濟。在市場決定產生什麼的前提下，數量龐大的消費者如果道德判斷提升影響社會，會比，數量較少的企業、股東、地主影響社會來的多。

　　催促新的市場才能使工作變成一種權利，保障著受薪階級有尊嚴的度過將來的每一天，而不是靠救濟。救濟他人當然有快感，但不應該是在製造困難後再跳出來當好人，刻意營造的場合，很多企業、股東、地主、官富二代的行善的想法仍然停留在人類求生存的年代，送出的各種便當，衣服都不乏各大企業、股東、地主、官富二代資助的慈善機構的 logo，不斷提醒穿上衣服的人吃便當的人自己還欠人家一些什麼，如果是你，會想被救濟嗎？在已經脫離求生存時代的今天，幫助弱勢應該定義在怎麼讓弱勢不再被救濟，和弱勢是怎麼產生的，幫助有困難的人當然是好事，但幫助人的人不應該只是迎合觀眾的掌聲，更高

賣窮

層次的善人是有花心思去洞悉被幫助的人內心的需求是什麼，而不是為了討掌聲。那被救濟的人內心的需求是什麼呢？那就是有選擇權利的話，沒有人想被救濟。這就是為什麼各種社會新聞中，某家庭可能因車禍突然失去了經濟支柱，經過媒體一番報導，如果要是家裡自己有在做小買賣的話，希望社會大眾是用買賣的方式，也不要白拿錢。

第二節　資本 / 所得比（歷年所得平均）＝β　進階

前文的資本 / 所得比＝β、α＝資本占一年產出的份額、γ＝資本平均報酬率，和後來出現的 P＝薪資占產出的份額（以下改成公共財占一年產出的份額）、M＝工資平均利潤（以下改成公共財報酬率），一樣可以用在劃分國家的「公共財」和「私有財」，也就是說一個國家的資本等於公共財和私有財（【圖2】）。

私有財指的是一個人可以享受（獨享）得起的必需品和可支配的便利品，是經濟體內的「個人」，經濟體內有各式各樣的收入能力的個人，這些個人的組成就是經濟體。而公共財是不管在這個經濟體內這個「個人」的收入能力高或低也能享用的財富，硬體用的眼睛可觀的例如：

高速公路、公園、馬路、港口…等設施，和比較抽象的各種機構例如：司法、警政、教育、健保、國防…等，公共財很大程度上是從課徵私有財而來，關於賦稅我會在後面一些解釋（第四篇第十六章）。

　　假設，某國家當下的資本總額相當於 500 億，是 5 年的產出，而過去 5 年的年度產出在扣掉成本和維持費用後，還能平均一年達 100 億，那 β ＝ 5。

　　那我們可以得出這個國家一年的產出中，假設賺 200 億，有 100 億是成本和維持費用，設為 X。有 50 億納入公共財，設為 P。有 50 億納入私有財，設為 α。

　　200 億－100 億（X）－50 億（P）＝50 億（α），看圖會比較清楚（【圖 2】）。

賣窮

這國家當下的資本額
500億，過去5年來：
第一年200億－X＝90億
　　　　設110億(成本)
第二年200億－X＝110億
　　　　設90億
第三年200億－X＝90億　　平均100億
　　　　設110億
第四年200億－X＝110億
　　　　設90億
第五年200億－X＝100億
　　　　設100億

X＝成本和維持費用
不見得能用數字規劃，不能因為
不能用數字去統計就不管他。

而這國家現在可動用的資
本額達500億，除以，年產
出平均100億，那 β＝5。

【圖1】

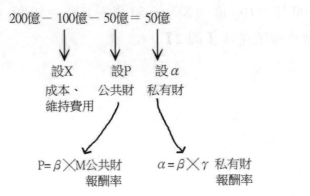

200億－ 100億－ 50億＝ 50億

設X　　　設P　　設 α
成本、　　公共財　私有財
維持費用

P＝ $\beta \times M$ 公共財　　$\alpha = \beta \times \gamma$ 私有財
　　　報酬率　　　　　　　　報酬率

【圖2】

　　我們現在針對 α 私有財的部分，我們把 α 分成 10 等級分別是 b、c、d、e、f、g、h、i、j、k，換句話說 b＋c＋d＋e＋f＋g＋h＋i＋j＋k＝α，我知道有點複雜請耐心聽我說完。（參見【圖 3】）

　　一個國家的資本（年度產出、或賺的錢這些說法都可以）由 P 和 α 組成，動一下腦一年內賺的錢減公共財就是私有財，也就是說台灣每年 2300 萬人賺的 200 億扣掉吃的喝的和各種維持費用 100 億，再扣掉公共財 50 億的部分，剩下的 50 億才分給 10 個階級的人分，在此之前大家可能會以為 50 億是平均分配，可是 α 的名稱是資本占產出的份額，顧名思義有資本的人才能分到比較多（術語叫：佔社會產出的剩餘）。

　　這邊作者暫時把勞動力視為可販賣的資本，為了讓讀者比較好理解「所得起始點」。如果單憑勞務佔這 50 億份額的人與同時勞務和資本佔這 50 億份額的人，所得起始點就先不一樣了，佔社會產出的剩餘一定也不一樣，這種情況下財富分配不均只會日益擴大，也可以說就 k 階級的人而言，能分到的物質、房地產、車子…等，變少了。

賣窮

今天大部分經濟學忽略的問題是所得起始點不一樣、每個人的消費習慣也不一樣、可以靠世襲承接而來的財富賺錢、只是因為不能用數字統計就當他不存在、金融仲介化和個資法使資金的流動的過程和最終變成誰的債權，誰的債務，出現了不透明的現象。

(下面兩段題外話給有經濟底子的人看，坦白說有推測的性質)。有人說：如果有錢的人賺錢同時又能改善最底層收入的人的物質條件不是很好嗎？沒錯！這是很好，但那是在台灣經濟起飛的時候。不過如果有錢的人賺的錢是預支最底層的人的收入那就麻煩了。複雜的說：間接預支，藉由銀行預支，或持有政府債藉由政府課稅，自己再間接預支。任何財務政策背後都有最大既得利益者，一層一層法人面具進行的間接交易讓人目眩神迷。所以財務透明化也有助於緩和貧富差距。（或至少公共政策，錢從哪裡來錢流到哪裡去，一定會有人受益最多但那個人是誰呢？）不同於今天大眾看的懂的都是直接手段。這是很簡單的問題，搞到目眩神迷的用意是什麼？

因應 21 世紀資本論托馬皮凱提的話：「資本報酬率高於經濟成長率。」我的解釋這句話是這樣，當某個經濟

體內特定的階級的資本成長率，竟然高於，該經濟體的成長率，必定是預支了比較弱勢收入能力的族群未來的收入。雖然這兩段是有推測性質但目前台灣無產階級無法翻身和貧富差距日益惡化怎麼解釋，單憑官員或媒體引導輿論的總結一句：「就是無產階級不夠努力」來解釋作者眼前看到的一切讓人難以信服。

　　正如我在第二篇引言所說的財富來自有多少人比自己貧窮，讓我擔憂的是任何科技應用和自動化（ＡＩ）的誕生，破壞了謀生手段多元化，在ＧＤＰ中，提升的是資本所得，而不是勞務所得。我不否認科技的方便，例如很多上市櫃便利商店都在自動化進行中，可是失業的人怎麼辦？

$$b=\frac{39\%}{\alpha} \quad c=\frac{15\%}{\alpha} \quad d=\frac{11\%}{\alpha} \quad e=\frac{8\%}{\alpha} \quad f=\frac{7\%}{\alpha}$$

2000人　　8000人　　90000人　　500000人　　1000000人

$$g=\frac{6\%}{\alpha} \quad h=\frac{5\%}{\alpha} \quad i=\frac{4\%}{\alpha} \quad j=\frac{3\%}{\alpha} \quad k=\frac{2\%}{\alpha}$$

1500000人　　3000000人　　4000000人　　5000000人　　7900000人

（假設以台灣2300萬人為例）　　　　【圖3】

第三節　工資利潤和資本利潤的區別

（本章節可搭配第三篇第五章第一節【圖5】一起看）

資本利潤是什麼？也就是假設一間公司一年賺100萬，有30萬是由「提供」廠房、設備、土地、現金（或貸款），的人。可以分到的錢。

那工資利潤是什麼，我必須換個很像贅詞的說法，「純」工資利潤是什麼？就是這間公司賺了100萬，有70萬是由純粹「提供」勞務，的人。可以分到的錢。

也就是說如果有一個人推著攤位車到街上賣麵。那就不算工資，因為他的利潤來自同時提供資本，及同時提供自己的勞力。這種介於資本利潤和工資利潤的收入來源有另一個名詞「混合所得」，在台灣的夜市文化中經常可見。

純資本利潤比較常出現在企業或公司，或房地產中。例如某上市櫃便利商店，就是由股東、企業主、房東，提供廠房、設備、土地、現金（或貸款）。不會看見股東、董事長、房東，或借錢給公司的放款人，親自在櫃檯接待

客人。他們分配利潤的方式靠提供資本（俗語：用錢賺錢）。也不會出現像夜市擺麵攤有混合所得的問題。

　　資本利潤中的房地產（地租利潤），就更好理解了，每個月租金就是自己的資本所得。

　　純工資利潤比較常出現在企業或公司，或房地產中。而員工單純提供勞務，提供勞務員工不會把自己家的冷凍設備、收銀機，搬到店裡去工作，藉此主張自己也能在資本利潤中分一杯羹。

　　也許有人會說技能也是資本，作者持保留態度，因為問題是會相同技能的人多了，有技能的勞工也不吃香（參見第三篇第六章第二節）。

賣窮

第六章

第一節　夜市文化

　　台灣貧富差距日益惡化但相較於全世界還是好一些，甚至比美國好。很大程度上歸功於謀生手段多元化，最直觀的就是我們的「夜市文化」，有點像我前面講的 X 很難用表現在經濟成長的數字統計，「社會實際價值」和可統計的「市值」不一定有關係（我絕對不是說 G D P 不重要，而是它不是全貌），也不得不讓人省思，難道什麼東西都一定要企業化與統一密集管理？都需要記錄在 G D P 成長裡才算數？是不是在大企業和小生產者間取一個平衡會是比較好的辦法？萬一有一天去大企業拿薪水變成唯一的某生手段真的比較好？

　　前文說到西方對於資本主義的重視，是因為西方靠著商業的活絡，累積勢力推翻封建王朝和地方貴族。大約在1500年左右西班牙在南美洲開採出來的黃金和白銀注入了歐洲和中國，卻產生了完全不一樣的影響。在西方先是毀滅掉小生產者的生計，然後，需要他們的勞動力，把這些小生產者趕到工廠（大企業）去上班，以便增加國家最大產出（ＧＤＰ經濟成長率），小生產者們同時是生產者也是消費者。有點像我們今天的台北，而毀掉生計的部分就有點像是進口稻米讓台灣中、南部種田的人養不起自己只能去台北當廉價勞工，因為勞工數量多自然便宜。

　　在古中國則是支持小生產者。中國歷史上並不大有靠財富累積成足以和政府對抗的勢力，很大程度上是和沒有一夫一妻制與「長子繼承法」有關，因為資本實力雄厚的富豪的土地或積蓄只要經過幾代子女的劃分後，財產（私人資產）很難集中形成力量，所以無法干涉皇帝的舉動和爭奪有利可圖的生意，進而讓皇帝擁有一國財富議價的主導權，所以當西班牙的黃金白銀注入財富不會過度集中的中國，當然不會讓商人有和皇帝議價的籌碼，萬一有些商人去找皇帝要政府替他們立法（例如英國圈地運動）來鞏

固自己的利益，政府當然不會理這些商人。大資本家得不到政府的加持難以獨佔市場，私人資本無法過度集中在某些人手上反而讓小生產者有了生存空間。

　　工資本來就是不公平的東西。中國的小生產者們不用像英國那樣跑到大工廠上班才能謀生，只要扛著自己的商品鍋匠、鞋匠、甚至理髮師，到市場叫賣，一樣可以過活，也不用再把自己辛勞的成果分給不事生產的股東、房東、企業主。這形成了我們華人一種獨特的現象，麥當勞的旁邊可能有路邊攤。

第二節　謀生手段多元化，是薪資長期停滯不前的解藥

　　其實薪資的高低很大程度上來自「稀少性原則」，常聽到有人說要學習新技能提升自己的收入，或能力決定薪資的說法，「才能說」，例如學英文，可是問題是當會英文的人多了，會英文的人就不值錢了，最直觀的就是菲律賓女傭。再舉幾個例子，例如大家擠破頭的公務員，因為公務員的名額有限，限制了公務員的數量，數量少是決定公務員薪資的主要關鍵，而才能是次要關鍵，60 分考上公務員的人和 59 分沒考上的人才能不會差到哪裡去。比較

容易有「稀少性原則」和「才能決定薪資高低」，衝突的，是醫生這職業，醫生今天在台灣的薪水相較於其他行業還算高，醫生入行門檻很高（通常學習能力驚人），可是不是每個人都可以當醫生，說醫生的才能很好嗎？對是很好。說醫生的數量很稀少嗎？對是很稀少。但醫生畢竟是少數，就像買樂透一樣不能只看中獎的 1 個人要看到另外沒中獎的 99 個人，醫生這種少數常常被拿來當作以偏概全的論證工具。

簡單的說，才能到底對改善現在低工資情況有多少幫助，實在是持保留態度。

我們對於獨立思考這件事下的功夫還不夠，什麼是獨立思考呢？就是在沒有依賴的範本和沒有人提醒的條件下，有沒有辦法選出對的答案，我打個比方，比較善良的學生時代考試的時候都是選擇題，老師還會好心提醒你這個對、那個錯。可是脫離學校出了社會之後，社會都是給你錯的答案去選擇，如果你能看得出出考題的人動機是否有問題，就是獨立思考。

大家常常把才能和稀少混為一談，「才能說」其實是一種混淆劑，讓人可以維持現在的舉動，其實黑白很好分

賣窮

辨只要這個人有眼睛，可是當錯和對混合在一起就是灰，需要動腦袋。說他是白可以，說黑也沒錯，當然也沒這麼難分辨，弄清楚混淆的人動機為何，和最大既得利益者是誰，很多事就會澄清許多。

脳筋急轉彎一下，一個做石油生意成功的人和一個做咖啡店生意失敗的人，做石油的人才能不見得比較好，因為做石油的人少，假設做石油生意需要 10 億的門檻，也就是說只要有 10 億的資本，人人都能公平參與石油市場。稀少性原則不只用在工資用在做生意也是一樣的道理。各式各樣額度的資本也產生了競爭者多和競爭者少的局面。就像辦一場游泳比賽一樣，我們來進行一場公平的比賽，你不會游泳，他會。

資本主義顧名思義是以資本的「報酬率」為第一優先的價值觀，而其他的社會福利、勞工生活水準，相較其次。主僕關係：資本的成長是主人。社會福利、勞工生活水準、環境保護都是僕人。勞工生活水準、環境保護都只是花邊，只是為了資本高利潤的存在，所以任何資本出走和資本的挹注永遠只是在尋找更低廉的工資和汙染罰鍰更便宜的環境罷了。因為比起商品賣得好不好要看客人臉色，壓低

工資更是能掌握的利潤來源，資本報酬率的高低可以來自兩個東西 1 是商品賣得好 2 是壓低成本。至於環境只要能住人就好。當今天政治人物在台上以資本報酬率為政見基礎的時候，一般善良的人明白是什麼意思嗎？

競爭力和低工資可以是一體兩面。如果有一天為了增加台灣ＧＤＰ成長（用口號換取選票），進而需要更加低廉的勞動力來成為ＧＤＰ成長兌現的基礎，並且以，足以混淆大眾認知的輿論為名，最常見的例如、落後國家的象徵、骯髒（我不覺得去便利商店買便當就代表沒問題 2013 年頂新劣油就是最好的例子）、空氣汙染（這裡指傳統製香行業，奇怪？各種高級跑車製造的汙染不是比燒香多嗎？）、逃漏稅（應該說資源優渥的大企業避稅手段比路邊攤高明），最後把我們的夜市、傳統市場、傳統產業鏟除後，這些失業人口為了謀生一定只能去有就業機會的地方，也就是大企業。總之，謀生手段多元化的社會，會是薪資長期停滯不前的解藥。

很多從台灣中南部到北部就業的青年就是最好的例子，因為自從開放稻米進口後，所有的可耕地很多只好轉種高經濟作物，可是當太多的土地都耕種高經濟作物時，

賣窮

高經濟也不經濟了，菜價和果價長期低靡，很多就算家裡有田地的人只好上北部就業，當這麼多的勞動力流向企業的時候，勞動力的價格自然無法像樣。

我並沒有否定資本主義上市上櫃公司帶來的好處，科技的便利和醫療的進步…等，作者自己的智慧型手機也是ＨＴＣ，我的意思是今天過度強調資本報酬率的情況已經到畸形階段，這種過度扭曲的價值觀一步步蠶食我們的環境和我們生兒育女的條件，人民還被政客的話術唬得一愣一愣。

作者再強調一次，我不是要消滅資本主義，是要控制它，而不是被它控制。稻米進口已經是過去式，且很難改變，唯一可以做的是注意下一個可能發生的類似情況。很多事都是這樣，想要變得更好先從停止變壞開始。

第七章

第一節　福利國家

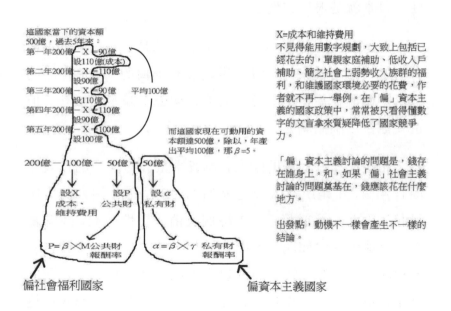

這國家當下的資本額
500億，過去5年來：
第一年200億－X＝90億
　　　　　設110億(成本)
第二年200億－X＝110億
　　　　　設90億
第三年200億－X＝90億
　　　　　設110億　　　平均100億
第四年200億－X＝110億
　　　　　設90億
第五年200億－X＝100億
　　　　　設100億

而這國家現在可動用的資
本額達500億，除以，年產
出平均100億，那 β =5。

200億 － 100億 － 50億 ＝ 50億

設X　　　設P　　　設 α
成本、　公共財　　私有財
維持費用

P= β ×M公共財　　　α = β × γ 私有財
　　　報酬率　　　　　　　　報酬率

偏社會福利國家　　　　　偏資本主義國家

X=成本和維持費用
不見得能用數字規劃，大致上包括已
經花去的，單親家庭補助、低收入戶
補助、簡之社會上弱勢收入族群的福
利，和維護國家環境必要的花費，作
者就不再一一舉例。在「偏」資本主
義的國家政策中，常常被只看得懂數
字的文盲拿來質疑降低了國家競爭
力。

「偏」資本主義討論的問題是，錢存
在誰身上。和，如果「偏」社會主義
討論的問題奠基在，錢應該花在什麼
地方。

出發點，動機不一樣會產生不一樣的
結論。

309

賣窮

簡單介紹福利國家，以本章的圖為例子，福利國家的資本額中，公共財占的比例很重，福利好當然賦稅重，可以想像成是讓政府拿走私有財最多的部分，例如前面圖（第三篇第五章第二節【圖3】）假設把圖中，拿 b 級的人的財富再分給 c 級～ k 級的人，或把稅收用於國家內所有人都能用到的實體建設、教育機構、醫療單位、甚至是短期內很難看到結果的科學研究，培養國家未來的可能性。日本就是很好的例子。

可是對於所有福利國家刺痛的問題是，人會不會不再努力了？福利國家的預設立場是沒有懶惰的人（這裡說的懶惰是積極改善自己處境，給他一個公平競爭的機會，但也要他自己不擺爛）。

相較於社會福利的國家，偏資本主義的國家的預設立場有 4 個，1 是所有人都是懶惰的，2 是每一個人的「所得起始點」一樣或接近，3 每個人消費習慣一樣，4 財富沒有世襲繼承的問題（不能一代傳一代）。資本主義也有溫和的一面，在二戰後的重建中你的財產被炸掉了，我的財產也被炸掉了，我們一起從 0 開始，你去砍木頭我去挖水泥，雙方產生了完美的互補。所以在國富論中第一篇「分

工」理論中，沒有講到不事生產的放貸人或地主，並不是像現在股東或房東坐在那裡等錢來，我相信很多念經濟的學者只看過「分工」就沒往後翻了。

當每個人所得起始點都很接近的時候，台灣政治人物口中的公平才會實現，很少有人會在累積了相當的儲蓄後屈就於目前的現狀，而放棄能讓自己未來的物質條件或社會地位更好的機會，這就是所謂的「貪婪」。

對於資本主義或社會主義，他們的原始出發點都是讓社會更好，資本主義強調的是有效行善，在國富論中 200 年前那個還有人餓死的年代，有人沒衣服穿的年代，只要多做一份投資（把錢花在開墾、做衣服的工廠）就多一個人有飯吃，先不管老闆是好人還是壞人（我的意思是：不管好人壞人都能救人），這是當時古代的道德標準。

我們今天的經濟學是以二戰後 25～30 年為背景（大家所得起始點都接近一樣），當時並不太會有財產權過度集中的問題，但，隨著資本開始累積，怎麼讓活著的人不要有被剝奪感，是現代的道德標準。要怎麼擬定所得起始點不一樣但財富起始差距有可能追平的社會規範，是所有經濟學家的目標。

賣窮

　　作者知道台灣確實創造了很多了不起的企業家。如果賺錢就像賽跑一樣的話，台灣創造了很多跑得快的企業（股東、地主），但這些跑得快的企業有沒有回頭去顧到跑得慢的勞工（尖銳的講：跑得快的企業是由跑的慢的勞工塑造的；有人賺錢是來自有人賠錢）。

　　不知道各位有沒有集體跑過步，在球隊中，有人操體能時跑步落隊了，當然是要回頭去給落隊的同伴打氣，我們台灣是個球隊。就像現在有人在台灣社會不斷的抽取社會剩餘產出，應該是要回頭看還有哪些弱勢。

　　當然有人說：難道我今天跑很快就沒有權利跑得更快嗎？我今天錢賺得多難道就沒有權力賺更多嗎？當然可以，因為法律沒規定不行。但是跑得快跟值不值得被尊重是兩件事。說白了有錢追根究底還是想被人尊敬，可是就像我前面自我檢視和邪惡講的。今天大部分的資本階級用錢賺錢的人，真的會比出賣勞動力為謀生手段的人更值得被敬重嗎？我可不覺得。（我這邊說的是值不值得被敬重的問題，而不是犯不犯法）

任何經濟活動（價格機制）之前必須要先討論出什麼是值得被讚美的行為和什麼是值得被譴責的行為。看不見的手背後有一顆看不見的心。

第二節　財富重新再分配

從第三篇第七章第一節第二段，抽一節出來。資本主義之可以那麼迷人，是因為它可以靠「需求」進行「財富重新再分配」，經濟體財富重新再分配的過程，仍能累積資本，和保持謀生手段多元化的話，新的科技，技能，思想就會不斷誕生。例如我種稻米你做榔頭，我和你買榔頭，你和我買稻米，就是財富重新再分配，然後誕生出有人去種蘋果就是新的科技、技能、思想的誕生。

而靠戰爭雖然也是財富重新再分配，但在戰爭的環境沒辦法讓經濟體累積資本。

賣窮

第八章

經濟學不是經濟學？

　　經濟學其實不是經濟學（鍊財術），而是道德哲學，是一套透過各種媒體、各種文宣、各種書籍（媒體會隨時間的不同有所改變，例如早期是用紙本，現代大多是電子資訊媒體，人互相口耳相傳也算是媒體，透過自己的朋友家人來改變自己的行為、邏輯，也是媒體常用的手段）。告訴你做什麼事情是對的什麼事情是錯的；什麼東西是愚蠢什麼東西是聰明；什麼東西有價值和什麼東西沒有價值。把這套是非對錯感植入每一個人的腦中，並且成為每個人「已經接受的資訊」，形成了每個人的邏輯，再進而形成我們現在的社會，和每一筆買賣。是催促價值觀的形成。

作者再舉個例子，打開你的智慧型手機或電子資訊軟體，大部分只要有商業挹注資金的媒體，都會告訴你，這個投資標的賠錢，那個投資標的賺錢。

第九章

打散儲蓄率

　　我們必須先承認當今天手上有錢之後還會想要更多，在我們不斷併購資產的時候無形會傷害到比自己沒有經濟勢力的人。看不見的手在經濟成長期會因每個人追求自己的利益而達到互助的結果，而在成長停滯時期會因每個人追求自己個體的利益傷害彼此。

　　念過商科的人都知道國富論中很有名的「分工」，但翻到後面有講到「長子繼承法」一樣經典。約在 1700 年左右英國還在逐漸從封建時代轉型成工商業社會，長子繼承法是一種土地不可分割的法律，是封建時代的產物。在工業革命以前歐洲（包括英國）中古世紀的貴族之間常常有大大小小的戰爭（著名的戰略遊戲世紀帝國就是這個時代背景），土地可以說是一種力量，一個土地大的貴族可動用的人員軍隊當然也比較多，可是當貴族的後代越來越多，土地不斷的分割給自己的兒子們，力量很容易分散，

然後被其他更強勢的貴族併吞，所以為了避免這種情況，就頒布了法律，財產、土地，一律由長子繼承。

可是當一個國家的財富過度的集中在某人手中，容易阻礙了經濟的發展。「長子繼承法」雖然是過去式，但放在今天一樣有參考價值，閱讀從過去留下來的經典例子中，我們要繼承前人看事情的角度，不是如法炮製。簡單的說：如果我在一樣的處境我會怎麼做？所以歷史絕對不是沒有用的東西。不用想的太複雜，只要想著一個貴族有一大片的土地，可是一個人很難管理這麼一大片的土地，沒有辦法把每一寸土地都用得淋漓盡致，沒辦法有效耕作，發揮資本最大產量，容易阻礙經濟的發展。

不變的道理套在今天，當一個國家的財富過度集中在極少數人手中，為了方便管理，一定是朝向「收租式經濟」，不斷的收租，剝奪其他行業的利潤和勞動成果，一樣會阻礙經濟的發展。也許房價的市面價格很高，但「收租式經濟」成長的市值，不會對實際的社會價值有太大幫助。所以說，一個龐大的產權，需要有很多管理人（這邊說的雖然不只是土地，包括現代金融性資本，但意思跟封建時代貴族的土地意思一樣）。

　　就像我前面說的，為什麼有大銀行、中銀行、地方銀行、農會銀行、漁會銀行的分別，如果只有台灣央行，然後台灣每個人都把自己的錢存進央行，這些閒置資產就沒辦法得到最有效的運用，就像貴族沒辦法把自己的土地發揮到最淋漓盡致，當然社會進步就停滯不前。相信大家都聽過錢滾錢這句話，大家的錢存在台灣這個經濟體內就像血液要不斷流動才會產生財富（參見第二篇第一章【圖3】），可是如果把錢都存在央行的話就會像瘀血，怎麼說呢？央行這種巨人面對巨型的國債借貸或大型的公共建設還可以，可是在面對小型借貸卻不一定拿手，假設有個靠捕魚維生的人，需要靠借貸買一艘漁船，跑到央行去借錢，央行通常會拒絕，不然就是要求很高的自備款，或要抵押房子。因為央行經理不會捕魚，很難評估風險。少了一艘漁船出海捕魚的時候，大家吃的魚就會變貴（補充一下銀行可以互相借貸）。

　　可是如果有漁會銀行的話情況就不一樣了，這個客戶信用好不好，到底捕不捕得到魚，在各碼頭或從其他漁夫口中打聽一下就能有粗略了解，漁會銀行的經理通常會有漁業背景或知識，借貸雙方坐下來談通常就能知道借方是

不是空口白話，最重要的是在能夠評估風險的情況下比較容易把錢借給想創業，而沒資本的人，能讓大家買魚買的更便宜的人。就像人體要有大動脈和小動脈，不同大小與類型的銀行可以面對需要不同層次的資本額，不同性質的產業，在能評估風險的情況下把大家存在銀行的閒置資本借出去，當借出去的越多，或說錢流動的速度越快就是所謂的「繁榮」，反之就是所謂的「不景氣」。

我在這邊順帶簡單介紹一下高利貸和銀行的區別，高利貸不見得會像連續劇中訴諸暴力，今天常見的高利貸是在「未」評估借款人的還款能力下就把錢貸出，在追討未償還帳款時大部分更喜歡尋求司法管道。

雖然有了現代銀行（血管）系統分散資本（血液）的累積，但自從工業革命以來，爆炸式的資本累積，還是會讓經濟處於瘀血的狀態（景氣不好跟有沒有資本是兩件事）。

封建時代在歐洲，如果把錢借給銀行就是把錢（權利）交給怎麼知道運用它的人，可是如果把錢借給王公貴族那就糟了。因為大部分的貴族生活糜爛，而擁有資本的人會決定資本的樣貌，如果一個國家的資本都是掌握在自信來

賣窮

源來自「用物質證明別人過得比自己糟和自己過得比別人好」的人手中（簡之炫富），那整體來看社會很難進步。

當貴族可以以世襲頭銜取得其他辛勤佃農、工人、商人的積蓄時（參見前面第三篇第一章第二節），可以影射台灣很多大腹便便的股東和房東、地主，很多財富靠世襲繼承來的富官的二、三代也不例外，過慣了好日子常常不知道錢是怎麼來的，所以出現很多台灣版本的不食肉糜。例如，工作很辛苦為什麼不放假就好了。或，為什麼送貨員開車這麼快，安全第一。

握有台灣大部分資源的股東和房東、地主，他們的自信來源大多來自「用物質證明自己過得比別人好和用物質證明別人過得比自己糟」，我並不覺得早上 8 點到證券交易所報到的股東真的知道自己投資了什麼東西，和在咖啡廳暢聊如何炒房的屋主是台灣進步的動力，遺憾的是擁有資本的人會決定資本的樣貌（資本本身是中性的沒有問題但是人的價值觀出了問題），只看得懂價格和數字的人（價值觀的文盲）進而決定台灣社會樣貌。

台灣年輕一代不是沒有才華，從電玩軟體到程式設計，各種藝術、文創、體育，苦無資金挹注。

第十章
已故傅利曼先生的孩子價格機制

　　我們今天學習經濟的基礎是價格機制，價格機制（「看不見的手」意思一樣），是美國當年冷戰對抗蘇聯的政治武器，目的在於證明蘇聯是錯的，瓦解蘇聯的正當性，但美國證明蘇聯是錯的不代表自己是對的。共產國家的有些做法作者也不完全認同。

　　因為當時蘇聯很強大，在面對核子武器互相對峙的時候，論誰都沒辦法冷靜客觀的檢視，價格機制這一套系統是不是不夠完美。

　　已故傅利曼先生（他是了不起的人作者真心話）他的學生分成兩派，一派只學習「價格機制」，另一派學習「選擇的自由」，學習選擇的自由這一派，不超過 50 人（不太有正確數字不過學生真的很少很少），很大程度上是因為當時對抗蘇聯以數字來宣揚政治理念，比文字來的快，

賣窮

只要會加減法都可以懂。價格機制當然很重要，可是正如作者第一篇引言所說的經濟脫離不了人的行為。少了自我檢視（第一篇第三章第十五節）的價格機制，讓台灣今天的貧富差距合理化，肉弱強食合理化。這絕對不是傅利曼先生的本意，他只想讓世界更好。

至於價格機制是什麼呢？就是用加法和減法解釋什麼是價值的理論，認為一切的價值都能用數字表示，一加一減為正就是有價值，一加一減為負就是沒價值。在價格機制之前必須先定義出值得被譴責的行為和值得被讚美的行為，為補充。

第四篇

引言

前面一、二、三篇，往「為什麼會這樣」闡述。第四篇的部分主要當然就是「應該怎麼辦」。

第一章

第一節　拳王阿里

　　人類社會除了在經濟成長中進步，還有一個就是在世代交替中進步，人類社會有點像拳擊壇一樣，每當有新的拳王誕生，就代表拳擊界又更進步一點，拳王阿里的誕生就代表產生出新的拳擊技巧，冠軍的退位或殞落確實讓人唏噓。但是拳壇就是在這種世代交替中進步；階級流動中進步；冠軍腰帶轉移至新人腰上中進步；社會的權利和財產轉移至有才能和點子多的人社會才會進步。

　　成功是來自別人的失敗，自己的失敗成就別人的成功。這就是人類社會進步的理由。

賣窮

　　如果已經一頭白髮的阿里站在擂台上，並且拳壇規定，挑戰者一定要和阿里年紀一樣，量級一樣，訂定出各種偏袒於已經白髮蒼蒼阿里的規則，那拳擊界很難有進步。

　　1971 年（退役後）阿里名言：我不會懷念拳擊，拳擊會懷念我。2016 年過世。

第二節　階級流動

　　階級流動說穿還是靠腦子，也就是獨立思考（在軍人那邊會講到軍人守護獨立思考的重要），雖然資本是一種輔助的工具，而不是究竟，但少了這種工具要流動很有困難。也就是說一個社會要有公平爭奪權勢的機會，新的技能、功能才會生生不息誕生，如果說一個社會長期階級不流動很多創新的價值很難誕生，就像現在的台灣一樣。

　　花開花落，當盛開的花凋落至泥土時，又成就了下一朵即將綻放的花朵，一朵盛開的花朵隕落看來是很殘忍，可是今天有誰敢說自己的成就不是來自他人的隕落，人類社會就是不斷靠這樣的花開花落進步，就算自己不願意這

個規則仍然不變，我的凋謝可以成就他人，我的成就來自把盛開機會讓給我的人。就像拳擊比賽一樣，我的輸成就了他人，我的贏來自暫時敗給我的對手，我在這邊是特別強調一定要充分的尊重從上階級退下來的人而不是恥笑他們，因為自己終究也會被別人取代。

第三節　合理的階級流動

人類為了要讓社會更加進步，從原始型態的打打殺殺，想出了很多階級流動的辦法，因為打打殺殺要付出的社會代價實在太高，其中發展最為成熟的就是考試制度。

合理的階級流動會讓人想到 1000 年來的科舉制度，也就是考試，雖然也創造出了不少的書呆子或腐儒，可是考試制度能延續到今天必然有道理在，它提供了一個貧戶向上爬合理的「階級流動」管道，只要很努力的背書至少能擺脫現在的處境。

今天考到都不想再考的考試在 1000 年前，在華人文化中確實是創舉，因為最有效的統治手段，莫過於給予為數眾多的平民階級，擺脫貧窮的可能性。

賣窮

人類社會就是透過這種合理的階級流動，把社會資源讓渡給真正有才能的人，讓有才能的人能夠發揮這些社會資源。

然而考試當然是一種方式，不可能每個人都去當公務員，是不是可以培養出更加多元的管道。

相較於華人的科舉文化，歐洲則發展出截然不同於華人的方式就是資本主義，由資本的多寡來決定階級的高低，當然這跟地理大發現的巧合有關係。可以看成，中國是只要你肯努力背書就能脫離貧窮，歐洲人是只要你肯努力賺錢就能脫離貧窮。歐洲的商人比起大部分尸位素餐的貴族有才能的多，歐洲就是透過資本主義把社會資源讓渡給有才能的商人。雖然歐洲在 17 世紀左右對教育有重視，但考試制度成熟大約要到 19 世紀，因為要到 19 世紀英國的政治家和大臣才注重學歷背景。從國富論敘述的內容來看，17 世紀當時是歐洲正在從封建體制蛻變的過程，當時大學比較像私塾，也就是說有錢就可以去念了，而著名的賢者牛頓和亞當斯密都有貴族背景，因為只有貴族才財有餘力，所以知識的研究和哲學屬於貴族特權。

　　看來西方人開闢出另一種階級流動的體制，也是另一種不同於華人的價值觀，台灣有點像東西方的混合體，所以說基本上在台灣有學歷和有資本都會讓人尊敬。

第四節　唯物主義

　　資本主義其實是一種「唯物主義」，比起抽象的學問，努力的價值要體現在眼前看得到的物質。眼前看不見的價值就是沒價值。資本主義，有錢最大的概念之可以成為普世價值，是因為很好理解，和我前面寫的「有價值的東西不一定有價格」很接近。對唯物主義的人來說，有價格的東西才有價值。

　　唯物主義的反面派代表人物是孔子的一個學生，叫顏回。平民出生的顏回，讀書讀到營養不良而死，照理來說顏回識字（當時很少人識字）去混一個官位應該不難，可是做官的大小事會妨礙他把心思全力投入追求學問，他則相信學問的價值。

　　學問是什麼？　就是發現自己已經接受的資訊上是不是有瑕疵。

賣窮

學問的價值，不一定可以體現在價格上。前面說的亞當斯密、牛頓，也是和顏回同等級的人物。

我不是鼓勵大家讀書讀到餓死，而是，是不是唯物主義和追求學問中可以取一個平衡。

知識和學問又有什麼差別呢？知識一般只是背下來而已，是不會動的。可是知識套在人的行為上，人再回頭來修改背下來的資訊，就是學問，學問是會動的。我舉個例子愛因斯坦繼承了先人牛頓的知識，可是後來愛因斯坦的相對論推翻了牛頓的部分學說，因為愛因斯坦發現牛頓的部分學說有瑕疵，所以我們不會說愛因斯坦很有知識，而是說他有學問比較恰當。

所以價值觀的多元很重要。

第五節　多元價值的重要性

為什麼多元價值重要呢？因為能讓人以不同的角度去面對一樣的問題，誇張的說，世界上有 70 多億人那就有 70 多億個角度，也許我們的出生並不一樣，但我們面對一樣的問題，快樂痛苦悲傷貧窮富有乃至死亡。很多事

情單方面從自己的角度看待會陷入困境，從別人的角度來看待說不定會有解決的辦法。

人之所以會進步是因為學會接納多樣的價值，例如很多科學家每天寫一些讓人看不懂的數學公式，誰知道最後能做出火箭上太空。而很多在唸誦聽不懂的佛經，或聖經的神職人員，能帶給癌症病患一絲的喜悅。很多像瘋子一直跑個不停的馬拉松選手，可以把勇氣感染給身邊的人。

當我們願意從別人的視角去看事情的時候，現在面對的困境就有可能出現解決之道。換句話說現在的困境是來自不會用別人的角度看事情。

先有價值的產生，才有價格來分配社會資源。

價值來自你相信，有價值的東西才有價格，有價格才能分配社會資源，分配社會資源的多寡決定社會階級達到階級流動（價值來自你相信→有價值的東西才有價格→有價格才能分配社會資源→分配社會資源的多寡決定社會階級→達到階級流動），這是因果驅動的鏈條。

改善的辦法，在於政府拋磚引玉投入資源，催促價值觀的形成。後面的部分會說的比較清楚。

第六節　不能使用暴力達成階級流動

　　共產主義的概念部分是對的，不過資本主義是一種階級流動，同樣在二戰後的背景相較於資本主義，社會主義和共產主義人為的控制資本反而干涉了社會的階級流動，資本主義靠著二戰後的需求產生階級流動，而共產主義卻階級流動處於停滯狀態。所以戰後的 50 年奉行資本主義的國家有比較好的表現。可是當需求不在，這種階級流動也和共產主義一樣慢慢地接近停滯。

　　2020 年的今天生在台灣的作者不想被扣帽子，所以必須再強調，我不是說共產主義好，而是不要把馬克思先生（1818～1883）的理論妖魔化，就作者收集資料所知，催促出蘇聯和中國共產主義的著作「資本論」嚴格來說是半成品，馬克思先生只寫到資本主義不完美，還沒寫到該怎麼辦就過世了，再由後人（他的好友恩格斯）從他生前的手記幫他整理出來。但，仍然有值得借鏡的地方，尤其是經濟成長停滯的今天。更要強調的是資本主義只有在需求龐大的時候才能實現公平。甚至是我們台灣最關心的高房價和薪資長期停滯。

　　共產主義強調資本的平均化，靠人為的手段來干涉，例如曾經的中國領導人毛澤東做的事，屠殺 40 萬中國有產階級（作者絕對反對這種作法），把田地平均分給每個無產階級的人，嘗試靠人為的方式使國民財富趨近平衡，理論上靠人為的方式確實有可能達成每個人的「所得起始點」一樣，可是現實上卻不可行，因為就算每個人的所得起始點一樣，「消費習慣」也不可能一樣，一樣還是會有人把錢拿去購入資本，或把錢用於賭博，或奢侈品之類的。時間一拉長，這又造就了有人貧有人富。貧富差距本來就一定存在，不能只侷限在物質層次的「資本」問題，而忽略資本的流動。資本的流動意味著階級的流動。問題在於怎麼給一貧如洗的人只要肯努力就有一絲向上爬的希望。共產主義或社會主義其實關心的是怎麼樣創造出一個公平爭奪權勢的機會，不能全盤否定他們。

賣窮

第二章

第一節　階級是什麼

講了這麼多階級，那階級是什麼？我在這邊介紹「世俗的階級」，存在於我們一半是神另一半是人，屬於人的那一部分。有別於更後面會提到的「非世俗的階級」。

在男性社會中權利無不伴隨配偶的多寡，而權利永遠是最好的催情劑，從金瓶梅中的孟玉樓在擇偶時，一個是商人西門慶，另一個是詩禮人家尚舉人，就選擇了西門慶，儘管士農工商的價值根深蒂固，孟玉樓的選擇讓我們看得出來學問為主的觀念已經正在動搖，雖然金瓶梅背景是宋朝，但作者蘭陵笑笑生是明朝人，所以描述的是明朝，明朝因和西班牙貿易資本主義初萌芽，看得出選擇有錢比有學問來的重要。

第二節　如果電話亭（如果有一天女生都消失了，那開保時捷和騎摩托車有什麼差別；如果有一天男生都從世界上消失了，那高跟鞋穿給誰看？）以及紅塵是什麼？

如果有一天女生都消失了，那開保時捷和騎摩托車有什麼差別？

男生的階級是怎麼來的？

我們先定義：

1 可以養那麼多　有養

2 可以養那麼多　沒有養

3 沒能力養那麼多　沒有養

4 沒能力養那麼多　有養（不成立）

這個定義應該不難理解，各位可以想像成今天公司升等職缺，對應著前面的 1、2、3、4 種情況。

1 你有能力坐上去而且也坐上去了，那在同事間當然階級就比較高。

1 有能力坐上這職缺且坐上去和 2 有能力坐上這個職缺可是沒去。董事長知道你有能力坐上這個職缺，只是沒有去坐而已，那你在同事中的階級還是比較高。

3 沒能力坐上職缺，沒去，和 2 有能力坐上職缺可是，沒去，又不一樣。是董事長知道我沒有能力坐上這個升等職缺才沒選我，雖然第 3 種情況沒能力坐上職缺，沒去，和第 2 種情況有能力坐上這個職缺可是，沒去，結果雖然一樣，但過程不一樣，不能說自己有能力，在同事中的階級就顯的平平。

第 4 種情況，沒能力坐上職缺卻坐上職缺，不成立。因為董事長不會選一個沒能力的人當總經理給自己找麻煩。這邊和我前面說的被讚美、值得被讚美要區分開來說（第一篇第三章第十三節），意思很接近。

我再講的更清楚一點，一個女生長的很漂亮可是拒絕男生獻殷勤，一個女生長得不漂亮沒有男生願意獻殷勤，結果是一樣的，可是過程很不一樣。

男生的階級是來自和其他男生比較，誰可以養比較多的女生，例如古代皇帝可以養 3000 個女生，平民只能養

一個女生，那皇帝的階級就比平民高 3000 級。當然今日法律禁止這樣做，不過放到今天還是很有直觀上的意義，換句話說外遇是有條件要求的。（作者第二章這邊就是不想舉貼近社會大眾生活的例子，所以世俗階級的理論搭配封建時代的例子）

把這個道理套在今天比較有可能出現在我們身邊的人上。例如有一個人可以養 100 個女生，另一個人只能養 1 個女生，那前者比後者的社會階級還要高。

如果有一天男生都從世界上消失了，那高跟鞋穿給誰看？

女生要的跟男生不太一樣，女生基本上是跟女生比，雖然現在社會也有出現女強人，但是整體來看女生要權利和金錢的理由不是為了吸引異性，而是要過濾階層比較低的男性。女生的階級比較來自誰的伴侶可以給的比較多，不像男生是直接的比較誰有能力養比較多的配偶，女生的比較方式是集多少寵愛於一身。

假設古代某個國家一半人口中有 10 萬是女生，選 3000 名女生入宮，那宮中的女生就是集 3000 分之 10 萬的

寵愛於一身。如果皇帝又很專情的話，那就是集 1 分之 10
萬的寵愛於一身，所以後宮中所有的女生都用盡心機巴結
皇帝。所以才有很多清宮大戲的連續劇，諷刺的是男生自
己也喜歡這一類的女生。

當然這是世俗的階級，也就是動物階層的階級，正如
我前面說的我們有一半是神一半是人。就像在猴群中權利
對映著是配偶多寡，而強壯的老虎有比較大的獵場更能吸
引異性，而雌性老虎也願意被公老虎吸引，因為這意味著
有比較好的生活條件。

第三節　動態的資本和靜態的資本（看不破的紅塵）

任何事物都有動態的一面和靜態的一面，資本也一
樣，前面講的房地產，股票，債券，都是靜態的不會動的。
而資本因人而生，資本只存在於人與人之間，其他動物，
植物，是沒有資本的。當房地產、股票、債券，被人承接
之後，才會有動態的一面。

到底什麼是資本，你說鈔票，政府可以多印一點讓他
變廢紙；你說債券，政府可以多發行一點稀釋它的價值；

你說股票，可以靠立法來干涉它的價值，就算是最難撼動的房地產也可以用立法調整人口密集度讓土地一文不值。你說資本是鈔票不對，你說資本是債券不對，你說資本是股票不是股票，你說資本是房地產不是房地產。

那資本的用途為何？為什麼人要資本？人有一半是人一半是動物，在動物的性情中繁衍下一代會是人類其中一種很重要的動機，而有更好的社會階級，能讓自己的後代子孫有更佳的出發點，這是人之常情。

所以人要資本的原因，就是要更高的社會階級，因為社會階級，就在於以男性來說的話是是否能支配更多的配偶，當然今天法律禁止這麼做，這是好事，不過就算法律禁止一夫多妻，仍然阻止不了有資本或社會階級高的男性就是比較迷人。

沒有什麼是永恆的資本，唯一不變的是「我們藉由追求資本間接提升社會階級」成為更值得被愛的人的動機，而女生要資本的目的是因為這樣就有選擇有更好社會階層伴侶的權利，所以早期的女生是很被壓迫的，因為不能工作，會成為家中的負擔，很多婚姻是在自己沒有說不的權利下進行。不嫁人也不行，因為不能工作會養不活自己

賣窮

（說白了再爛的人都要嫁）。現代的情況不太一樣，女生有工作的權利，有累積資本的權利，伴隨而來的是選擇的權利。來找尋理想的王子。

女生的世界和男生不大一樣，女生的原始自我認同感來自有多少男性願意奉獻自己的資源或獻殷勤給她，所以很多女生爭風吃醋就是在比這個，而不是親自去爭取，這邊要特別說明有人獻殷勤和值得獻殷勤是不一樣的，如果有一個女生沒有男生願意多看她一眼，那她就是不值得獻殷勤的對象，如果有一個女生男生的目光願意多停留在她身上一秒，那她就是值得獻殷勤的對象。女生當然能在社會上打拼經濟獨立，台灣社會很多女強人就是如此，但就算事業很成功，說白話就是不靠男生。但是經濟上的獨立跟有沒有人獻殷勤是兩件事，女生大部分還是會想要成為值得被獻殷勤的對象，獻殷勤的手段當然要靠物質，因為物質最終是用來證明心意，沒有實際作為有話在心裡不說不行動，別人很難體會心意，所以鮮花、卡片少不了。

當然也不是誰獻的殷勤或資源都收下，獻殷勤的最理想的是有王子這種社會階級的男生，因為女生的自我認同感很大程度和自己的伴侶社會階級有關係。例如，在小說

傲慢與偏見中對女主角（伊莉莎白）獻殷勤的對象雖然有資本，可是沒有王子的貴族風範（葛霖）。

我們人類社會就在男生追求女生，女生想要值得匹配更好的男生的過程中進步，所以大家才會不斷努力打拼追求資本，不然如果大家都出家去當和尚、尼姑，社會的進步從何而來。當然，男生想要成為女生的王子，女生想要成為男生的公主，的過程中，就會產生出家人所說的世俗階級（紅塵）。世俗階級的流動會是人類文明和科技得以傳承的原因。

土地，股票，債券，乃至我們生活中的各種必需品起初是為了讓我們避免身體上冷、熱、餓、身體勞累，可是只要時間過久一點不可能不會發現，我們同輩尊重我們的程度，大大倚賴我們擁有，或被認為擁有，多少身外的財富。就產生了所謂的世俗階級。

扯了這麼多，那動態的資本到底是什麼呢？總之只要哪個男性對女生最迷人，或能讓女性選擇更好配偶的權利，那她（他）大部分的情況下會很有資本。這也是資本的用途。

賣窮

第四節　純愛

在非洲有個部落，完全沒有離婚的問題。男女雙方結婚都由部落巫師來指派。部落每個人都很相信巫師，男生完全相信巫師給自己指定的妻子就是最好的，女生完全相信巫師指定給自己的丈夫是最好的。並且不會再遇到更好的。

結婚誓詞是這樣的，男生願意學習去發現女生為自己做的一切有價值，女生願意發現男生給得起的一切有價值。

第五節　一半是神一半是動物？

在聖經中，人類因為吃了智慧之果有了判斷力被上帝逐出伊甸園。作者養過寵物，寵物之所以惹人喜歡，就是因為他能安慰人，不管今天做對事做錯事，沒人可以訴苦的時候，寵物還是會搖尾巴貼上來，而且知道人今天心情沮喪。人就像是寵物的上帝一樣，可是當寵物今天有判斷力的時候，他還會可愛嗎？明明很沮喪了，想要安慰，寵物卻告訴人這個對那個錯，原本無條件的支持沒了。人一

定有感情的需求，所以在感情的世界中沒有所謂的對錯，
所以很多無條件的支持親情、愛情、友情，本來就沒道理。
判斷力是只有神才能擁有的，就是所謂的理性。當理性和
感情衝突的時候就會誕生出人性。

賣窮

第三章

第一節　非世俗的階級，牧羊人理論

　　然而人畢竟不是猴子，也不是老虎，達爾文的進化論只對了一半。

第二節　邏輯

我們常說一個人講話沒有
邏輯，那邏輯是甚麼呢？

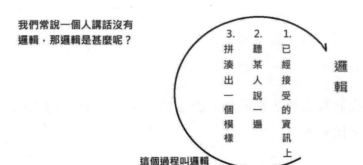

這個過程叫邏輯

拼湊出一個模樣的能力確實有高有低，但問題不大。第一個步驟中「已經接
受的資訊上」，第一個步驟是骨架，在我們吸收資訊的時候，能不能看出提
供資訊的人動機是什麼比較重要。　　　　　　　　　　　　　　　　　　【圖1】

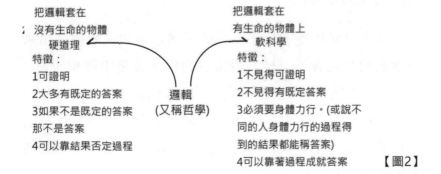

把邏輯套在
沒有生命的物體
　　　硬道理
特徵：
1可證明
2大多有既定的答案
3如果不是既定的答案
那不是答案
4可以靠結果否定過程

邏輯
（又稱哲學）

把邏輯套在
有生命的物體上
　　　軟科學
特徵：
1不見得可證明
2不見得有既定答案
3必須要身體力行。(或說不
同的人身體力行的過程得
到的結果都能稱答案)
4可以靠著過程成就答案　　　【圖2】

賣窮

我們常說一個人說話沒有邏輯，那邏輯是什麼呢？1
已經接受的資訊上；2 聽某人說一遍；3 拼湊出一個模樣，
這個過程叫邏輯。拼湊出一個模樣的能力確實有高有低，
問題不大。第一個步驟中「已經接受的資訊上」，第一個
步驟是骨架，第二個步驟是肉，第三個步驟是皮。（看圖
會比較清楚）

在我們吸收資訊的時候，能不能看出提供資訊的人動
機是什麼比較重要。

還有一個問題，我們在看別人辯論的時候總是會很欽
佩某人的邏輯鮮明，但是在辯論的過程中，辯論者是想單
純的討掌聲就麻煩了，講一句不太讓人舒服的話，不需要
學習的內容，總是比較容易獲得群眾的青睞。因為掌聲容
易矇蔽人的雙眼。

「在已經接受的資訊上」的不同，每個人所拼湊出來
的邏輯模樣也會不一樣。最常見的例子就是中醫和西醫，
例如「心肌病」中醫認為是食鹽攝入過高，飲食口味偏重，
常飲冰冷食物，冬季穿暖防寒不足，夏季常吹冷風或電扇
（作者不是醫生，有興趣自己問中醫師）。而西醫則認為
要換心臟手術。

換句話說中醫對「病」，「在已經接受的資訊上」是
建立在病人自己的生活習慣。

而西醫就比較著重在針對有問題的該器官直接治療，
都是幫人卻有不一樣的邏輯。

第三節　人的行為沒有所謂的對錯，只有自己已經接受的資訊

人的行為沒有所謂的對錯，只有自己已經接受的資
訊，因為人的舉動只會迎合自己「認為」是對的事情。人
類的進步建立在，發現我們已經接受的資訊上有瑕疵。然
後重新想像未來。

人類的進步不用想的太複雜，家庭關係、婚姻關係、
同事間的關係、的進步也是建立在彼此發現自己已經接受
的資訊上有瑕疵。

賣窮

第四節　85％的人 15％的人

　　在這邊暫時把意識層次較低的人稱為 85％ 的人，而意識層次較高的人稱為 15％ 的人，作者知道這邊會打破讀者人人生而平等的概念，可是人類社會的進步是「牧羊人」的概念。也就是少數的牧羊人引導一大群羊。例如佛陀、耶穌，都是牧羊人中的最高級的。大概 100 隻羊中會出現 15 個牧羊人，當然，牧羊人中又再分層次更高的和層次低的。85％ 的人沒有儲存社會價值的能力，而 15％ 的人有傳承社會價值的能力。更精確的說 15％ 的人會獨立思考，85％ 的人認為的思考是以他人為榜樣（這個人的財富多寡、住的房子、有沒有官位、學歷、有沒有名氣上電視、老婆多不多、老公夠不夠有錢，都算榜樣）。

　　人的意識層次，可以一分為二。分成意識層次比較高的人，和意識層次比較低的人。

　　在非世俗階級這邊，我們把人的階級、等級，看情況也會說成「意識層次」「註1」這個詞，是為了方便把抽象的「非世俗階級」和之前說的比較具體的「世俗階級」做個區別。人的程度有高有低，有的高低具體，有的高低

抽象。意識層次的高低並不是取決於有多少身外的財富和有多高的社會地位。這種意識層次的高低取決於關心的範圍廣泛或狹隘。

最直觀的就是德蕾莎修女，據說她的辦公室只有一張桌子和兩張椅子，她的念頭只有這世界上還有誰沒被照顧到。如果以世俗階級中的定義，修女是甲級貧戶。

但是以關心範圍來決定人的等級高低，修女是聖賢級的人，會自然尊敬她，並且沒有為什麼。

已故霍金斯博士「註 1」做過實驗當德蕾莎修女走進一間屋子時，屋子內所有人的腦波瞬間改變，屋子內的人一致認為心中只有喜悅，沒有任何壞念頭產生。

85％的人只能接受硬道理，15％的人能接受軟科學。（參見第四篇第三章第二節【圖 2】）

生活品質比較優越的一方比較容易主導「時尚」與「潮流」。這裡雖然說是時尚和潮流。但大家可以想成是價值觀，簡單的說大部分的人是以結果論定好壞，而很難看到是自己正在創造出價值。

賣窮

　　價值觀是一種選擇的權利，資本扣掉基礎消費後剩下的資本挹注何處就決定這個人的價值觀。所以在前面貨幣的部分我幾乎都是用必需品，現在要逐漸從「生存」的消費進階到「生活」的消費。我知道眼前的這個人一定要吃飯，但我不知道這個人吃飽後要去幹什麼？那要怎麼了解眼前這個人的意識層次？就是看他吃飽後把錢花在何處。資本扣掉基礎消費後錢花在何處（基礎消費這裡指，吃的、住的、穿的，乃至確定自己的後代有好的人生起跑點給自己孩子的遺產，讓他有好的人生起跑點，讓自己的孩子不要恨自己這是人之常情，作者自己也不是吃素），之後，就能反射出一個人內心深處的價值，簡潔的說「花錢的行為」或「消費習慣」是照妖鏡。

　　跟賺錢一樣重要的事，是怎麼花錢，相信這樣講原本不具體的價值觀或意識形態就更具體多了。選擇的權利就是一個人在有說「不」的權利情況下，所做出的決定。這個決定，將決定這個人是否有美德。複習一下前面的法律，法律是有逼迫性的，所以法律沒辦法培養出美德。

第五節　自己動手做實驗，找出商品和消費者之間的可重疊性

　　找出商品和消費者之間的可重疊性。最明顯的例子就是飯不能不要吃，韓劇能不能不要看。當吃飽喝足後這個人就去看韓劇，代表他把時間花在韓劇上，時間也是和金錢同等級的東西，代表他認為韓劇有價值，韓劇的內容會和這個人的行為談吐起呼應，看一個人休閒的時候也一樣能反射出一個人的「價值觀」。有趣的是看韓劇的人會和看韓劇的人起呼應。

　　已故霍金斯博士（參見註 1），把人分成 17 個等級，在這邊把他的見解粗略的分成 85％意識層次較低和 15％意識層次較高的人。剛開始作者也認為這見解是胡扯，但當作者拿起遙控器開電視發現大部分都是不用學習去理解的內容（包括新聞）和韓劇的時候，覺得霍金斯博士不是胡說。

　　然而這麼多不用學習去理解的內容到底是播給什麼人看呢？仔細看從第一台轉到一百台，需要學習去理解的節目內容也差不多是 15％，而不需要學習去理解的節目差

不多是 85%，作者不信邪！打開社交網路軟體去看點閱率高的內容和留言紀錄多的內容，也差不多是這比例。

　　這邊針對的是 85% 的人的消費習慣和價值觀，因為今天要賣個商品，正常情況下是賣給 85% 的人，所謂的時尚和潮流都是由 85% 的人覺得這個商品有價值而生產的。例如韓劇，很多人愛看，而另外意識層次較高的 15% 的人「不構成市場」，所以我們今天才有所謂的「韓風」。

　　當然不只是韓劇，只要是任何要買不買都沒關係的「選擇性商品」也都分成 85% 和 15%，不只是人對照著商品，貨架上的商品也能對照人的消費行為，商品和人是一種「共鳴現象」，最直接的例子是各種八卦雜誌的銷量比科學雜誌（牛頓雜誌）好非常多。在後面八卦資訊理論那節會聊到資訊的傳播力和內容深度有關係，也順帶是對牧羊人理論的補充。

第六節　羊群理論

　　自信的來源分成內在的和外在的，比較有自信的人相信自己的理由是來自內在，比較沒自信的人相信自己的理

由是來自外在，所以對於 85％的人來說，不能用共同的話題形成自己的社交圈就會很沒安全感，這或許就是為什麼「形成共同的話題」會這麼重要（作者自己有時候也愛講八卦）。人不只有理性的層面也有感性的層面，而理性的行為是什麼？也就是能不被道德和悔意給左右自己的行為，如果只有理性沒感性的話就叫沒人性。人一定有情感的需求，所以不能說看韓劇和看八卦雜誌的人是笨蛋。

不得不承認，人在更多的場合，感情的交流會比事實的傳遞更為重要。在很多工作場合感情的協調和工作效率密不可分。

第七節　是誰主導時尚和潮流

而為什麼說生活品質比較優越的一方比較容易主導時尚和潮流，例如穿西裝的習慣是怎麼來的？西裝的價值為何？那是因為西方人的生活品質還是比我們好，所以穿西裝會讓自己有一種高貴的聯想，只要穿著西裝就像 007 有私人飛機可以搭。換到對立的角度，為什麼不穿伊索比亞的傳統服飾？因為會讓人想到骯髒、落後。在我們的教育也有一樣的問題，學習語言方面，台灣台北市永春高中

引入「法文」的課程（第 2 外文）。照道理來說和台灣貿易往來比較密切的是東南亞的國家，法國往來其實比較少，不去學印尼文、泰文、緬甸文，只是因為學法文，會讓人有置身在法國的感覺。可以證明人在面對物質條件比自己好的人時，是多麼的懦弱和獻殷勤。這種懦弱與現殷勤也是作者訂定意識層次的基礎（第四篇第三章第四節有講到榜樣）。

物質的體現也是一種人類對階級的欽佩，能得到比自己階級高的人所用的物品（例如首富用什麼家具、開什麼車，大家就會跟著用），象徵著自己脫離貧窮。

第八節　選擇性市場的形成

85％的人來說所謂的有意義，只是證明你有多貧窮和我有多富有。85％的人沒有儲存社會價值的能力，而 15％的人有儲存社會價值的能力。

我們今天的文明、價值觀，主要是靠過去至今 15％的人儲存（傳承）下來，對於 15％的人來說比較容易發現除了所謂的證明你有多貧窮和我有多富有以外的第三個答

案，簡稱智慧。所以例如最直觀的神職人員、運動員、武道家、藝術家、音樂人，你會覺得他格外有魅力，得到的物質和身份地位，對他們來說只是為了幫助別人的工具；分享自己發現的新價值的工具；或豐富自己閱歷的必要工具。更確切的說，雖然是人都會比較，但這種高層次的競爭，不是貪圖物質上的享受。

人意識層次的高低來自關心的範圍，關心別人的人不一定住豪宅開名車，但絕對影響一輩子是否多采多姿。

不知道各位有沒有去算過命的經驗，算命師從頭到尾不是在看誰算的準，而是在看誰算不準，也就是說他們在看眼前的這個人關心的範圍有多廣！作者打個比方，如果來算命的是個收入還不錯的公務員，假設這個公務員從學生時代就都過著重疊性很高的考試生活，成年了考取了公務員，日復一日年復一年直到退休，說這種人自私不對，應該說他關心的範圍狹小。如果這個公務員去算命，條件是算命師對這個人有一定的認識的情況下，可能就送他一句「永保安康」。其實就算不會算命師的紫微斗數，一般人用大腦去想，有一個人今天過的和昨天一樣，昨天又和昨天一樣，總之從出生那天到今天，每一天的重疊性都很

高。誰來都算的準。哪能有什麼多采多姿的變化？（這邊作者特別強調算命師說話通常態度會有彈性不會鐵口直斷，因為沒有人能精準知道眼前的這個人將來會有什麼機緣，也就是說不知道什麼時候會跳躍成 15％的人，甚至殺人犯的意識層次都可能在一秒之間，從最低跳躍至最高。）

　　但如果被算命的是一個音樂人，也許生活有一餐沒一餐，但交友廣闊，學生就算沒錢繳學費也傳授樂理，相信自己的理由是每一件曾經做過的事，並且靠著相信自己推廣音樂的價值，說這個人笨不對因為他關心的範圍比一般人大。那算命師可能送他一句「多采多姿」。也就是說眼前這個人算不準。

　　如果說人生（被算命的人）是一部無限相片組成的電影，分成可預測劇情和不可預測劇情，算命師只是觀眾，上帝才是導演。舉個例子，例如電影浩劫重生（Cast away）就是不可預測的劇情，作者原本以為男主角查克會找到女主角凱莉，並且結婚。誰知道找到凱莉後還要學著怎麼失去她，人什麼時候從可預測變成不可預測，誰都不知道。所以算命師不一定算的準。各種以科學之名，預測未來價格的財經分析師也一樣。

市場的形成是先從 85%等級的人開始（參見註 1），等到 85%的人都認為他是有價值的後，才逐步一個階級一個階級的向上擴散至所有 15%等級的人。羞愧 17 級、內疚 16 級、冷漠 15 級、憂傷 14 級、恐懼 13 級、慾望 12 級、憤怒 11 級、驕傲 10 級，17 級～10 級的這些形成所謂的市場，不管是各種選擇性的商品、韓劇、娛樂、目前大多的新聞或媒體都是以 85%的人為根基，然後向等級 9～1 級的人向上逐步擴散，勇氣 9 級、淡定 8 級、主動 7 級、寬容 6 級、理智 5 級、仁愛 4 級、喜悅 3 級、寧靜 2 級、開悟正覺 1 級。9～1 級的人要麼是被數量太多的 85%的人影響不然就是跟著被同化。跟我前面催眠那章說的三人成虎意思一樣，一個 85%的人說街上有老虎，還能如如不動，可是當有 85 個人跟你說街上有老虎的時候，很難不為所動。等級越高的人越不容易被影響，甚至可以影響等級比較低的人，換句話說，要影響越高等級的人，需要的人數就越多。9～1 級要麼不是跟著被催眠（不是不被影響而是比較不容易），不然就是無奈只好跟著相信。就好像紙幣一樣，就算是少數等級到達理智 5 級的經濟學家，明知道發行紙鈔的政府已經破產，但不用紙幣買東西實在不可能。

賣窮

　　有趣的是勇氣 9 級是 15％的人的最低門檻，一個 85％的人要跳躍成 15％的人代表他這輩子至少做過一件值得被讚美的事。

　　100 個勇氣 9 級的人會有 15％的人向上提升成→淡定 8 級的人，100 個淡定 8 級的人會有 15％的人向上提升成→主動 7 級的人，100 個主動 7 級的人會有 15％的人向上提升成…（依此類推… →寬容 6 級→理智 5 級→仁愛 4 級→喜悅 3 級→寧靜 2 級→開悟正覺 1 級。）

　　如果是商業競爭的話，通常是 15％的人才有能量催促市場（換句話說 85％的人是市場），15％的人和 15％的人在互相爭奪市場時，會在一方市場還沒形成前，其中一方就會去把他破壞掉，最常見的例子就是可口可樂和百事可樂。而台灣的選局也是一樣的意思政治人物通常都是 15％的人，所以才有能力影響 85％的人。

　　（特別說明，15％的人不見得都是好人，由於 85％的人沒有質疑的能力，往往被走偏了 15％的人利用，也就是「墮落的賢者」。把自己的利益說成是勵志，讓別人去努力。）

第九節　必要型消費與選擇性消費

　　必要型消費與選擇性消費，今天催促市場的形成主要是指後者選擇性消費，必要型消費催促起來就比較輕鬆甚至不用去催促，怎麼說呢？例如吃飯，人不吃飯會死，在這種情況下，賣飯的人就算不用打廣告也會有生意上門。沒穿衣服會很冷，賣衣服的人就算不用打廣告也會有生意上門。沒房子住會凍死，賣房子的就算不用打廣告也會有生意上門。人總要走路吧，自然會有人去造橋鋪路。總之能夠滿足我們，眼睛、鼻子、嘴巴、身體的觸覺、耳朵的聽覺，能產生愉快作用的，基本上都能歸納為必要型消費。這種市場不大需要花心力去催促自然會成形。

　　那什麼是選擇性消費呢？當今天這個人吃飽、穿暖、有房子住、能走路後，會把自己的錢花在什麼地方，就是選擇性消費。

　　催促市場的形成可以看成，怎麼去影響消費者的選擇權利。而所得到的價值越是抽象所付出的資本與時間就越是龐大，例如音樂班裡面，對每個學生來說所得到的價值很抽象，但這個抽象的價值又這麼必要，因為一個人做的

賣窮

事情產生的價值分成兩個部分，有限的生命有多少時間做自己喜歡的事，和有限的生命有沒有帶給別人喜悅（跟我前面說的埃及的故事類似），外在的價值比較偏向我第一篇最後一章的那部分，說的價格是任何人都可以體會的部分（注意：我在第一篇最後一章說的是有價值的東西「不一定」有價格）。

而有沒有帶給別人喜悅，可以看成是取悅別人得到的快樂，和取悅自己得到的快樂不同，例如考名校讓家裡的人有誇耀的價值（因為目前台灣普遍還是認為考試的分數等於將來的收入），是因為家人高興自己才高興，但家人並不知道你自己不愛這間學校。又例如，女生自己不愛化妝出門，化妝是因為和丈夫一起出門時，丈夫才會有面子，是因為丈夫高興自己才高興，丈夫不知道其實有沒有化妝妻子自己都沒差。

人或多或少一定要帶給別人喜悅，有能力帶給別人喜悅當然是好事。但也一定要自己帶給自己喜悅，帶給別人喜悅與帶給自己喜悅之間要取一個平衡。而所謂的抽象價值只有自己才懂，怎麼說呢？例如彈吉他難免彈到手抽筋，別人來看一定覺得傻子，甚至是跟自己親密的家人也

因為沒參與樂團也無法諒解,但是從音樂得到的喜悅(就算沒像貝多芬那麼有名)只有親自參與每一次上台演出的人才懂,就是抽象的價值。不完全以討掌聲為前提的情況下很多畫家、音樂人、神職人員,都在做自己喜歡做的事情,所以他們的生命不但自己很豐富還能豐富他人(當然自己做自己喜歡的事情不是沒有代價,包括忍受別人的冷嘲,和承擔別人的不諒解)。

然而作者還是要聲明,雖然說關心的範圍決定人的等級高低,不過如果一個人只會關心別人不關心自己的話,沒這種東西,這種東西是所謂的神格化,我們則是人,我不否認人或多或少都會自私。矛盾的是一個人在愛自己同時也要學會愛別人,不然永遠不會知足。

賣窮

第十節　當生命沒有生存以外的價值，那會變成什麼？

　　然而人畢竟不是猴子，也不是老虎，達爾文的進化論只對了一半。人跟動物的區別在於人會去思考生存以外的價值，生存以外的價值是什麼？只要扣掉，吃吃喝喝、性愛玩樂、發財賺錢、爭寵鬥妍、這些世俗的目的，剩下的就是我說的生存以外的價值。

　　我講的 85％ 的人和 15％ 的人，意識層次的高低是來自關心範圍的，不同於我在如果電話亭說的階級。意識層次這個等級是會「浮動」的，只要是人，有時候會跳到 85％，有時候會跳到 15％，例如當這個人想著性愛玩樂時那他會變成 85％ 的人，而當這個人想著更高層次的目標時，例如幫助別人，他會變成 15％ 的人，會變來變去。不是要否定吃吃喝喝、性愛玩樂，人或多或少都有慾望這不可恥。只是會不會「經常」處於 85％ 的等級，和會不會經常處於 15％ 的等級。人是這兩種狀態的混合體，就算是經常處於 85％ 的人也不至於完全喪失進步的可能性，經常處於 15％ 的人也不可能完全沒有下作的慾望，也就是說沒有「純」的。這邊特別強調雖然人類社會的進步是「牧羊人」

的概念，可是 85％的人並非不值得來往，因為 15％的人
都是從 85％進步而來的。

　　有一次作者在花蓮一間寺院中，看著一群狗（這間寺
院養了 40 多隻的狗），住在寺院當然要幫忙打雜，其中
包括餵狗和清理狗窩，發現狗跟人一樣，也有自己的小社
會，地位比較高就佔較舒服的位置，地位比較低的就睡地
板，有食物就來沒食物就走。

　　當生命沒有生存以外的價值，那會變成什麼？

　　人之所以會進步依賴兩個東西 1 是「智商」2 是「好
奇心」，智商是一種瞬間的記憶能力，可以在越短時間內
背誦下越多的東西，那他的智商就越高，智商大部分先天
就已經注定了。可是往往忽略第 2 個東西，好奇心，著名
的天才愛因斯坦（4 歲還不會說話），過世後把他的頭剖
開看，結果讓人失望，發現跟我們一般人沒兩樣，得出一
個結論人類的進步除了可測量的智商以外，還有不可測量
的好奇心。

　　社會科技、哲學之所以會進步主要也是歸功好奇心，
智商當然也很重要但是次要。怎麼樣讓車跑更快；怎麼樣

才能在天上飛；怎麼樣才能創造更好的經濟制度？怎麼樣；怎麼樣；怎麼樣？

不斷的問號，如果只是日復一日做一樣的事，沒有好奇心的話現在可能還停留在石器時代，我們必須承認我們之所以會進步是因好奇心，如果一個人沒有好奇心在他身上看不見進步的價值。而什麼都講求最大產值與分工是必要的今天，過度的分工殺死了這份價值。最好觀察的實例就是日復一日的便利商店員工。謀生手段越來越單一化，和過度機械式的分工的社會，剝奪好奇心，讓人不利於發展自己的悟性。所以整體上來看台灣還是很難在創新科技上取得成就。

第十一節　非主流又是事實

很遺憾我們的所得並不是按照「才能」來決定。經濟學就像我前面說的一樣「怎麼樣用我有的東西換到我沒有的東西，並且換到最多」，今天公認經濟學鼻祖亞當斯密在 200 年前把經濟議題變得像牛頓定律（1643～1727）一樣，認為一切都強調實質的，眼睛可觀察到的才是真理，我在這邊必須花筆墨講解「科學」是什麼，當 15 世紀地

理大發現證明了地球是圓的，使得「神學體系」開始崩潰，人們不再相信任何以神為名的神職人員（當然也包含了不肖的江湖術士），轉而相信自己的眼睛，認為任何真理一定可以眼見為憑，並冠上了一個不錯的名詞叫「理性」，反之不能眼見為憑的事物就視為怪力亂神或不理性。

今天所謂科學強調的是「證明」，然而科學的涵義其實不只侷限在眼睛看得見的東西，講到科學大家可能會先想到智慧型手機、汽車等這些東西，確切的說這些東西應該叫「科技」。是將技術和科學融合的產物並帶給人們方便。他算是科學嗎？恩…有一半確實是。並且「科技」的特性本來就是眼見為憑。

我舉個例子，公元 2000 年發明了智慧型手機，在 1980 ～2000 年研發的階段叫科學（科學家研發，還在設計藍圖的階段，看不見或看不懂），而 2000～2020 年享受著手摸得到的智慧結晶，叫科技。

也就是說，科技是可以拿出來給別人看的東西。但如果是「感受」或「想像」的東西，就偏向哲學或數學。例如婚姻關係，在婚姻關係中老公的霸道會影響夫妻之間的關係，老公看了一本婚姻哲學的書，並且發現自己的行為

有瑕疵，改善了婚姻關係。這就偏哲學，因為自己的婚姻關係要怎麼拿給別人看？

數學就像我在第二篇第二十二章介紹數學家芝諾講的一樣，是想像出來的。但還是「拿」不出來給別人看，所以是數學。

科學的前身，其實是「哲學」或「數學」，與其說科學是讓人相信自己的眼睛不如說科學是讓人先相信自己的腦子，或說腦子重於眼睛。一切由心想生，任何事物例如在航海時代準備繞地球一圈之前也一定有某種理論基礎才敢這樣做，最後一步才是證明地球是圓的。

科學是一種把問題問到底的勤勞態度，對於眼睛看不見可是已經存在的道理，證明或眼見為憑不一定有意義，大家把科技和科學混為一談，確實有些東西可以用眼睛去思考但不是全部，例如親情、友情、乃至我前面說的道德，不是用證明可以去解釋的，他是一個過程。科學只是一個指南針，往這個方向去走一定會到達南方，但中間的阻礙高山、峻嶺能不能使人達到目的，不知道，可以做的是享受這個過程。

　　然而科學和宗教一樣，都有分上等信徒和初等信徒，怎麼說呢？當這個人一切都欠缺思考，只懂得以他人為榜樣，而不是經過自己腦子過濾得到的結論，那他算是初等信徒。而如果是一種把問題問到底的勤勞態度，那他是上等信徒。換句話說沒有上等信徒和初等信徒之分，只有懶惰和不懶惰之分別。

　　宗教和科學是一樣的東西（可參考第四篇第三章第二節【圖2】），只是證明的方式不一樣，一個是親身經歷，另一個是共同見證。可以親身經歷的東西不一定可以共同見證。初階信徒主要都是眼見為憑的人。高階信徒會從眼見為憑的結果向下挖掘，至行為，再來是動機（從結果→行為→動機）。

　　大部分的人依賴的範本和規範很大程度上是強調「實質」，就是看得到、聽得到、嘗得到、摸得到、聞得到的都算，不外乎，任何有價值的東西也都以這個為標準，但是又不能否定實質的東西沒價值，因為實質的東西遷就到人原始「生存」的本能，食物、土地比較多在我們的本能中就是有較優質的生存條件和擇偶權利。所以去學校上課所學習的「才能」伴隨著能不能得到更好的物質條件，於

賣窮

是我們的價值觀就這樣被塑造，才能等於好的物質條件，沒有好的物質條件等於沒才能。無怪乎，在台灣父母會鼓勵小孩念「理科組」而不是念「文科組」，最常聽見的就是念理科組將來工作好找，念文科將來做什麼？

　　一定是先求有再求好，一定是生活不虞匱乏後才有餘力去發展生存以外的價值，我想說的是我們現在仰賴的規範和價值觀仍然停留在 200 年前那個還在為了生存奮鬥的年代，說白一點就是現在已經脫離了有飢荒的年代，卻還在用過去的價值。時代改變了、工具也改變了、沒人餓死了，可是人的腦袋沒變。只有動物沒辦法看見生存以外的價值，我們常說一個人沒有文化，文化「註7」的深淺來自這個人或國家除了生存以外體現出來的價值，文化之所以那麼迷人是因為那是一種不存在動物界的價值觀，會讓人想起自己流著另一半神的血。今天的標準先求有再求好，應該要變成，為了更好才求有。

　　例如，日本的「茶道」，有的人認為不就是喝茶嘛，像喝開水一樣，幹嘛搞的繁文縟節這麼多？

　　茶道的始祖是千利休，把自己的誠意表現在茶湯上的藝術就是茶道，茶道的本質在於對人盡最大的誠意，千利

休認為，人的生命很難掌握，即使現在一瞬間很健康，說不定幾個小時以後就會突然發生意外。所以說，茶道追求的精神，在於人與人相處的瞬間僅此一刻，要把握機會將誠意表現出來。而禮節跟茶道具反應出的是那份心，而欠缺誠意的動機或只是想向別人炫耀自己的茶道具，或誇耀自己精通茶道禮節，就變成徒具形式，不符合茶道本來的精神。茶道的精神在於展現真心沒有嬌飾的美學。

沒有文化的人當然很難理解繁文縟節下的含意。

而日本的劍道也不例外，當拿著用了十多年才壞掉的劍道護具回去找老闆（老闆是台灣人在日本拜師）修理的時候，老闆很驕傲的說：這是我做的，我做了一輩子。劍道的裝備從二戰至今沒有太大幅度的修改，也就是說被打到會痛，很多人覺得為什麼科技如此發達的現在卻不去改良這種上個世紀的裝備？因為改良劍道裝備時，會少了傳承的美德，裝備就只剩金錢味，日本其實很刻意在培養適合文化產業生長的環境。如果說賺錢是適者生存，賠錢是淘汰，那日本的智慧就是在賺錢和賠錢中找到第三個答案「文化」，而這種觀念讓競爭力有了新的定義。

第四章

第一節　牧羊人理論（出版印刷前一天）

　　我雖然說 15％的人有儲存社會價值的能力，85％的人沒有儲存社會價值的能力。

　　可是 15％的人又是「為了」85％的人傳承社會價值。我承認這樣說很奇怪，雖然 85％的人資源被 15％的人吃掉，可是傳承社會價值的美德又回到 85％的人身上。無限循環。85％的人憑空享受著 15％人傳承下來的文明價值，所以終究沒有誰高誰低。所以美德只存在 15％的人身上，可蘭經、聖經中的奉獻是人最高的價值，佛教中則稱為法做親證，就算科學家也是把自己的成就留給下一代，都是傳承人類文化的美德。作者不是怪力亂神，只是真的想不到妥當的修辭，85％的人傳承是肉體 15％的人傳承是靈魂「註 9」。沒有肉體靈魂也沒辦法儲存。

由於 15％的人又是「為了」85％的人傳承社會價值（白話：美德存在於有能力奉獻的人，並且做出奉獻）。值得被讚美的行為不一定是最高世俗階級的專屬，例如總統，或身價上億的大老闆。所以不一定是要總統階級能做的事能造福千萬人才叫值得被讚美的行為，就算是收入平平的卡車司機撐起一家四口的生計也是值得被讚美的行為（女兒有輕度亞斯伯格症），就算不幸的賣身女養活自己的孩子也是值得被讚美的行為。

有輕度亞斯伯格症的女兒一定沒有儲存社會能力的價值，可是！自己有沒有儲存社會價值的能力是決定在於自己有沒有「為了」（老到死）照顧有輕度亞斯伯格症的女兒，當選擇獻身的時候一切又都有了價值，很多負責特殊教育的教職員也是同理，在西方這叫騎士。

第二節　傭兵和騎士

為錢辦事的人是傭兵，奉獻是騎士，今天聽到傭兵總是會讓人有剽悍的想像空間，因為他們有能力奉獻，只是沒有選擇奉獻，那幹過姦淫擄掠的傭兵就沒有得到美德的機會嗎？16 世紀瑞士傭兵團，在天主教皇被襲擊的時候，

賣窮

在可以選擇逃跑時，決定掩護教皇撤退，陣亡率約 4 分之 3，所以原本不受人尊敬的瑞士傭兵團，已從傭兵昇華成騎士。梵蒂岡至今特別保留傭兵這個字眼是想告訴人們，每個人都是從 0 開始。

幹過姦淫擄掠的傭兵都能得到救贖，何況默許一切的人呢？台灣現在充滿了有能力保護人的傭兵，但我們很缺乏無條件奉獻的騎士。

為什麼我一直說，怎麼花錢（扣掉吃的住的穿的乃至給自己孩子不會有太糟的起跑點的遺產），可以決定一個人是怎麼樣的人呢？因為錢是一種選擇的權利，美德只存在有選擇權利做的決定，每一次的選擇都會決定自己變成什麼樣的人。是值得被讚美或值得被譴責？

換句話說，在有逼迫條件下做出值得被譴責的事情，不一定值得被譴責。例如，不幸的賣身女不從事性交易的話養不起自己的孩子。或戰爭時的軍人用武力奪取他人性命，即便自己不願意，但沒有選擇的餘地。

第三節　價格的儲存和價值的儲存不一樣

　　所有的美德通通和奉獻脫不了關係，所以說教育是奉獻，孝順是奉獻，婚姻是互相奉獻，保衛國家是奉獻。所以我們花錢購買各種設備給啟智學校弱勢團體的學生使用，得到的並不是價格的儲存，而是價值的儲存（像我第一篇第十四章說的）。和購買房地產投資股票不一樣。為什麼有些人就算家財萬貫，有房地產、社會地位高、大股東、學歷高（學歷和學問是兩回事）還是稱不上值得被人讚美，因為他們沒有「為了」，他們儲存的是價格而已，死後定遭人遺忘，因為一個沒有傳承價值能力的人他的痛苦沒人可以分擔喜悅沒人可以分享，當然就不存在。所以台灣政府花錢在弱勢團體上傳承的是價值（題外話，當然弱勢是怎麼產生的更重要）。

　　奉獻之所以在美德中有最高價值，是因為不知道付出後會有什麼結果。未知是人深層的恐懼，已經知道會有好的結果去做那件事那不是美德，因為在動機裡那是喜不喜歡的問題，就像我前面講的梁武帝貪圖功德意思一樣。每個人當然都想要獲得掌聲這是一定的，想要在他人眼中有

賣窮

美德這是一定的。問題在於怎麼戰勝「不知道」付出後會有什麼結果。戰勝的話就是對不對的問題。麥克阿瑟將軍說只有不怕死的人才配活著。其實應該是，我就算每一次都很害怕我還是這麼做了。

第五章

第一節　富裕國家的指標

　　評估一個國家是否富裕，是平均每一個國民（尤其是最弱勢的那一群）的購買力是否提升與長期的生活水準。怎麼說呢？也就是收入純粹是來自工資的人（也能說勞務所得），他們的生活型態是不是有越來越多元，例如一個領工資為生的人，他是否下了班還有餘力去參與賺錢以外的事物，像運動、藝術、文學等…，簡單的說富裕國家的受薪階級，是不是除了賺錢還是賺錢。

　　如果很幸運的，受薪階級的生活越來越多元，在這個生活越來越多元的期間內，被生產與被消費的商品與服務也越來越多樣化，原本受薪階級的薪資只夠應付食品為主的單一消費型態，逐漸被更多元的消費型態取代，也就是

說受薪階級不只是能活著就好，還要有能選擇活得更好的權利。

台灣經濟起飛時就有這樣的縮影，很多遊樂場，主題樂園，保險業，服務仲介，各種五花八門的消費型態就是在這樣的背景崛起。越來越多元的這個期間內，代表了受薪階級（也能說社會大眾），消費的選擇不一定只在選擇「價格可儲存的商品」而也會選擇「非物質性的商品或服務」，就像我前面說的日本很刻意在培養自己文化（有人覺得作者講話拐彎抹角，簡單的說：重質也要重量，「質」是用腦袋想像、「量」用眼睛就能思考）。

只有願意接納新的價值，新的市場新的消費型態才有萌芽的機會，而為什麼新的消費型態如此重要，因為物質為主的消費型態是有限的，而非物質性商品與服務產生的價值是無限的，必須體認一件事「物質只是為了幸福而存在」這是從古至今的經濟學都沒去討究的問題。

在現代的思想家、政治家、甚至新經濟學家，都呼籲要用ＧＤＨ（gross domestic happiness，國內幸福毛額）來補充ＧＤＰ（國內生產毛額），我舉個例子，新加坡每個公民生產毛額，平均總產值為 56000 美元，比哥斯達黎加

14000 美元還要多，照理來說新加坡人應該要比哥斯達黎加人快樂 3 倍。可是在一次又一次的調查中，哥斯達黎加人幸福指數，都高於新加坡人。這是個很簡單的問題，你快樂嗎？

　　在兩個世界的台灣，收入能力（錢怎麼賺）可以勾勒出一個人的生活型態、競爭關係、交友圈，這是外在，能看出的東西有限。有錢當然不犯法，但錢怎麼花就是問題了，錢花在什麼地方決定人受不受尊重。那一般人錢怎麼花呢？這是個很私密的問題，這完全扯到一個人的深沉的習性。從一個人在公開場合說什麼話、做什麼事來判斷這個人的人品實在有限，明白這個人私底下錢花在何處，人品將無所遁形。作者在這邊質疑台灣立法的動機偏袒「不犯法的偽善者」。難怪個資法這麼重要。而立法委員是我們自己選出來的更是心痛的問題。解決問題的辦法，除了提升國民的分辨能力選民能不能看出拋頭露臉的政治人物的背後有債權人的影子，能解決以外。就是至少財務要有一定程度的透明化，或公布成立法案後最大的既得利益人（自然人）是誰。

賣窮

「透明化」不用想的太複雜，只要想著：錢從哪裡來；錢從那裡去。檯面上的政治人物是由誰（自然人）的資金支持，每一個法案通過後、政策決定後最大既得利益人是誰。當然，當資本大到可以跨國移動的時候，國內的稅制是沒有用的，不過倒是可以透過一定程度的透明化明白債權人（自然人）是誰。就好像糖果屋一樣，如果說靠著一路上丟下的石頭可以找到回家的路，那靠著回溯金錢的來源，多少可以找出蛛絲馬跡。

確實應該用非暴力的透明化檢視這些為富不仁的偽善者（第一篇第三章第十六節），剝奪他們被社會認同的可能性（第四篇第二十章第三節）。

很多被生活壓的喘不過氣來的人，或說工作就是世界的人，很難想像另一個世界的人，去歐洲旅遊一個禮拜刷卡就能刷 200 萬台幣，還在大學就讀的官富二代一台重型機車 72 萬台幣是交通工具，別人來看他們應該是很快樂（如果是一個在便利商店打工的人 72 萬不知道要存多久），可是他們另一個世界的人真的像表象上看起來這麼快樂嗎？背後有很多空虛、寂寞、找不到自我，因為他也許很愛畫圖，但他沒時間可以畫。他也許很喜歡看電影、

插花，但沒時間培養自己的興趣，因為他的人生已經被他的叔伯兄弟，和鄉親前輩決定了。

100 個人中有 85 個人看不出來的，身為人快樂和痛苦的條件是一樣的，有物質上的滿足當然很重要，奇妙的是有物質竟然可以和快樂是兩回事。

第二節　價值觀的更多元意味著接納他人的程度更廣了

這是個天真的想法（可參見第四篇第二十四章最後一段），物質能滿足心靈的程度有限，我們都想要被他人接受或被他人注視，如果說這個被他人注視的標準只能以有限的物質為標準，那證明卓越的方式就只有一種。價值觀的更多元意味著接納他人的程度更廣了，所謂的富裕國家不過也是如此而已。例如「運動」在台灣，被認為只是維持身體健康的手段。可是在歐美運動同時是維持身體健康的手段，也是證明比別人卓越的手段（用體魄證明）。所以各項運動產業在歐美地區推動的比台灣順利。當然啦，很多數學、純科學、文藝、音樂也是同理。

賣窮

　　有的時候要形成輿論，聽不懂比聽得懂重要，因為聽不懂所以才覺得很厲害，聽得懂就沒什麼了。例如我們的很多 T 恤上都印著英文的 LOGO，The sun is shining on me，意思是陽光普照我，因為看不懂所以覺得很厲害，可是如果把「陽光普照我」，印在 T 恤上，可能不太有人去穿它了，因為看得懂就覺得沒什麼。（有些甚至把髒話穿在身上）

　　前面講的，證明卓越的方式可以不只一種，意思就是「多元文化」、「多元價值觀」、「人生獲得掌聲的方式不只一種」。我們的社會表面上是多元實際上是「單元」，也就是「單元」的只承認物質，一切的價值一定要有物質作為衡量價值觀的手段。

　　這時候多元文化和多元價值觀的重要性就越來越重要。也就是說如何讓他人發現自己做的每一件事都有價值；與「如何」發現他人做的事情有價值，2019 年的現在經濟學早就應該要從計算物質跳躍至討論精神層次。當所有人眼中不再只有物質的時候，資本（或儲蓄）自然不會只流向物質性的投資標的，所謂的景氣不好指的並不是沒有錢，而是資本、儲蓄、游資，過度集中在某個地方，例

如房地產、股票。進而讓新的事物和功能無法誕生，因為新的事物和功能在剛起步時（成長期）一定需要資金挹注，雖然這跟想催促出新市場的資本家個人財力很有關係，可是當大家都不去買它的時候再龐大的財力都無可奈何，總之巧婦難為無米之炊，例如我們的蘋果智慧型手機（在2008年推出時，就是我所說的新的事物、新功能），大家都不去買它，蘋果的財力再雄厚也沒用。

有趣的是，到底是新的功能先誕生，創造了資本（蘋果今天的股票還是不錯的資本），還是資本創造新的事物和新功能。跟先有雞還是先有蛋一樣，或者說兩者都有。把原本要投入房地產的錢，引導投入至智慧型手機，如果沒有賈伯斯那今天智慧型手機還會停留在藍圖的階段，賈伯斯的舉動證明「資金的用途可以轉移」。

在法國有一個人叫佛郎斯瓦．魁奈（1694～1774）

類似的問題兩百年前也出現過，錢該花在物質上以便增加更多的物質才是價值的根源，或是花在非物質性商品與服務提升生產者的文化。當斯密（國富論作者）遇到魁奈（經濟表作者），出現了有趣的辯論，魁奈主張「一個國家的資本應該主要都要投入於農業用途，這樣人民就不

賣窮

會餓肚子。」斯密則主張「一個國家的人民都吃飽了以後，投入農業後剩下的資本應該轉移至工業、商業用途，以便催促出新的價值觀，景氣才會活絡，也才能有除了食物以外的工具。」

魁奈反駁：「可是我沒看過有人吃工具。」這段有趣的爭辯雖然是物質層次，可是有沒有很熟悉呢？

在台灣的家長都希望自己的孩子，不要去學書法、不要去打棒球、作文考試不會寫也沒關係，因為學這些東西以後收入會很低，書法不能當飯吃。除了反應台灣是文化的沙漠，也意味著接納他國文化的程度狹隘。台灣是存在有種族歧視的問題，對於緬甸人、泰國人、印尼人這些外勞朋友常常出現語言暴力，對於生活品質比較良好的法國、美國，總之金髮碧眼，顯得獻殷勤，台灣算有文化嗎？其實這只是一種看到錢比自己多的人腰才會軟的行為，不太算文化。

這是一個前所未有的問題，我們接下來要做什麼？在物質上不虞匱乏的今天，注意力和創造力該投入何處？一個人如果只種地瓜三餐都吃地瓜一定不會很富有，他會去買魚因為他相信魚有地瓜無法取代的營養價值，他會去買

菜因為他相信菜有地瓜和魚無法取代的營養價值，他會去買工具因為他相信工具有魚、地瓜、菜無法取代的便利價值，他會去學茶道因為他發現吃飽了之後茶道有地瓜、魚、菜、工具無法取代的價值。

一個人的注意力如果越是投入在物質上，他的心靈就越是貧窮。而今天貧窮的定義其實太狹隘；有物質就稱不上貧窮，這實在說不通，貧窮分內在的和外在的，一個人去做某件事並且獲得成就，可是自己並不喜歡做這件事情，那在一般人眼中他很富有，可是看不出他內心的對自己永遠不滿意。如果說一個人去做某件事（在不傷害到他人的情況）在不考慮到他人的意見，不管有獲得成就或沒獲得成就，如果沒有獲得成就在一般人眼中是貧窮的，可是在他心底到底是不是貧窮？我只能說不知道。不過我能說他在做他想做的事情。

這邊雖然有些題外話，不過外在的富有都是以他人的稱讚為出發點，內在的貧窮則是有限的生命中花多少時間在做自己不喜歡的事。在台灣比較明顯的例子是醫生，醫生在台灣的社會地位很高，可是竟然有些醫生其實不想當醫生，而是想當畫家，當醫生完全是考慮到社會會不會誇

賣窮

耀她，父母長輩會不會誇耀她，「過度的」長期被外在價值綁架，或被家人的期待勒索，完全活在別人眼中，我覺得這位醫生內心是貧窮的。

當注意力從物質轉移到非物質商品與服務上，使個人的天分與能力充分發揮時，新的功能和技能才能不斷誕生，催促出怎麼讓人彼此接納彼此這種長遠約 30 年就能看見成果的計畫絕對是落在政府身上，催促出新的市場已吸納現在過分氾濫的游資。

任何在短期內很難看到成果的項目，例如非物質性商品、服務、文化、教育、科學研究、健康保險…等，是需要政府資金的挹注才能生存的下去，也就是說催促出一個新的價值，必然可行。而新的價值吸納物質價值的儲蓄率，產生新的景氣循環。我知道一定會有人覺得這很荒謬，叫台灣手中握有儲蓄的人把錢投入文創、文化，而不把錢繼續購入房地產。我們要來談談「證明脫離貧窮的方式」。

第六章

證明脫離貧窮的方式

　　心靈的富有對於意識層次9級以下的人實在是太抽象（參見注1），並不是每個人都能像神職人員、思想家、發明家、醫學家、哲學家、教育家、科學家、法官一樣明白非物質的價值，以上說的這些領域的人，他的自信來源雖然也有來自外物，但，他們的自信來源更大程度上是來自和意識層次9級以下的人有不同的見解。可是我們的財富分配和一個人的意識層次不見得有關係，就像我前面解釋過的「才能並不決定我們的收入」意思很接近。可是在「究竟」上人是一定要去學著認識新的價值，每一個人本來就有責任去發現他人的特別之處，在接納不同的人，同時會發生自己的閱歷逐漸多采多姿。

　　所有的物質只是一種「方便」也能說是一種輔助的工具，是為了讓人可以減少注意力在生存上，轉而將注意力放在認識新的價值。物質當然很重要，但不能以「方便」

賣窮

為「究竟」。我前面用了新加坡和哥斯達黎加比較，一個人幸不幸福，快不快樂的終極原因，來自他這一輩子接納了多少新的價值，例如原本不上教堂的人，願意發現神父們所做的有價值，原本覺得科學家都是神經病的人突然發現他們的論文有道理，原本不運動的人因為認識愛運動的人開始運動，講更貼近生活肉麻一點，在維持婚姻上，互相願意發現彼此給得起的東西都有價值，那婚姻才會白頭偕老。

第七章

方便法和究竟法

在佛教中分成方便法和究竟法，好像很複雜，其實不會，方便法可以把他想成是過程或工具，究竟法可以把他想成是終點。我要到達終點之前會遇到不一樣的地形、環境，而方便法就是一種幫助我們渡過現在的工具，就像現在要去登山卻帶著游泳圈對現在的你不會有幫助，下一個階段要去游泳卻帶著登山拐杖會很彆扭。方法的選擇就稱作「擇法」能力。但工具本身不是終點，就好像這個階段賺錢但賺錢不是終點，這個階段是考試分數但分數不是終點，那終點是什麼呢？快樂才是終點，不管是錢還是分數，都只是協助你快樂的工具而已。有些人之所以不快樂是因為他沒有擇法的能力，賺錢賺到了某個階段卻還是很不快樂，他沒有辦法分辨他這個階段要得已經不是錢。游泳時帶著登山拐杖當然會很不快樂。

賣窮

　　工具本身不是快樂的理由，這也是佛陀所再三叮嚀：不能以方便為究竟。

　　那按照這個說法工具又不重要囉？不！其實很重要，進階的說是次要。翻過這座山的山頭就是快樂的話，去登一座山什麼工具都不用，要度過這座山的機會微乎其微。所謂的工具不見得是摸的到，手上的工具，包括腦中的知識也算，那知識和智慧又有什麼分別呢，知識基本上是不變的（車子、手機）稱作硬道理，而對與錯、賺與賠之間的第三個答案稱作軟科學，也就是智慧。

　　有一句話叫做，讀萬卷書不如行萬里路。因為腦袋中如果沒有任何知識就去登山的話，連地圖都不會看的話，一定會迷路，所以正確的說法是：讀萬卷書再行萬里路。

　　不能以說為行，而是以做為行。

第八章

快樂的終極因

　　當你今天讀了很多書之後，也有很多錢之後，就要去行動，會發現生為人快樂和痛苦的理由是一樣的，有錢無非就是受人尊敬，但這些你對他好他們才尊敬你的人，也就是說你對別人的好都是有目的，那當然別人對自己的尊敬也會有尊敬以外的目的，那當然會很不快樂。所謂快樂的終點就是，當自己發現自己對別人的好不再是有目的的，別人對自己的尊敬不再是有尊敬以外的目的的時候，就是我所說的快樂的終點。也就是所謂的「真人」。意旨純真的人，會發現快樂的理由其實很簡單，痛苦理由也不難解決，所以我們為什麼喜歡小孩子，因為小孩子對我們的每個笑容都是沒有目的的。

　　如果一個人從生到死永遠都關在自己的圈圈裡，可是有很多物質，那他會幸福嗎？我順帶介紹一下台灣特有的媽寶文化，當官富二代和媽寶文化融合在一起的時候，去

賣窮

海邊游泳不行、喝酒不行、交女朋友要經過媽媽同意，活到 30 歲雖然不用為物質煩惱，但喪失了很多發現自己的機會。

如果是一個寺院打坐念經的和尚，他孑然一身，可是從出生以來遇到的每一件事，從學生時代、軍旅生涯、入社會、人生的每一個階段都積極的去發現生命中的每一個寶藏，也許是很蠢的片段、也許是快樂的片段，並且都能夠發現那些片段的意義及價值，這個是甲級貧戶的和尚作者竟然看不出他很貧窮。

第九章

催促同理心

物質可以把人引向墮落，當然也可以把人引向好的地方，物質可以用在開發人的「善根」、「福德」、「因緣」。作者知道佛教的「放生」至今有很多爭議，從硬道理的角度來看明明是破壞生態怎麼說在普渡眾生呢？佛教是想靠著放生的這個過程，讓人去了解「慈悲」，而慈悲是什麼呢？也就是讓你發現你和他有一樣的價值。講更白話些，我會不會跟你有一樣的心情，我會不會有跟他一樣的心情。西方老外則叫「同理心」或「換位思考」。

對於 85％的人來說慈悲是需要藉助物質開發的，也許只是放生一隻鳥或一條魚，但當他發現自己會不會有和被放生的鳥或魚有一樣的心情的時候，何況是「人」呢？那當然開始會去體會別人的痛苦，悟性夠高的人甚至會花心思去讀懂別人真正的需求。

第十章

多元價值

　　台灣貧富不均日益嚴重，尤其對於掌握了很高儲蓄率的官富二、三代沒有能讀懂他人真正的需求和社會真正的需求正是現在的問題來源，當今天每個人不論富人窮人都願意花心思和時間乃至花錢去發現自己以外的人的價值，說誇張一點貧窮自然會消失，因為貧窮很大程度上來自不被他人肯定，和不會肯定別人。

　　舉個比較直觀的例子，一個老師和富商，誰比較有價值？富商是物質的價值，而老師是有增進社會福祉的價值（是不可量化的價值），教育的重要性自從有孔子以來就深植人心這邊就不多談，但仔細一看每一個肯定老師的人都有超越物質的表現，花錢的理由不在是為了虛榮心和生存，而是「我們」的孩子都需要教育。所以不論富商或其他納稅人願意透過政府課徵稅賦把錢花在老師上，就算要砍預算，老師的薪資或退休金也會放在最後頭。換句話說

教育這塊市場，還有老師的價值也是花了很長的時間才催促而成，讓台灣今天有辦法教育普及。多給老師一點物質上的鼓勵，老師自然感覺到自己受重視，老師感覺到自己受重視自然更積極的投入教育，而一個人高尚的行為可以被實質肯定引導。更嚴格來說教職員這個職業不能用廉價勞工的方式看待，而要用「積極的社會參與者」的角度看待。

而一個多元社會必須要先培養出「讓你發現你和他有一樣的價值」才去發展多元化，否則就像喊口號。

所謂的富裕社會和貧窮社會的差別在於，富裕國家國民購買力的成長與長期的生活水準取決於生活型態越趨多元的過程，期間內被生產與消費的服務也越來越多樣化。原本以食品為主的消費型態，逐漸由更多元的消費行態取代（台灣口中讚揚的歐洲就是這幅畫面），包括了更多工業產品與服務。反之貧窮社會，消費型態和投入資本的項目很單一化。簡單的說，除了有錢以外，還明白錢應該花在什麼地方。賺錢的人明白取之於社會，要回饋給社會。

賣窮

　　我在這邊解釋抽象的價值觀，拿比較具體的警察來解釋，他絕對不是商品，而警察的辛勞和付出甚至是犧牲自己的家庭，有助於維護與增進社會福祉。

　　能不能有好的結果決定這個過程有沒有價值，在動機、行為、結果中，大部分的人都只用眼睛看得見的結果思考，85％的人決定著這個所謂難以理解的抽象的「增進社會的福祉」，有無價值。粗魯的說：85％的人不明白增進社會的福祉是什麼意思，只能用社會資源引導他們。和我前面催促同理心那章講的一樣。

　　85％的人是市場，要怎麼讓有能力增進社會福祉的警察在「市場機制」分配到利潤。就像我們的電視台24小時不斷地播出韓劇一樣，是因為85％的人愛看，電視台才播，電視播代表它有價值。而研究人文、總體經濟學、哲學的節目例如「你所不知道的資本主義」很少重播，是因為85％的人不愛看，電視台就不播，電視台不播代表他沒有價值，而警察的價值偏向後者。可是，85％的人是主要納稅人和選民，而所謂的增進社會福祉又是那麼抽象，要怎麼樣讓85％的人願意把納稅的錢用在支付警察的退休

金，甚至是政府動用公共財 85％的人才沒意見，決定著警察有沒有價值。

要向 85％的人證明增進社會福祉這種抽象的價值，就像要證明地球「註 8」是圓的一樣，要下很多功夫。

然而培養出價值催促一個市場的形成不是那麼簡單，早期的警察有個難聽的暱稱「有牌流氓」現在則是「保母先生」，從暱稱上才可以看警察在社會大眾心中有沒有價值，而不是官方自吹自擂。從大概 1950 年至今，多虧媒體的不斷報導，與各種警匪追逐片給 85％的人看，警察從事的增進社會的福祉才被台灣認定有價值。

題外話，不只是警察的價值，文化的價值也是一樣，原本具有文化價值的台灣基隆西岸碼頭，原本因都市更新案決議拆除，因為拍了一部棒球電影ＫＡＮＯ，才喚起大家對文化價值的重要，基隆市政府才推翻原決議（作者酸幾句，其實不管有沒有拍電影，文化遺產本來就要保存下來）。

換句話說，價值是可以靠人去引導的，逐漸的讓台灣大眾感覺到自己的納稅錢花在維持治安是理所當然。

　　當警察退休後若能有一定的生活水準，會讓 85％的人相信是因為警察都在做好事所以有好結果。這種善有善報惡有惡報（這裡的「報」指的是物質），這種有點宗教色彩的題材，是維持治安主要的關鍵。比起警察親自去抓壞人還要有用，讓善、惡的觀念深植在每個人心中。可是如果警察的生活水準（不論是現役還是退休）很差，會讓民眾對善、惡感到懷疑。

　　因為對於 85％的人，會欽佩物質比較優越的一方，而藐視物質比較貧賤的一方。警察就像是社會上的模範生，如果社會剩餘資源可以多用一些在警察身上，會在每個人心裡起模範生的作用。這個理論其實不難理解，就好像學校老師會選班長一樣，老師會給班長多一些福利，只要班長能對其他同學起到模範的效果，那老師要管理一個班級會輕鬆很多。

　　這是一個良性循環，1 大家願意把納稅錢理所當然的花在警察身上；2 然後警察有一定的生活水準；3 看到警察有好的結果大家就更願意守法；4 大家願意守法治安就越穩定；1 治安越穩定就越願意把納稅錢理所當然的花在警察身上；2 然後警察的退休生活有一定的生活水準；3

看到警察有好的結果大家就更願意守法；4 大家願意守法治安就越穩定；1 治安越穩定就越願意把納稅錢裡所當然的花在警察身上…（不斷循環），每 1、2、3、4 循環一次都更加的鞏固這一份價值。但 85％的人感覺不到自己無意間保護了自己。有一句話叫做：向有錢的人學習。雖然警察不算有錢，但也不算太糟，所以政府要培養出學習的對象警察分成活菩薩和佛像。怎麼說呢？畢竟是執行單位，只要不動腦子的服從是升官之道（也就是只會對上級交代）。能分辨偽善者的才稱得上是活菩薩（也就是對人民交代）。只是單純服從命令的話跟供桌上的雕像一樣。

　　警察是一種強效藥當然很重要，但，針對偽善者、想犯罪的人、即將要犯罪的人、跳脫法律約束的人，這種社會慢性病是無能為力的，治安的好壞追根究底還是要回到被認為是找麻煩的問題，人為什麼犯罪？為什麼犯罪的都是貧窮的人居多？

賣窮

第十一章

軍人

　　有人說軍人和警察退休後可以二度就業其實很荒謬，假設是一個警專畢業的警察子弟 18 歲考進警專，假設 50 歲退休，期間內他所學到的技能在社會上根本派不上用場，沒辦法面對肉弱強食的資本主義社會。再說一個更不適合二度就業的職業「軍人」，警察畢竟有和社會連結互動，所以有些退休後仍可以過的有聲有色，可是軍人是活在一個封閉的世界裡完全和社會脫節。

　　軍人也一樣是有「增進社會福祉」的功能，作者本人是反戰，不過任何經濟斡旋以前都必須要有國防為盾，從古至今都是這樣子，最有名的就是鴉片戰爭，英國海軍憑藉槍砲之力打敗技不如人的中國水師，「逼迫」中國讓鴉片合法化，中國的白銀就源源不絕的流向英國。雖然今天有聯合國（台灣不算在內）可是任何文明國家都有一定不

被他國「逼迫」的國防能力，當然還要看逼迫人的是哪些國家，所以各國在維持國防上會有不同的預算。

而國防預算的錢從哪裡來呢？當然是「公共財」（只要是政府支出公共建設和維持運作的資金來源，都參見第三篇第五章第二節），也就是國家,而公共財從哪裡來呢？當然是透過「賦稅」的手段向「私有財」課徵得來，而私有財又是指什麼呢？例如台灣 2300 萬人，其中有富人佔社會生產剩餘比較多的人和窮人佔社會生產剩餘比較少的人，從中課徵到稅的來源（參見第四篇第十六章）。所以有一句話叫中華民國萬萬稅。

台灣目前能夠維持自己的經濟體很大程度上和國防預算脫不了關係，美中不足的是這個經濟體貧富差距日益擴大，雖然貧富差距日益擴大，但台灣有著「思想自由」。也許對每個台灣人財富不一定自由，但至少思想是自由的。而為什麼思想自由這麼重要，因為思想自由可以撕破貧富不均，讓人明白強加在自己身上的不合理，讓人知道自己受的是委屈。

大家可能很好奇美國電影中美國的黑奴為什麼都不會抵抗，明明人數比一個莊園的白人多，卻對白人百依百

賣窮

順？因為奴隸沒有思想，思想可以撕破任何階級關係，所以造就沒思想和有思想的一方，有思想的就是主人，沒思想的就是奴隸。區別在於不知道自己失去什麼，講尖銳點就是不知道自己被剝削。既然不知道自己被剝削當然剝削就不存在。資本是可被主宰的，這是複雜的奴隸問題，那人是資本嗎？我雖說過資本是沒生命的（參見第二篇第五章），那 16 世紀的黑奴是資本嗎？「如果」人是資本的話，就變成，主宰和被主宰的問題。人討厭被主宰，且喜歡主宰他人的行為、談吐、生命、乃至想法。作者為了不要長篇大論的扯到歷史，所以更貼近生活的白話說，就像上班那個不斷控制自己行為的上司，所以自己想要透過生等考試想擺脫被主宰的命運。

日本殖民時代培養了台灣很多優秀的醫療人才、農業人才，就是沒有思想的人才，因為日本殖民台灣的概念是：技職的東西給台灣人，需要培養判斷力的東西日本人親自來。拉近現實一點，今天去上班工作老闆討厭有想法的員工，而喜歡唯命是從的員工。

2019 年已經接受了英國思想薰陶的香港很難接受中國領導人的愚民統治。

歷史上不乏各種愚民教育，因為人民越白癡越好控制，而台灣對於青年、國小、國中、高中階段竟然都沒有哲學體系的課綱，很大程度上是比較好管理。

有人說那思想是亂源嗎？思想的衍生是質疑，是一種挑戰權，只要身為人都有這種挑戰的權力，而衛冕者要經得起挑戰者的質疑，如果有足夠的正當性自然經得起一波又一波的挑戰。反之就是世代交替，無稽之談的算命叫改朝換代，人自從有文字記載以來本來就是在挑戰和被挑戰中走到現在。就好像拳擊一樣，每當有新的冠軍誕生就會有新的拳法出現，冠軍的更替確實讓人唏噓，但是真正的拳王是能夠看到整個拳擊界的進步就是這樣來的。

台灣這個美中不足的經濟體被貧富差距撕裂開來，所以很多人感覺自己不是社會的一份子，如果還是個國家必須要從「結構性的縮短貧富差距」開始。所以說我們在看政治人物辯論時都要看他說的話是否經得起質疑，只要眾人腦中多默念一次：「可能嗎？」各種綜藝技能點滿的政客自然會消失，我們這個經濟體就有機會重新想像未來。

不管怎麼說台灣目前的開放性社會是拜國防這個防護罩而來。肉麻一點說：軍人這種職業守護住了思想自由

賣窮

這一種社會福祉，在目前和平的現在，軍人的付出很難讓85％的人看得見，和前面可觀的警察不同，警察維持治安巡邏看得見，而軍人維持國防是隱性的看不見。在沒有戰爭的今天曾有養軍人不就是養米蟲的說法，尤其是對退役軍人的俸祿有意見。

有人說自由民主要流血，今天則應該改成自由民主不一定要流血，但一定要花錢。

第十二章

現代戰爭型態

　　作者雖然不是軍事迷，但淺談一下國防支出，今日的戰爭型態已不同於往，像電影例如搶救雷恩大兵的各種反登陸、搶灘、拚人數的情況落居次要，也就是說雖然沒像 70 年前那麼重要但「還是很重要」，那最重要的是什麼呢？今天的國防著重於科技與「政治戰」或說「心理戰」，簡單的說往往是按個鈕以飛彈攻擊對方的基礎建設例如水庫、核電廠之類的，算科技戰。

　　而衍生出發動戰爭必須付出的代價。各國和各國之間有一定程度的維持恐怖平衡，然後建立在這種恐怖平衡上再來談經濟條件。不要說國對國，就算是人對人，誰看誰不順眼打算要揍他之前，只要想著要承擔的後果也會退怯三步，對於結果的想像就是心理戰，而打起仗來最倒楣還是 85％的老百姓，而對於結果的想像衍生出來的恐懼病毒逐漸蔓延在 85％的人群就形成了「政治戰」。

賣窮

在資訊發達的今天政治戰的效果比以往都更好，而政治戰能增加自己的正當性和瓦解對方的正當性，大部分的手段是以事實為根據，以犯下錯誤的事實為根據再以戲劇的方式渲染，戲劇的方式非常重要，因為不以戲劇的方式85％的人難以理解。雖然說是戲劇性，大家也可以想想我們今天大部分的連續劇和大部分斷章取義的媒體內容，連續劇中總是黑白、是非、好壞分明，邪惡的一方總是寫在臉上很好分辨，只要有眼睛的人都能看出劇中誰好誰壞，今天播出的各種連續劇都是有做過市場調查才播映，可是現實中的亦正亦邪、似是而非卻不容易分辨（就算是智者級的人也偶爾會中招），而所謂的「政治戰」就是用混淆是非，利用85％的人，讓85％的人的舉動（行為）迎合自己的目的。甚至不用到舉動，只要一人一句、一人一票，製造出我前文所說的催眠的環境都算（第二篇第二十三章）。

資訊戰更簡單的說，除了飛彈和戰鬥機以外，更重要的是心理戰和政治戰，尤其是民主國家，就算是三軍統帥也是民意產生的，只要能煽動群眾，就能達到政治戰的效

果，越戰是很好的例子，把很多老弱傷殘照片拍給美國民眾看，美國在當時承受了龐大的政治壓力，不得不撤兵。

在電影中鹿鼎記（周星馳版本）有著這樣的台詞：「必須讓人覺得自己所做的事都是對的。」20 年前的老電影到現在還是很刺耳。

然而對於作者而言沒有愚蠢的人，只有「懶」的去分辨是非的人，一切聽別人怎麼說就怎麼信的人。在小說地獄中 7 大罪，驕傲、貪婪、淫慾、忌妒、貪食、憤怒、懶惰，其中就包括懶。

跟賺錢一樣資訊的可靠性還是要靠自己一步一腳印查證和反覆咀嚼，尤其是當官媒走入歷史後以為媒體成為資訊的可靠來源，誰知道收購媒體的是各大企業和財團，甚至還有我們的好朋友中國資助的財團。而要怎麼樣製造對財團和政客有利的正當性是現在媒體的首要工作，而說穿了媒體只不過利用人的「懶」而已。（台灣目前為止作者已知大概就公共電視台傳播的資訊比較客觀）

賣窮

第十三章

第一節　資訊

　　資訊越是重要被偽造的機率越高，當偽造的資訊形成了輿論後，後果誰要承擔？偽造的資訊有兩種性質一種是石頭湯、另一種是鍊金術，如果偽造的資訊是用來利益社會大眾那還好。可是如果偽造的資訊是用來鞏固自己的利益，其他接收到這則資訊的人有能力分辨嗎？所以今天能夠壟斷資訊的人，就能掌握實質利益，要能夠了解這個人為什麼壟斷資訊。

　　今天人的邏輯，必須承認，皆來自每一則自己已經接受的資訊。換句話說要培養過濾的能力，雖然我把人類分成 15％ 和 85％，但是 15％ 的人也沒那麼厲害，說穿了只是比較能過濾每一則訊息的能力罷了。資訊怎麼控制人的一舉一動呢？只要知道這個人（85％ 的人）他平常的資訊

來源，大部分的情況下就能知道他下一步要做什麼，資訊的傳遞不一定是媒體！一個人的眼睛看到什麼，耳朵聽到什麼，嘴巴就會說什麼，不能忽略人就是最好的廣播嘴。一個人的談吐，和這個人現在的行為，甚至是價值觀，都跟過去（過去的每一秒）接收到什麼樣的訊息脫不了關係。

我們每天接收到的資訊都是被篩選過，問題在為什麼這樣篩選；我們的新聞是選擇性報導，問題在為什麼這樣選擇？

第二節　下一個會賺錢的投資標的。事實來自是否構成輿論，反之構不成輿論就不是事實

這是粗魯的標題。下個會賺錢的投資標的屬性是資訊，因為人的行為都是建立在自己已經接受的資訊上，也可以看成資訊等於人的行為，當然包括投資行為，正如我前面說的選擇性市場都是以 85％ 的人為根基（第四篇第三章第八節），和我更前面說的 85％ 的人認為的思考是以他人為榜樣（第四篇第三章第四節），能掌握人每天的資訊

賣窮

來源，就能引導人的行為。這甚至可以定義出什麼是值得被讚美的行為和什麼是值得被譴責的行為。

進一步說人的行為只會符合自己認為是對的事情，至於什麼行為是對的？作者主觀認為沒必要解釋。掌握資訊來源的人，可能會和今天的房地產和股票或說熱門的投資標的有接近的價值。

為什麼說掌握 85％ 的人的資訊來源會是賺錢的投資標的，因為 85％ 的人行為嚴重和資訊重疊，也就是 85％ 的人行為和每天獲得的資訊脫離不了關係，在這邊暫時性先把資訊來源定義在媒體以求好理解。人的行為和我們每天獲得的資訊重疊這是個嶄新的概念（大部分是針對 85％ 的人），仔細看一下，我們今天的媒體內容是不是和昨天一樣，昨天又和昨天一樣。

正如我前面說的（第一篇第一章），榜樣，思想來自質疑榜樣，85％ 人沒有質疑的能力。（就這邊半括號，讀者要看不看都沒關係，因為不好理解，道理是無形的，榜樣是有形的，無形的道理附著在有形的榜樣上，也就是說附著在我們看得見的榜樣上的，文字、資訊、媒體、醫生、教授、老師、律師多多少少難免有瑕疵，所以如來佛祖說

過：如說我有說佛法者則為謗佛。意思是佛祖知道自己是人不是神，佛祖之所以是佛祖也只是知道自己經接受的資訊上可能還是有瑕疵而已，明白自己終究是榜樣不是完美的一定還有改進的空間，所以佛祖是佛祖。順帶解釋「佛」這個字，只是個從印度傳到中國的音譯「道理」的意思）。榜樣的意思其實很廣泛。榜樣的意思包括醫生、老師、教授、律師、大老闆、政府官員。簡單的說，85％的人是非對錯觀建築在有錢沒錢，有身分地位沒身分地位，以及生活品質是否優越。和15％的人思考是來自發現自己已經接受的資訊上是否有瑕疵不同。所以媒體都會找醫生老師教授背書。

我誇張的認為：資訊事實不重要，重要的是傳遞它的人。

台灣是個言論自由的社會，當然不能違反言論自由，一件投資標的是否賺錢本來就看個人怎麼去解釋（包括作者在內）。但像沈伯洋先生說的，一則資訊發放出來是否可以公布贊助者，會是妥當的做法。假設以客觀的中天新聞為例，在發送資訊時，就必須註明此節目由某集團贊助播出。

賣窮

第三節　八卦資訊理論（題外話）

　　我們一起談論誰的事情！這雖然聽起來很扯，但根據大量的研究結果，人跟人要維繫彼此感情最好的方法就是，一起去談論另一個人的事情，例如誰又買了新車、誰跟誰分手，誰又貪汙了。要一起去說別人的壞話（一起說好話當然也可以，但好像壞話效果更好），所以我們常常聚在一起罵新聞上的政治人物，是聯絡我們感情的好方法，我們為了要能加入聊天話題又不得不去看新聞，而一則能引起輿論的新聞內容無怪乎就是不需要學習去理解，因為越是需要反覆咀嚼的話題傳播力就越差，當然就不容易形成輿論。在你一句我一句的過程中，無意間就達成共識，就誕生了所謂的「社交場合」。我不否認，有的時候感情的交流會比事實的陳述還重要。

　　例如某個政治人物是壞人，某個政治人物是好人，最恐怖的是哪一支股票或房地產「可能會漲」（在台灣輿論脫離事實的基礎是很常見的事情）。一則資訊要附著在人的身上透過人的傳遞才有效果，尤其是我們身邊所愛的人，假設聽新聞這樣講可能還沒有什麼感覺，可是當有一

天自己的老婆、父母、身邊的每個朋友，當每個人都說某政治人物是壞人的時候，或者哪一支股票會漲的時候，資本應該投入什麼地方才有價值，透過自己在乎的人傳達出來的訊息，總是很難讓人不被動搖。

第四節　八卦雜誌

語言跟文字除了傳遞事實或道理以外，更多的時候是用來聯絡人和人之間的感情。人要怎麼維繫彼此之間的感情呢？就是我們要一起討論共同的話題。

當一本八卦雜誌，如果沒有可以一起讓人謾罵的理由，那他的銷售量一定不怎麼樣。同樣的一則訊息如果沒有可以讓人共同討論的價值，那也很難形成輿論。而各種五花八門的流行服裝或小玩意，也是一樣的意思，有時候可不可以在同儕中形成話題的價值會超過它本身的功能用途的價值。

可是不得不承認我們很多工作都是透過社交來完成，所以有的時候感情的交流會比事實的闡述更為重要。

賣窮

第五節　回到資訊正題

　　台灣有一陣子確實被紅媒淹沒，那是因為老共知道資訊就是武器的道理（目前為止存在著對立關係，這是事實，可是換個角度想，是不是因為資訊戰的關係，讓我們明白到培養分辨能力，也就是哲學有多重要，作者相信不只是台灣成長了對岸的朋友也成長了）。所以 2019 年 6 月 23日才有黃國昌先生與陳之漢先生挺身而出的反紅媒示威，換句話說，如果國民都有一定的分辨能力，所謂的偽造訊息就沒那麼恐怖。

　　言論自由之所以很重要，是因為資訊多元化，資訊不會被壟斷。想看看如果我們都只接受單一化的訊息，就像活在蔣介石時代的台灣一樣，我們會很笨，因為沒辦法檢視自己的舉動，而且永遠迎合別人的利益。言論自由就像「完全競爭市場」是一樣的意思，有利潤的生意才不會被存心不良的廠商壟斷，言論自由的意思是只要社會上的一份子不管貧富貴賤社會地位為何，只要陳述的道理經得起社會大眾的檢視，都可以發表自己有利於改進社會方向的言論，也可以說是縮小貧富不均最後的武器，每個人的所

得起始點不一樣，腦袋的起始點則一樣。作者不諱言，會造成一定程度的資訊紊亂。但大家要想到紊亂之後的畫面，所謂真理是越辯越明，因為最終只有對的會留下來，錯的則會刪去。

有一句話叫做「條條大道通羅馬」，可是問題是，在宣揚自己言論的人，知道羅馬的位置在哪裡嗎？更重要的是聽信言論的人，知不知道羅馬的位置在哪裡？

今天考試的分數不等於將來的收入。這是會讓不斷告訴檯下學生考高分可以獲得更高社會成就的台灣教職人員啞口無言的問題。

在某國中，當學校老師不斷的告訴學生，要考高分以獲得更高的社會成就時。台下的學生則回應「可是今天考試的分數又不等於將來的收入。」這個學生就被叫到走廊去罰站。仔細想想是不是應該對調過來，因為如果是檯上的老師只是抱著來混口飯吃的態度，當然回答不了這比刀還鋒利的問題，可以解剖來混口飯吃為前提的公務教職員的問題，也引出了教育的目的為何？我們是為了什麼訂定這些學科？和為什麼讓孩子受教育？難道不是以培養積極的社會參於者？而是廉價勞工？所以應該是老師去坐

位上坐好學生上台教，老師自己也不知道自己在說什麼只知道背誦，才惱羞成怒，老師沒有想過羅馬在哪裡，只知道照本宣科、鸚鵡學語的背誦自己沒反覆咀嚼的問題。

台灣的公家教職員，素有鐵飯碗之稱，也就是說，披著老師的袈裟是不用去面對外界血淋淋的工資競爭，如果是一路順遂考試考到大的老師，價值觀跟社會脫節是很常見的事。

當然有人會說是因為老師努力背書，才有今天的鐵飯碗（相較於血淋淋的工資，有比較好的物質條件，就像我在 第四篇第十章 講的，85%的人會欽佩物質比較優越的一方，而藐視物質比較貧賤的一方）。所以照學校公職老師說的做準沒錯。這是一種「倖存者偏差」的問題。羅馬哲學家西塞羅認為拜神是沒用的，有人告訴西賽羅你錯了，有一群人遭遇船難獲救是因為拜神全都活了下來，並且可以證明拜神是有用的。西塞羅就回應：「好啊，那你把遭遇船難也拜神，沒有獲救的人叫來我面前。」不是每一個人都能活在政府保障的舒適圈。

作者單方面覺得哲學之所以不列入我們青少年的學科綱目，只是因為這樣學生比較好教。

　　當今天台上的人、法人、媒體、不論身分地位、社會階級、財富多寡，就算是總統，在宣揚理念的時候，民眾聽得出來他知道羅馬在哪裡嗎？

　　在佛教中，分成「方便法」和「究竟法」，方便法可以指的是我們每天接觸到的文字、資訊、語言。究竟法則是分辨的能力。

　　有人說教育是最好的國防，這只對了一半，應該說哲學是最好的國防，一個國家的強盛是要培養積極的社會參與者，不是廉價勞工，我們今天的教育，培養出來的是聽話的國民，而不是有分辨能力的國民，也就是說目前的強盛是靠培養廉價勞工而來，這不是長久之計，所以哲學應該要訂定在我們的教育科目中。

　　關於把資訊當作武器，並不是新鮮事，早在三國就有人這樣做了，早期叫檄文今天很像新聞，是在討伐對手前的聲明，下面一段是參考歡樂三國志內容的文章，是曹操和袁紹作戰時，袁紹陣營中陳琳寫的檄文（大概類似古代的新聞）。講白了就是從人家的祖宗三代開始罵起。

賣窮

　　曹操的祖父曹騰，跟太監為伍，殘害百姓，傷天害理。
曹操的爸爸曹嵩，是太監的養子，花錢買官位，顛倒是非。
曹操的出生下賤齷齪，品行不良，為人狡猾，以胡搞瞎搞
為人生目標，把全天下搞得亂七八糟。大將軍袁紹為人民
除去下賤的太監，又遇上禍國殃民的董卓，袁紹大將軍為
了要消滅董卓，跟大家同心協力，並不計較曹操智商不足，
不惜跟曹操攜手合作。沒想到曹操愚蠢白癡，又沒有謀略，
屢戰屢敗，損兵折將。漢獻帝從長安要出去散心的時候，
袁紹大將軍在對付北方的盜賊（盜賊指的是公孫瓚），很
忙碌，空不出時間來，只好派遣曹操去保護年少的皇帝。
袁紹這麼的偉大又這麼的忙碌，又派曹操去保護皇帝，萬
萬卻沒有想到，曹操竟然威脅皇帝，遷都到許都，專斷朝
政，敗壞法令，殺死忠臣，讓全天下的人都痛心疾首。曹
操還發明了兩個新的官位分別是「發丘中郎將」和「摸金
大校尉」（專門盜墓的官位）。曹操你身居高位卻無惡不
作，不管是活人還是死人，你一律都不放過。你真的是有
史以來最大的奸臣。如今朝廷衰敗，皇帝又被挾持在曹操
手上，表面上說是保護，實際上是控制皇帝。此時此刻，
正是我們這些忠誠良民，報效國家的時刻，讓我們整頓我
們的兵馬，拿起我們的武器，去消滅曹操，為國家盡一份

力。只要拿到曹操的人頭，賞金五千萬，加官晉爵。曹操
手下的士兵、將軍只要來投靠我袁紹的一律不加以追究。
國難當前，袁紹的軍隊需要你。

這篇檄文寫完後（曹操看完後嚇出一身冷汗），張貼
於各關口、碼頭、州郡，大概相當於今天的電視台、和網
路。

檄文要寫的好莫過於，提出事實的根據，在加以誇大、
混淆、渲染。不可以潑婦罵街，並且一定要陳述一部分的
道理，把自己的利益和道理重疊，就會是一篇很好的檄文。

第六節　資訊戰（資訊的投放）

資訊的投放。哪一些人先知道，哪一些人讓他慢一些
知道。2020 年 3 月 30 日美國羅斯福號上校，因艦隊染疫，
發出未加密求救訊息，經美媒曝光後成為社會矚目事件，
克勞齊上校隨即在 4 月 2 日遭解職。

資訊被媒體搶先報導，上校遭革職。為什麼這麼嚴重
呢？因為輿論一但行成了就很難改變。一件事情如果讓大
眾自己發揮想像力，和，華府引導大眾的想像再產生輿論，

是完全不一樣的結果（怎麼的不一樣法？因為事實來自於它是否構成輿論，反之構不成輿論的就不是事實）。

資訊發達的今天，不是真的發射飛彈開槍才是打仗。現在就是在打仗，是一場資訊戰。

資訊戰，可以想成是二戰的制空權，在二戰誰掌握了天空，誰就是勝利的一方。

21 世紀，誰掌握了引導輿論的發聲權（覺得複雜的讀者可以理解成媒體），誰就是勝利的一方。

克勞齊當時在信件上表達疫情威脅艦艇官兵的生命健康安全說：我們現在若不行動，就沒有讓我們最信賴的資產也就是我們的官兵，受到妥善照顧。

革職上校，在容易感受的人道立場，說不過去。

但站在難以理解的國家安全上絕對是正確的行為。

第七節　思想自由至少能讓自己知道自己受的是委屈，也是最後能制衡貧富不均的武器

　　作者知道思想不能當飯吃的道理，可是至少大部分的人知道自己受委屈了（這裡指 2019 年長榮航空罷工），而且還能在被財團支配的媒體多少博得一些版面（這麼大條的事多多少少要報導一下），發表勞工訴求。雖然資方在談判上比較佔優勢，但勞方不致於失去表態勞工訴求的權利，最恐怖的莫過於受了委屈不能說與自己不知道自己受委屈。

　　思想一定是增進社會福祉的根基，和思想自由一樣的進義詞是「好奇心」人類社會可以進步主要是靠兩個東西 1 學習能力 2 好奇心，學習能力簡單的說就是智商，是一種傳承或模仿的能力，透過模仿上一代的作為確實能少走很多不必要的冤枉路和嘗試不必要的失敗，智商高的人學習和掌握技能的速度比一般人快。可以靠知道這個人學習多少技能（例如考試）的多寡，來判定這個人智商有多高。

　　但是光憑智商就能夠讓人類進步嗎？當然不是。大家忽略了另一個東西叫「好奇心」，正如我前面半神人說的人類有狂風般的好奇心，我們常說一個人心已死是什麼意思？就是說他對任何事物都不再感到好奇了，所以為什麼很多老年人總是讓人感覺沒有生氣，因為他們對周遭的事

賣窮

物不再感到好奇。而為什麼小孩子總是給人生氣蓬勃的感覺，因為他們對很多事都感到好奇。

科學家愛因斯坦，聽說 5 歲的時候還不會說話，很多科學家認為他智商一定很高，在他過世後把他的頭剖開，結果讓人失望，跟你我差不多，結論得出他的成就來自比誰都強的好奇心。

有人說現在資訊紊亂，但目前還沒有喪失「思想自由」這份思想自由的權利是靠曾經每一個從軍過的人和現役軍人得來的局面。

而這一份社會的福祉不容易被 85％的人看見，如果一個保衛國家的退伍軍人（不論官階），晚年需要靠著在取悅消費者賣笑、陪笑，討生活，85％結果論的人就會覺得保衛國家最後就是淪落得像半乞丐似的生活，這對軍人的價值會是打擊。

況且會去從軍的人，基本上都是家境清寒的人，有錢人的小孩怎麼會願意去當兵？況且要縮短貧富差距有 4 個方法其中第 1 個就是軍、公、教缺額保留名額給弱勢家庭（例如出生於有低收入戶證明的孩子），讓這些孩子對社

會有認同感也讓社會給他們被社會認同的機會，正如我說的犯罪伴隨著貧窮的影子，很多罪犯都出生於財務狀況不好的家庭，當然一定會有人說不公平，考取公職（鐵飯碗）本來就各憑本事，可是城鄉差距的教育資源實在是有差，處境比較優渥的家庭有龐大的資源讓自己的孩子去找專門考取公職的補習班，而家境比較不優渥的孩子，在一樣的考題面前，很難佔有優勢。在考試的分數不代表能力的高低的情況下，在財富可以世襲傳承的情況下，說白一點，作者認為把鐵飯碗盡量讓給真正有需要的孩子。

軍、公、教，其實軍人是最辛苦的（有從軍過的都知道），會去從軍的孩子目前的情況來看也是比較弱勢的，砍軍人俸祿其實不是明智之舉，況且縮短貧富不均的其中一個概念本來就是「社會福利偏向弱勢」。

作者在這邊再強調一次，生活品質比較優越的一方，比較容易引導社會價值，作者就直接開門見山地說，要怎麼樣引導 85％ 的人把社會剩餘產出花在相較弱勢收入族群身上，需要政府做一鍋「石頭湯」。

賣窮

第十四章

錢從哪裡來？

　　這是個很刺痛的問題，前面多元文化和多元價值觀，作者講得比政客還偉大，總要提出幾個可行的論點吧。

　　在經濟學中勞動分成兩種「生產性勞動」和「非生產性勞動」，生產性勞動的價值比較可儲存，舉例來說如果我把工作的時數投入做車子、榔頭，工具等，花 100 個小時可以做出 1 台車子或花 10 個小時可以做出 1 支榔頭，車子和榔頭是可以儲存的，過一天它還在、過一年他也還在。

　　而非生產性勞動的價值比較不容易儲存，舉例來說，例如哲學、科學（這裡指的是天文學家或數學家，不是在企業內賣肝的工程師，總之只要不是憑藉興趣去探索道理而有其他目的的通通不算科學家）、藝術、武術等，如果

有個科學家坐在一個地方花一年算出地球是圓的「註8」，他的價值很難儲存。當然啦，很多藝術、武術也是同理。

在美國曾經有一陣子討論是否要砍這些「純」科學家的預算（這裡指NASA），美國賦稅是很重的其中一個原因就是NASA的支出很高，簡之有人說養太多科學家了，在經過一番唇槍舌戰，結果是不砍預算。對於純科學的尊重或許是他們強大的理由，連鎖效應造成價值觀的多元化。美國明白興趣在人類進步中扮演很重要的角色。

要怎麼樣創造出一個憑藉興趣發展自己，而在發展自己的同時又能有益於社會。從達文西、亞當斯密、愛因斯坦，每一個偉人的成就，都是憑藉個人興趣和好奇心，沒有人拿刀逼他們，就算逼迫可以有成就那這個成就的發展性一定很有限，並且創造一個「偏向」靠才能和勤勞決定報酬的社會。

這些數學家和天文學家只有國家編列預算給他們才能發揮他們的最大價值，這些人在社會上不太有謀生能力可言，套一句台灣的老話「念數學、天文、哲學將來要幹什麼？」

　　而且人類跟動物不同，可以把好奇心變成證明自己比別人卓越的手段，所以只要一個過度壓抑好奇心的社會，基本上不會進步。不好奇的話，那明天一定比今天更糟糕。

第十五章

契約精神

　　要怎麼樣創造出一個「偏向」才能和勞務決定報酬的社會。「資本所有權」的所得大多都有強勢的契約保障收益，相較保障才能或勞務所得的契約卻不是那麼強勢。而契約精神又是來自其中一種道德：承諾。正如我前面說的，義大利黑手黨喜歡把所有的利益分配都變成契約。因為是契約所以看起來很神聖（契約＝承諾），在獲得的利益中如果都是靠暴力勒索的話效果會很差，必須套上道德理由：承諾。像是你欠我的一樣，欠人本來就應該還人，這足以扭曲我們的觀念，當暴力和道德結合在一起，能達到純粹暴力達不到的效果。契約是勒索和道德的結合，暴力勒索很好理解，但，道德勒索是什麼呢？就是債權人容易剝奪債務人被認同的可能性。

賣窮

　　資本所有權的所得是來自契約的保障，例如租賃契約、股票分紅、政府債券，每一個資本權力之所以可以獲得報酬都是因為道德和暴力的結合，我無意醜化法律但法律確實是這樣來的，從道德感變成文字再從文字變成訴諸暴力，讓違反規定的人嚐到暴力的滋味，因被暴力逼迫而履行契約上應付的金額，所以才有法拍屋或銀拍屋，凍結資產，名詞…等。

　　而且資本是可以世襲繼承的，並不會因為人往生而消失，人往生了債權還是不會消失，通常會傳給下一代繼續擴大。

　　那才能呢？大家樂觀的認為今日的科技專長可以讓人的勞務和資本家在分配報酬上更公平，很多一技之長這樣的話，就是這樣來的。問題在於議價的主導權容易落在資本方的身上。如果有1個大地主和100個擅長種田的農夫，現在地主需要10個農夫，那決定分配報酬的主導權當然是落在地主身上。換作是科技新貴，這道理也是一樣的，有1個科學園區的老闆和100個電腦工程師，現在老闆需要10個工程師，決定分配報酬的主導權當然落在老闆身上。

才能在分配報酬上確實比較捉摸不定，而且才能在分配報酬上常常要看人臉色，只有別人認為他有價值他才有飯吃，電腦工程師設計出來的程式必須要能夠討好社會大眾，才能有報酬，也就是所謂的有用。

問題在於才能這種東西，不能世襲繼承，父親是電腦工程師兒子不一定是，要怎麼樣把這一代的技能完整的傳給自己的下一代，根本是不可能的事情，資本代表權利，權利則代表可支配的配偶數量（有一句話叫權利是最好的催情劑），女性在擇偶時都會希望自己的孩子能夠有好的起跑點（所得起始點），這時候才能和資本的選擇，資本比較占上風。

換句話說，資本到底是什麼？你說它是錢不是錢，你說它是土地不是土地，你說它是股票不是股票，只要看哪一個男生對女生而言最迷人，那他一定是很有資本的人。假設一個在台北火車站附近有二、三棟房子產權的男性，和一個台大畢業的電腦男性工程師，我們可以從女生做出的選擇看出，資本賺的錢比才能賺的錢還要多。

而資本可以靠契約獲取報酬，這種契約是可以世襲傳承的東西，有點像封建時代王宮貴族的血統，可以傳承。

賣窮

　　現在的問題在於資本的報酬是來自吸納勞務和才能的報酬。以勤勞的程度相比，和獲得報酬的程度相比，經營資本確實也要花心力但得到的報酬卻比勞務和才能的多很多，這時候又會扭曲了大家的認知，有資本報酬豐富的人是來自於自己努力，沒有豐富報酬的人是因為自己不努力，會有這種扭曲的認知是因為人或多或少都會偏袒生活品質比較優越的一方，而比較不欽佩生活品質比較弱的一方。這種扭曲的感覺確實存在。用資本獲取報酬的人可以說是合法的，但不一定是勤勞的，這樣說應該可以成立。

　　問題來了，所有的報酬都必須要有美德作為根基，而這種值得被讚美的美德叫「勤勞」，學校課本上都有教：一分耕耘一分收穫。可是當今天社會上出現的是一套學校教的又是另一套，我們的下一代會作何感想？

　　而為什麼不能廢除資本所有權的所得，甚至不能說是一種罪（中國曾經做過示範）。因為財產權的價值來自契約，而契約的價值又來自司法的保障，保障「承諾」這種美德。當今天承諾（資本）和另一種美德勤勞（勞務或才能）衝突的時候，到底哪一方該讓步，是可以靠人為「協商」的。

契約當然要遵守，問題在於目前沒有任何自然力量可以減少資本所有權的所得吞噬勞務及才能的報酬，這時候就只能靠人為（政治）的力量，來改善目前的現狀，就像我後面會說的，公務員保留名額於弱勢家庭子弟、高邊際遺產稅從 10％改回原本的 50％、債權透明化（或至少政府支出的落點是哪些自然人）、博弈合法化。

有人天真的說，我們台灣累積的資本會自動發展多元的用途，所以政府要干預最小化，是的，在遞增時期（約 1945～1970 年），這樣說並沒有錯。可是現在是遞減時期（約 1970 年～現在。第二篇二十七章那張圖），作者看到的多樣化只有把房價炒高而已。

下面二十一章會說的是，是否可以用博弈合法化吸納本來就過度氾濫的「游資」，挹注於勞務或才能得到的報酬，尤其是文化價值這一塊，文化是抽象的非生產性勞動，價值不容易儲存的，很多從事台灣文化產業的人，生活有一餐沒一餐是很常見的事情，從博弈吸納本來就過多的游資，挹注於勞務或才能得到的報酬，能讓價值觀多元化，也能達到實質意義上的謀生手段多元化。台灣勞工不用全

賣窮

部去大企業當員工，那工資長期停滯自然會有改善，或至少減緩惡化。

在日本圍棋的職業棋士每年有約 1000 萬的台幣收入，政府出錢（日本不是靠博弈），所以很多家長願意讓自己的孩子放學去上圍棋課（不只錢往什麼地方花可以看出一個人的人格，從讓自己的孩子參與什麼課後活動也能看出家長的價值觀），而不是去補習，在日本傳授武藝的老師例如空手道、柔道，也可以得到政府的補助不會有一餐沒一餐，所以日本比台灣有文化，而文化會妨礙國家競爭力嗎？日本的國家競爭力是名列前茅的。就算是有錢人也不會讓人感到粗俗，日本的企業家有一個有趣的現象，就算沒法律逼迫，會認為自己有義務去維持文化，這或許是他們的武士道吧。

日本有日本獨特的辦法，台灣當然有台灣的辦法，挹注才能和勞務的資金，從博弈而來，資本用途的多樣化，光是口號辦不到的，要有實際作為。

第十六章

課稅標的的 4 個原則

第 1 確定、第 2 經濟、第 3 方便、第 4 公平。

1 確定：繳稅的日期、應該繳多少、繳稅的方式，不能隨意更動，不然會造成民心起起伏伏，政府隨意更動確定好的繳稅方式造成的不確定性，甚至會比超徵稅收來的更嚴重，做生意成本將很難管理，未知是恐懼的來源。

2 平等：在台灣這塊土地上，有的人賺的錢比較多，有的人賺的錢少，簡之不管是公司或人，賺得的錢多就課的多，賺得的錢少就課的少，沒有賺錢的理論上不課稅。

3 便利：必須讓繳納稅賦的人民可以方便繳稅，例如，最早期只能去國稅局報稅，現在連便利商店都可以繳稅了。且要將打擾到人民生活起居的程度縮到最小，例如開一間服飾店而國稅局人員就站在門口關心消費者的消費

情況。開一間報關行每個月都被請去國稅局喝茶，就會變擾民。

4 經濟：課稅畢竟是集合台灣所有人的力量，去建設有用的公共建設和維持政府的運作，與國防支出，坦白講稅吏通常被當作瘟神，也不會有人自願一五一十的告訴稅吏今年賺了多少錢，追查每一間公司的會計帳表和每個人的每一筆交易會累死我們的國稅局，那些逃漏稅的帳確實政府有權追討，但是會不會為了追討那些逃漏稅的帳需要養更多的稅吏來執行追討財產權的動作，反而增加開支。因為多養的稅吏開支一定又加在人民身上，過度吝嗇的追討會造成一個沒有辦法累積財富的社會，讓人民喪失勤勞的鬥志殺傷力將比不課稅嚴重。

問題應該放在，怎麼樣用最少的稅吏獲得台灣政府需要的開支，在我的理論中，政府是為了人民存在，而不是人民是為了政府存在。與應該追討到什麼程度才不會讓人民有被掠奪的感覺又不會喪失勤勞生產的動機與讓每個台灣人願意扮演生產者的角色。

政府就像獵人，維持經濟體內的生態平衡，靠打獵來控制肉食性動物和草食性動物的數量，肉食性動物當然是

資本方，草食性動物就是經濟上比較弱勢的人，當台灣經濟體內的肉食性動物吃太多的時候，就要讓肉食性的資本家少吃一點。

台灣的稅制，是針對「金額」的部分課稅，不太會針對「市值」。文字（法律）可以定義的是金額的部份。這不難理解，因為金額的部份寫成法條，比較不會有爭議，例如，（法條）每一個人賺 100 塊要課 10 塊，就是課稅 10％。可是某人的資產都是股票該怎麼算？正如我前面說的「股票的價格不等於股票本身的價格」，股票的價格來自有多少人願意花錢買它，也就是「市值」。法律不可能規定股票多少錢，股票可能今天值 1 塊錢，明天值 100 塊。文字能表達的範圍有限。總之，一個人的收入證明如果是賺多少「錢」的話比較容易課到稅。可是如果一個人的收入證明都是「股票」的話不容易課到稅。

賣窮

第十七章

國家是什麼？

　　除此之外，一個好的課稅標的不能減少交易量（參見前面，紙幣的誕生），課稅的最終目的終究是從每個人身上籌取一點一滴的資源，挪用來做比較不可能是獨資的情況下做的事，例如，造橋鋪路、蓋港口、機場、我們的警政消體系、我們的全面國民義務教育、由政府挹注資金的研發單位、我們的國防。在這章裡其實比起國家這個詞作者更喜歡用「利益共同體」或「經濟體」，在這邊稍微用詞轉換一下。

　　那利益共同體又是什麼？好像太抽象讀者聽不懂。就像「歐盟」一樣，在歐盟中所有的國家都是獨立的個體，可是所有的商業往來把不同的國家綁在一起，就好像一艘船經不起風浪的打擊，那把大家綁在一起就不會翻船。假設德國要出口汽車，原物料必須優先和法國進口，同理法

國要出口紅酒（可能是賣到歐盟區以外的地方例如亞洲），原物料必須優先向德國或葡萄牙進口，隨著商業往來越來越密切，親密關係升級就有所謂的軍事合作，例如「北約組織」。說他們是獨立的個體嗎？是的，他們是獨立的個體。但是每一個國家同時保有自己的行政風格。說他們是利益共同體嗎？是的，他們是利益共同體，以圈內人賺錢為目標。

就好像組球隊一樣，每個球員不一定都是來自同一個家庭，個人球風也不同，但是共同的目標都是贏球。

這些，造橋鋪路、蓋港口、機場、我們的警政消體系、我們的全面國民義務教育、由政府挹注資金的研發單位、我們的國防、全民健保。都是我們 2300 萬人用得到的，我們彼此的重疊性很高（生活在台灣這塊土地上的人消費賺錢的範圍交織的密度，就形成了台灣這個經濟體。生活在日本那塊土地上的人消費賺錢的範圍交織的密度，就形成了日本這個經濟體。生活在美國那塊土地上的人消費賺錢的範圍交織的密度，就形成了美國這個經濟體），比起和其他經濟體（國家）的往來當然也會有，但重疊的密度沒那麼高。在這邊重複一下法人那個章節的概念，國家是

什麼？國家就像是一間公司，元首是董事長、政府官員是幹部、有資本的人是股東、無產階級是員工，2300 萬人各司其職誰也不能沒有誰，我們一起在這塊土地上賺錢，所以又叫做利益共同體（經濟體）。

然而國家（經濟體、利益共同體）什麼時候會不存在呢？就是當共識越來越少的時候就會逐步瓦解，是逐步的。任何的商業行為都必須要考慮到維持社會的凝聚力。

很少有人能一個人獨資去維持國防、或全民義務教育的，而政府課稅後所得的公共財，必須用在共享程度很高的地方，也就是說每一個人（2300 萬人）幾乎都能用到的地方（所以在前面第三篇五章二節文和圖，有講過政府的錢叫公共財）。這是一個很簡單的問題課稅是為了什麼，以及為什麼要課稅。公共財應該用在什麼地方，是必須跟民眾溝通的，如果公共財用在造橋、鋪路這些顯而易見的公共建設會比較沒有爭議。但用在需要學習去理解才會明白效果的地方就比較有爭議。例如最初推行國民 9 年義務教育的時候，也是困難重重爭議很多，因為他的效果絕對是長期的。讀書可以當飯吃嗎？光是這句話就能說服那時很多人的政見。因為用眼睛想事情比用腦子想事情的人來

得多。民主國家確實有這個缺陷，當看得見短期利益的人，比，看的得見長期利益的人多的時候該怎麼辦？

在這種情況下課稅就很重要了，要怎麼挪用大家的資源來做大家都會用到的建設或教育、體制。

問題來了，要怎麼讓 85％ 的人（關心範圍比較小的人）在非自己本意下達到自己幫助自己的結果，說白了，不靠一點哄騙，不靠一點包裝紙，直接告訴大家，說幫助人是應該的，或灌輸總體經濟學的概念，或教導道德哲學，直接跳到這麼高層次，實在不可能。

這時候方便法會很重要，方便法就像是樓梯一樣，要爬到頂樓，只有少數人能用飛的上頂樓，但對於大部分混沌的人要他們直接上頂樓，需要用蓋樓梯的方式一步一步引導。就好像很多拜佛的人是因為相信很多大老闆是因為拜佛才會發財，所以才拜佛，如果沒有靠拜佛發財這種說法來引導混沌的人，相信很多人連佛經都不碰一下。基督教也一樣，如果上帝不會讓人有更多財產，相信會主動翻聖經的人，應該也不多。作者曾經在寺院中看見許願籤上寫滿了各種發大財的口號，在他們寫許願籤的時候或走進寺院的時候，就會和僧人有所接觸，當然啦，隨著緣深或

賣窮

緣淺，每個人的情況不一樣，有些當然改變得比較少，而有些則聽得進一些講經說法的內容不但聽得進去而且還做得到。

作者自己也好不到什麼地方去，當初閱讀國富論時，只是因為聽說閱讀會發財，才養成閱讀的習慣。而發大財可以想成是被他人注視或階級提升。

所以口號這種方便法就非常重要，不過！詮釋方便法的人真的知道究竟法是什麼嗎？就更加重要了，就像我前面講的條條大道通羅馬，喊出這句話的人真的知道羅馬在什麼地方嗎？只有正確知道位置的人才能扮演引導的角色，否則就只是單純利用混沌的人的舉動迎合自己的利益。到底是讓人互助的石頭湯，還是國王新衣中的煉金術，分辨最好的辦法莫過於利益的著落點。

第十八章
景氣不好？還是財產權過度集中？

景氣不好？還是財產權過度集中？台灣從來沒有景氣不好，大家常常把景氣和財產權混在一起說，早上在公園散步的老人家，他們的氣定神閒從何而來，如果不是握有個幾億的財產，上班時間能這麼的氣定神閒的在公園散步？台灣不會沒有錢。缺的是實體投資機會。

問題在「生產性勞動」和「非生產性勞動」的認知上。可以想像成是生存和生存以外的價值的區別，所有經濟學的範本都是以國富論為基礎再加以闡述的，國富論寫作的年代人類還在跟生存條件對抗，所以亞當斯密主張所有的資本應該要投入能創造物質的地方，例如農地、工廠、海外殖民地，他會認為只有物質才是有用的東西是有這樣的時空背景，並且教導人們把錢投入可以產生物質的地方才是聰明，把錢投入不能產生物質的地方叫奢侈和愚蠢。

賣窮

　　經過兩百年後，資本的不斷累積，靠著亞當斯密的這套理念確實改善了人類生存的條件，我們活下來了，可是問題在於財產權的分配實在「太」不平均，有錢的人非常有錢，沒錢的人雖然不至於餓死但非常沒錢。心理不平衡怎麼辦？人會忌妒怎麼辦？貧富不均正在撕裂我們的國家。這些絕對是靠數學統計的經濟學家沒辦法去表達的，問題來了不能靠數字統計的東西就當不存在？情緒不存在？

　　兩百年前是資本遞增時期，兩百年後是遞減時期（也就是所謂的停滯），在遞增時期有遞增的辦法，在遞減時期有遞減時期的辦法。話又說回來，人為什麼活著？難道只是累積一大堆的財富（財富多到幫狗舉辦婚禮）。什麼是值得被讚美的舉動？非生產性勞動，例如哲學、數學、武術、藝術⋯等，投入的專注和心力和體力，就沒有價值？正如我前面說的經濟學並不是經濟學，而是道德哲學，告訴人們什麼事情是對的什麼事情是錯的，並且讓人覺得是對的，因為人的舉動只會迎合自己認為是對的事情。

　　我對於減緩貧富不均的手段分別4個邏輯和4個實際手段，在闡述邏輯方面，分別是，資金的用途可以轉移、

市場可以靠催促形成、價值觀的優先順序可以改變、證明脫離貧窮的方式可以改變。如果沒有實際作為，那就只是口號，手段分別是，1 公務員保留名額於弱勢家庭子弟、2 高邊際遺產稅從 10％改回原本的 50％、3 債權透明化（或至少政府支出的落點是哪些自然人）、4 博弈合法化。而 4 個手段分別對應不一樣的現狀，第 1 個「公務員保留名額於弱勢家庭子弟」改善偏勞務的所得，公務員的福利相較於外面的市場競爭的所得還是比較好，而且為政府機關做事容易有被社會認同的機會，讓這些家庭破碎的子弟、姊妹，社會邊緣人也能感覺到自己是社會的一份子非常重要，這也順帶可以降低犯罪率（犯罪和貧窮脫離不了關係），曾經鬧的沸沸揚揚的，是否要砍公務員的福利？作者則認為問題應該放在福利是否讓給真正有需要的人。

　　第 2 個則是「透明化」，偏向於改善社會的價值觀，正如我說的，有錢當然不犯法，但和值不值得尊敬不一定有關係。花錢的地方決定人格，其實只要是有資本的人多做公益，根本不用怕什麼透明化，何況捉襟見肘的人根本也沒差。只有一直用資本購買房地產的人和股票內線交易或行賄（美化的說法是官商合作）的人才害怕透明化。

賣窮

　　開玩笑的說：私有財產的透明化，並不是要人一絲不掛。因為可以從知道一個人的收入來源，瞬間勾勒出一個人的生活型態和競爭關係，而知道一個人的花錢去向可以知道一個人的人格。就連 2020 年要命的冠狀病毒（COVID-19，武漢肺炎）疫情發生，就是不公布隔離者姓名、長相、住處的作法，政府和媒體也要努力不要讓社會大眾想起個資法是防疫的絆腳石，推給一切都要符合法律程序。到底是法律比較重要還是人命比較重要？

　　嚴肅的說：我們尊敬的是人格，也就是過去做過的每一件事。而不是人有多少身外之物，如果尊敬的是人有多少身外之物，那叫懦弱，是一種看見生活品質比自己好的人，腰才會軟的行為。大家總是把尊敬「人格」和「尊敬人有多少身外之物」混為一談。

　　萬一提倡的透明化不幸被輿論攻擊，發動反對輿論的人基本上人格有問題。就算不幸私有財產透明化的輿論失敗或刻意被冷凍，但至少折衷，至少做到政府支出的落點是哪些自然人。政府至少要廉潔，因為政府是貧窮線下老百姓最後的希望，也代表政府對於改善貧富不均的決心。

　　第 3 個「高邊際遺產稅從 10％改回原本的 50％」，偏向改善資本有世襲繼承的問題。台灣父母每年都可以對子女贈與數百萬台幣而享有免稅。動一下腦筋，在這麼寬鬆的條件下，還和遺產稅扯得上關係的一定是資本至少 10 多億以上的人，也就是財富位在金字塔頂端的人，第 1 個手段再配合第 3 個手段，應該可以改善現狀。作者必須在這邊插個題外話，可以累積資本的社會是可以調度人的積極性，萬一課稅都課到沒有辦法累積財富誰還要極積的工作，況且想要把資本傳給自己的兒女，讓自己的兒女在今天這麼惡劣的環境下有好的資本起跑點是人之常情，換作是任何人不會這麼做嗎？不是要把「資本所得權」消滅，而是控制它不要過度氾濫。

　　第 4 個「博弈合法化」，創造投資標的變成政府課稅標的，從博弈事業中課徵的稅賦，必須嚴格綁定用於挹注，台灣的非生產性勞動，例如退伍軍人的俸祿，退休的運動員，純科學家、作家、武術家、藝術家…等，總之對台灣文化傳承有貢獻的人，有利於多元文化發展的用途。成為真正意義上的謀生的手段多元化。

賣窮

　　來說說什麼是貧窮，貧窮是忌妒而來的，例如物質上
的忌妒（和我前面忌妒那章說的一樣）。但還有另種是空
虛造成的，任何人的動機如果都是以營利為目的，那這個
人基本上會很空虛，因為他會發現每一個願意靠近自己的
人對自己的好都是有目的的，在這種情況之下會不斷的自
我欺騙，不斷的告訴自己沒有這回事！這些靠近我的人都
是真心喜歡我，因為自己不敢去面對真實而選擇靠自我欺
騙麻痺自己。相處一兩天看不出來，但朝夕相處用心傾聽
的話，從他們的談吐中的言之無物是藏不住空洞的，尤其
是棺材踏入一半的人，會發現自己沒有自我實現過，沒有
可以值得回味的過程。越到晚年這種感覺會越恐怖。正如
我在前面說的，神審判人的標準是有沒有帶給別人喜悅，
另一個則是自己有沒有帶給自己喜悅，這裡的神不要想的
太抽象，是自己，是自己的良心，當然包括做了多少虧心
事，就算沒人發現只有自己知道，自己不可能騙過自己。

第十九章

恐懼

　　我們來談談害怕，害怕是什麼？只有做虧心事的人才會害怕。所以作者覺得有些人家的外圍裝了十多隻攝影機，莫過於就是害怕，因為就是做了太多只有自己知道的事，害怕仇家找上門。而過度注重隱私權的人，也是一樣，因為做了太多只有自己知道的虧心事而害怕。而個資法也是一樣的道理，從怎麼賺錢和怎麼花錢可以看出一個人的人品，那過度擁護個資法的那個人的人品一定沒什麼值得被讚美的，萬一被社會大眾知道甚至會喪失被社會認同的可能性。所以這些人才要「過度」擁護個資法，把「個資法」用道理的形式扭曲成「普世價值」、「社會的潮流」、「歐美國家的做法」，仔細想想，大部分捉襟見肘的無產階級也沒有財產讓人去騙。

賣窮

　　總之不變的道理是，恐懼只存在於做虧心（也就是我前面第一篇第十二章第一節【圖1】中的對錯感）事的人，只有做虧心事的人才要躲躲藏藏，虧心事不一定是非法的，而包括不合理的。合法的本來就不一定代表合理，合理的可以和合法的一點關係也沒有。

第二十章

第一節　透明化

其實透明化也不過是資訊對稱而已，近年來行政院主計處都不在公開十等分所得與二十等分的所得資料，看來連政府也在幫忙掩蓋事實，刻意在迴避貧富差距的現況。今天為什麼努力（勞務所得）和收穫不成正比？就當作是幻覺。

第二節　這是來自國富論的小故事，希望可以帶給人啟發

從前有個地方叫漢堡，當時還沒有德國而叫萊茵聯邦，對於漢堡共和國的有錢人在申報稅時，沒有必要接受

任何盤問調查，也不用公開今年的所得以便作為被依所宣告的價值課稅。只要在繳稅時發誓，這些就是自己財產的 4 分之 1 即可。

在漢堡被要求財產透明是一件很痛苦的事情，因為大家都說謊。但說謊的意思是只要不被揭穿就不是說謊，所以在漢堡個人的財產被認為有隱匿的必要。這或許就是個資法的雛型。

亞當斯密則認為，沒事幹嘛躲躲藏藏。

從前有個地方叫日內瓦（作者知道今天的瑞士是洗錢和避稅的天堂和今天時空背景不同），日內瓦的人民會集合在一起，公開討論彼此的財產有多少，彼此盤問彼此的收入狀況。這或許是財報透明化的雛形。

亞當斯密則認為，只有問心無愧，沒有做錯事的民族才敢這樣。

只要知道一個人的收入來源就能瞬間勾勒出一個人的生活型態和競爭關係，例如建築商人（建商）馬上就能讓人想到，很富有或政商關係很好，或例如包租公婆就會讓人想到生活不愁吃穿、退休老師、在便利商店的員工、

屠宰業者…等（剩下的讀者自己發揮想像力，作者不再一一寫）。

　　只要知道一個人的錢往什麼地方花，最私密的人格將無所遁形，嚴重的話甚至自己說的每一句話都將被揭穿，光想到就會讓人全身發抖。

　　左手個資法，右手透明化。這是耐人尋味的問題，很多政治人物都主張透明化，而很多政治人物又主張個資法（真的很想知道造勢競選經費來源怎麼來的）。新聞報導總是不時地提醒我們，承攬政府建設帳目不透明，和有暴發戶可以買遊艇的存在，可是這些帳目不透明的錢流向什麼地方去？一艘遊艇少說一億錢又從何而來？當問題的刀子問到這裡的時候，又搬出了個資法，又拿奉公守法的公民這套說詞當盾牌。

賣窮

第三節　剝奪被社會認同的可能性

正義是依文字規範使用暴力，法律本身就是報復的手段，達到藉由這一次懲罰防止下一次傷害別人的效果（因為只要這次一時衝動的傷害人就有可能在未來被暴力報復，在傷害別人之前都會三思，或忍耐下來），懲罰一個人的方式本來就不局限於暴力。這裡說的是剝奪「被社會認同的可能性」，對於一個人最悲慘的情況來說，莫過於自己的喜悅沒人可以分享，悲傷沒人願意體會，喪失被同理的可能性。

作者確實是想要達到有效的改善貧富不均，但作者反對用暴力和刑罰。最有名的就是曾經的過去中國領導人毛澤東，面對貧富不均毛澤東採取的手段是將所有的有產階級以法律的名義屠殺（40萬人），在將土地分給無產階級。這是個非常糟糕的做法，有錢本來就沒有錯，只是跟這個人值不值得尊敬有關係而已，況且人命這麼沒價值？（沒興趣靠數落他國證明自己比較優越，作者對對岸有的是更多的好奇而非偏見）

　　作者的目的在於改變社會價值觀的優先順序，因為我們為什麼要財富？無非也只是想要得到社會的認同而已，當被社會認同的條件改變而不在是以財富多寡來決定這個人的價值，社會的財富多多少少會流向關心範圍比較大的人，怎麼說呢？隱惡揚善，白話說：做好事很怕人不知道。有錢無非也就是想要受人尊重，所以這時候錢會流向公益事業，或文化產業，或本土產業，坦白講如果私人資產是挹注於這些產業，錢賺的正當不是投機取巧商業行為，根本也不怕什麼透明化，甚至會主動聯絡媒體巴不得把自己的善舉登上頭條新聞，這時候就會產生一種良性循環（如果賺的是偏門的錢那更要這麼做），原來要被人尊重要被社會認同最好的做法就是將資本投入公益事業，因為怎麼花錢決定一個人的人品，社會大眾被媒體（或輿論）引導，認同一個人從有沒有錢，轉變成，錢應該花在什麼地方才決定這個人值不值得被尊重，當社會大眾的價值觀有所改變，私人資本挹注的方向當然也會有所改變，不在只是投入房地產和股市。證明脫離貧窮的方式不在是有多少房地產。

賣窮

在學名上這種過程叫「擴大替代彈性」。簡單的說：增加實體投資機會。我們台灣的經濟活動才能和依循民主思維與以才能決定報酬的市場更近一步，也就是我們證明脫離貧窮的方式正在改變。

作者單方面認為國富論一直不算寫完（亞當斯密書還沒寫完就過世），他一直想強調任何經濟活動都不能脫離道德哲學的補充。而道德哲學這麼抽象的名詞只不過是，「發現自己已經接受的資訊上是不是有瑕疵」。

當資金的用途可以轉移，市場可以靠催促形成，價值觀的優先順序可以改變，最後一個就是證明脫離貧窮的方式可以改變。繞了一圈，貧窮追根究柢還是來自於忌妒，可是當大家都不用擠在狹窄的財富多寡的框框內大眼瞪小眼，瑜亮情節（前文）的狀況當然變少。

如果說被社會認同是獎賞的話，資產透明化間接產生的剝奪被社會認同的可能性就是懲法，是有逼迫性的，每一件事情在推動的時候光是美妙的獎賞是不夠的，一定要有懲法。也許很不好聽。

今天面對的並不是法律的問題，只有靠成文法律訴諸暴力，效果有限。文字不能約束我們行為的全部，那就靠剝奪被社會認同的可能性著手。況且，使用暴力是個很嚴肅的問題，侵犯他人的身體是可以被司法暴力懲處，侵犯他人的自由是可以被司法暴力懲處。可是必較複雜的情況是，如果不是用搶、偷的手段得到的財富該怎麼辦，法律可沒有禁止，人可以無限擴大自己的財富，這時候就要靠不成文的對錯感（或說道德感）。作者認為試著剝奪為富不仁者「被社會認同的可能性」會是個比較妥當的做法。

講點輕鬆的，有一陣子作者在教小學生劍術的時候，胖胖（化名）就一直跑來跟我打小報告，說誰又對他不好；誰又欺負他了。作者不斷設立各種規範，就像老師在寫班規一樣，禁止誰欺負誰，誰又應該幫忙誰。可是發現一點用也沒有，過了一個月的觀察，發現胖胖其實個性比較霸道，比較為自己想。劍技不差，但打贏的時候鼻子台很高。發現團體並不認同胖胖，說穿了被不認同的人是不是自己也有問題，要怎麼讓其他學生認同他，甚至喜歡他，作者發現寫班規，擬定規矩一點用也沒有，因為作者沒辦法去

控制誰喜歡誰，誰討厭誰，換句話說要怎麼才能讓別人喜歡自己？畢竟只是孩子當然還是私下偏袒胖胖。

第四節　是讓社會更好還是彼此仇視彼此

　　個人的財務狀態永遠是最私密的事情，從花錢的去向一個人的人格將無所遁形，人或多或少一定都有缺點，會不會因為透明化反而讓社會彼此去挖對方的傷口，這確實是有疑慮。我承認該透明化到什麼程度？我沒有拿捏得很好。但至少政府機構的開支去向，不管是現金的著落點，或是政府開支引導了「期待價值」進而影響到投資標的的市值，期待價值的利益著落點是不是重疊性太高的重複在某國民身上，是可以用透明化來檢視的（簡單的說：以房地產為例，學校、捷運、就業機會，是不是「又」剛好坐落在某人的房地產上）。

第二十一章

博弈合法化

　　作者看過一本探討歐洲貧富不均的書，書名為「二十一世紀資本論」這本書的作者非常可愛，整本書都寫的不錯（果然有資格角逐諾貝爾經濟獎，有人說他有抄襲的爭議，如果說他抄襲是事實，我覺得重點要放在，在今天貧富不均越來越嚴重的今天揭穿他抄襲的人，動機是什麼？道理和手機科技設計藍圖是不一樣的概念，道理本來就是人類可以共同承接的東西），可惜最後提出解決貧富不均的手段竟然是「課稅」！

　　在歐洲我不知道，不過在台灣我知道課稅的法案推行起來都是困難重重，大家嘴巴上會說課稅是應該的，但實際上一定是能不要被課稅，就不要被課稅。能不能靠政府課徵稅賦成為社會福利偏向弱勢的財源，答案當然是可

賣窮

以。可是在台灣不是可不可以的問題，而是想不想要的問
題。

對財產集中的富人強制課徵稅賦，在台灣絕對事倍功
半，因為富人不只掌握財產，還掌握了大部分的社會資源，
及政府資源，在這種情況下一定是，檯面上說一套檯面下
做另一套。

「想不想要」比「可不可以」更重要。慾望是最好的
政治施力點。

課稅可不可以舒緩貧富差距，答案是可以。但是想不
想要，答案是不想要。

如果說把博弈合法化，變成政府的課稅標的，把博弈
事業課徵的財源「綁定」用於挹注我們的退伍軍人的俸祿、
我們退役運動員的補助、補助我們的藝術、退役棒球選手、
口足畫家、腳足畫家、作家、文學家、純科學家…等，成
為這些非生產性勞動的收入來源，會比較可行。讓這些非
生產性勞動的「台灣文化傳承者」不會再過有一餐沒一餐
的生活，絕對不是要讓台灣文化傳承者過上奢靡的生活，
但至少從禍福難測的生活中變得有些保障。

有人問：為什麼不直接把從博弈課徵的稅負挪用直接補助社會弱勢，要這麼大費周章繞一圈？因為問題應該放在弱勢是怎麼產生的，而不是單純救濟別人。

我們來博弈好不好？大家嘴巴上一定會說不行。嘴巴說不要，可是身體很老實搬出麻將桌、天九牌、骰子，甚至總統大選都能當賭具。想改善貧富不均至少要先從停止集體性的自欺欺人開始。

台灣政府還是有值得稱讚的地方，像「公益彩券」（只有身障人士能經營，我前面講的壟斷市場，壟斷聽起來是負面的，但如果用在好的地方就沒關係）就是一種偏向社會弱勢的措施，讓養不起自己的身心障礙人士，可以安身立命，這其實對凝聚社會是很有幫助，當最富裕的和最貧窮的距離拉近的時候，團結才有可能出現。

博弈的範疇當然不只有公益彩券，比大家認知的更廣泛，例如保險也是一種博弈，我在下個章節講解。

作者並不太主張政府親自經營賭場，比較建議以招商的方式，因為政府是個龐大的單位（而且公務員的效率還有進步的空間），政府應該扮演是放貸者的放貸者，或房

賣窮

東的房東，賭場的經營很複雜，如果是公務員早上 8 點打卡上班下午 5 點打卡下班的態度，不可能經營的好賭場，也就是說政府親自來的話反而會笨手笨腳，但，政府可以扮演收租的角色和放貸者（這樣行政流程就簡單多了），也就是課稅。用這些從博弈場所中收入的高低來調整稅該收多少，再將這些資源挪用自非生產性勞動。

第二十二章

健保

來聊聊全民健康保險吧。

保險的起源，保險它可以規避個體風險，但它不能規避整體風險。1744 年在英國有兩位牧師，羅伯特華萊士、和亞歷山大韋伯，發明了保險名為「蘇格蘭寡婦保險基金」，不過保險真正開始紅，要等到 1815 年滑鐵盧戰役的時候，滑鐵盧戰役時士兵的陣亡率為 4 分之 1。保險的概念基本上是這樣子，要怎麼拿沒有受傷的人的錢來補貼有受傷的人，成立保險的人（法人、公司）並且要能夠從中獲利。也就是說受傷的人不能夠比沒受傷的人多，我舉個直觀的例子，例如骨折這種投保標的，保險公司就在計算到底什麼職業的人容易骨折，跟什麼職業的人不容易骨折，因為骨折的人不能比不會骨折的人來得多。而老師這個職業的人就是很好的客戶，因為老師寫黑板不容易骨

賣窮

折。而例如船員就不是好客戶，在船上被纜繩斷裂打到而骨折甚至死亡（死亡的話理賠金額一定更高，需要更多沒受傷的人的錢來補貼死亡的人）的人時有所聞，作者舉的是兩種比較天壤之別的職業。假設有 100 個人都買保險，並且 100 個人都是老師，那保險公司會笑得出來，並且告訴 100 個都是老師的人，恭喜您身體健康，如果「萬一」有一個體育老師可能在示範上籃的時候受傷，這個萬一會變成所有業務員推銷保險的實證。

假設有 100 個人都是船員的話，那保險公司可就笑不出來了，因為當出狀況的人比沒出狀況的多，錢從哪裡來？如果是私人保險的話確實是以不吃虧為主，當他變成一種投資標的的時候，作者單方面的對私人商業保險持保留態度。

1815 年滑鐵盧戰役，士兵基本上都有買保險，陣亡率是 4 分之 1，而且事先不可能知道陣亡率會是多少。那有人會說：那保險公司賺什麼？牧師憐憫於因戰爭失去家庭經濟支柱的妻兒所以才成立保險不是以獲利為目標，拿沒有受傷的人的錢去補助受傷的人，能幫多少算多少，所以說成立保險的人的動機很重要。

　　換做是我們的健保也是一樣的，成立全民健保的動機確實是美意，平常沒生病的時候付錢給醫生，等到生病的時候由沒生病的人幫自己負擔醫療費，這是連老外都很羨慕的事情。但是，如果是把這種美意踐踏了就不好了，如果是每個月花一千元的健保費，抱著「不看白不看的心情」，花一千元要賺兩千回來，就是踐踏，我們有很好的規範但我們的道德標準（把健保讓給真正有需要的人，也許不認識他）還有成長空間。

　　保險的規模很重要，根據數學平均定律，向保險付錢的人越多，預測每年需要支付理賠多少錢就越容易，可以計算出最不會倒的理賠價格。國際賭場的公開賠率是莊家就是會多贏閒家 5%。十賭九輸的賭場誰要去？這是個有趣的賠率，不可能讓閒家永遠贏下去又不會讓人輸到脫褲子（難怪有人說：小賭怡情、贏錢興家。）這樣的賠率滿公平的，仔細想想莊家的水、電、員工薪水都不用錢嗎？

　　而在今天保險變成了價格儲存的標的。若在經濟學之父亞當斯密眼中一定是不可思議的事情。

賣窮

第二十三章

人要怎麼證明自己的存在？
消費本身就有脫離貧窮的問題

很多人可能還是不懂那博弈到底和貧富不均有什麼關係，消費本身就有證明脫離貧窮的問題，或證明自己比較卓越。人要怎麼證明自己的存在？當不用為生活中日常所需開支煩惱的生活，當從小到大都是茶來伸手飯來張口的日子過久了，那人要怎麼證明自己比別人優越？要怎麼證明自己的人生勝利？

當今天車開的比別人好、房子住的比別人好、萬一連遊艇都有了的時候，那要怎麼證明自己的成功，大部分會往博弈走。那有人說博弈合法化，真的開賭場的話會不會搶到原本賣公益彩券弱勢團體的市場？其實會！但影響有限。因為身價大約 5000 萬（以 2019 年台幣的購買力為準）以上的人消費的動機是證明自己比別人卓越，與想靠

一券在手希望無窮翻身的無產階級動機不一樣，簡單的說客群不一樣。

　　透過博弈來進行財富重新再分配，是一種不錯的選擇，因為目標的選定物不會那麼粗糙。通貨膨脹其實也是一種財富重新再分配，就是要讓財產不要過度集中的手段，可是目標的選定並不準確，怎麼說呢？如果是對於資本型態大多都是房地產或股票的人而言，沒有辦法達到稀釋債權的效果，反而苦了資本型態都是紙幣的無產階級，因為鈔票每多印一點，自己的儲蓄就會少一點。短期來看確實可以刺激消費，但長期來看會造成無產階級無法累積財富的窘境。當然就造成了現在有錢人永遠很有錢，無產階級難以翻身的局面。

　　而博弈本來就是只有手頭有多餘游資的人比較會從事的休閒，當然有人會說那無產階級也去賭博怎麼辦？可以用法律規範貧戶不得參於博弈的法令，這對我們完整的司法制度來說，要辦到應該不難。

賣窮

第二十四章
資金的用途可以轉移、市場可以靠催促形成、社會價值觀的優先順序可以改變、證明脫離貧窮的方式可以改變

從博弈事業中課徵的稅賦，必須嚴格綁定用於挹注，台灣的非生產性勞動，例如退伍軍人的俸祿，退休的運動員，純科學家、作家、武術家、藝術家…等，總之對台灣文化傳承有貢獻的人，有利於多元文化發展的用途，而這種補助是以固定薪資的型態發放至上述對象的戶頭。當然有人會說，軍人還算具體，但其他的運動員、純科學家、作家、武術家、藝術家，比較抽象，怎麼確定他真的有貢獻？運動員大部分會以有名次或為台灣出國爭取榮耀的選手為首選（尤其是我們的退休職棒選手），而更抽象的文化和純科學大部分以有得獎的名次或公開的作品或論文認定他是否有滿足領取補助獎勵的資格。這是一種領取

補助獎勵的門檻是可以調整的。隨著名次高低獎勵當然也有高有低。比起是否可以對上述這些對象的實質生活有多少改善，作者不敢作保證，更重要的是社會願意以實質的幫助給他們的肯定（多一點掌聲）。有點像參加過 823 戰役生還下來的榮民，雖然每個月約台幣一萬元的補助不算太多，但至少是一種被社會的肯定。

　　價值觀可以靠催促形成。正如我前面說的警察的退休俸意思是一樣，大家只要看到公務員退休後能過著有高人一等的生活，就會認定公務員有價值。雖然這種補助獎勵不比公務員多（公務員畢竟是國家中樞當然還是比較重要），但至少能夠讓這些傳承文化價值的人，生活有些保障。我在這邊強調是改善。從事這些屬於非生產性勞動文化價值的人，開始被受到社會的更多肯定，我們的教育才能真正達成推廣多元價值，教育跟市場是相輔相成的，而作者覺得市場的改善比教育的改善來的重要。因為當學校單位說一套，而出現在社會上又是另一套的時候，學生會作何感想？

　　當然有人會說這根本不可能培養多元文化的價值觀（天馬行空）。這樣說可就自打嘴巴了。從台灣的國防價

值、台灣的治安價值、台灣的教育價值，告訴作者哪一樣
價值不是 2300 萬人想像出來的。

致謝

謝謝我的家人給我無條件的支持。

謝謝已故李先生對我曾經的幫助。

謝謝范世華老師有把我這個無名小卒當一回事。

謝謝梅小姐提供「註 5」有趣的答案。

謝謝每一個和我租房子的客人,海大學生們。(謝謝吳先生在我沮喪時給我鼓勵。謝謝郭先生幫我打字,我知道我字醜。謝謝林先生幫我畫第二篇第二十二章第一節的圖。謝謝蔡小姐幫我找到很棒的員工,謝謝洪小姐幫我注意錯別字)

謝謝劍道中每一個曾經和我交過手的人,不論我輸給你或你敗給我。

賣窮

註解

「**註 1**」

霍金斯博士研究人類意識層次能量等級如下：

1 級.開悟正覺：700－1000

2 級.寧靜極樂：600

3 級.平和喜悅：540

4 級.仁愛崇敬：500

5 級.理智諒解：400

6 級.寬容接納：350

7 級.主動樂極：310

8 級.信任淡定：250

9 級.勇氣肯定：200

10 級.驕傲刻薄：175

11 級.憤怒仇視：150

12 級.慾望渴求：125

13 級.恐懼焦慮：100

14 級.憂傷無助：75

15 級.冷漠絕望：50

16 級.內疚報復：30

17 級.羞恥蔑視：20 及以下

200 勇氣是一個人正負能量的分界點。大約分成，200以下就是 85％的人，200 以上是 15％的人。讓人百思不得其解的是 100 個人中，勇氣 9 級以下的人占多數占 85％，而 9 級以上 15％的人占少數，人類社會是牧羊人的概念，少數牧羊人領導多數羊群。決定一個人意識層次的關鍵因素是這個人的社會動機和每個念頭。佛祖、耶穌、老子這一類的人是少數到達 1000 的人，每一個相續的時代裡，地球上都會約出現 12 個等級 1000 的人。

85％的人是有機會跳躍成 15％的範圍內的人，勇氣 200 是 15％的最低階，從 85％跳到 200 的人代表他這輩子至少做過一件值得被讚美的事。這是一個人一輩子的轉捩點。

勇氣 200 的人會有 15％的人向上提升成→淡定 250 的人會有 15％的人向上提升成→主動 310 的人會有 15％的人向上提升成→(依此類推…) →寬容 350→理智 400→仁愛 500→喜悅 540→寧靜 600→開悟正覺 1000

大約。一個意識層次 300 的人相當於 90,000 個意識層次低於 200 的人；一個意識層次 400 的人相當於 400,000 個意識層次低於 200 的人；一個意識層次 500 的人相當於 750,000 個意識層次低於 200 的人；一個意識層次 600 的人相當於 10,000,000 個意識層次低於 200 的人；一個意識層次 700 的人相當於 70,000,000 個意識層次低於 200 的人。

賣窮

參見

http://share.youthwant.com.tw/D62074951.html?fbclid=IwAR1J3QDNk
Pfu8tlqQ4ZSLW3Jt7Egbscvoehp75mEbxmPC6F1SD9zCKBVcXM

「註 2」

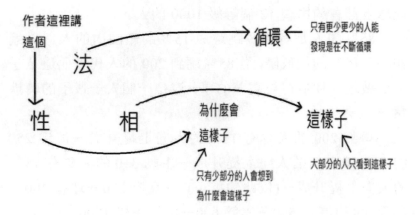

「註 3」

1944 年 7 月「布列敦森林會議」，44 個同盟國花了三週開會。為了促進國際貿易與挹注戰後重建，各會員國同意讓本國貨幣與美元保持固定匯率（從而與其他所有貨幣保持固定匯率）。為符合此一條件，各國承諾適時藉買賣美元使其貨幣與固定匯率之間的誤差保持在 1% 以內。至於美國須保持本架構穩定，方法是確保任何外國人能以三十五美元兌換一盎司黃金（雖然後來修改為僅各國央行能兌換）。

《簡單講一下：「匯率」是兩國之間經常的貿易狀況》

第一句：為了促進國際貿易與挹注戰後重建，各會員國同意讓本國貨幣與美元保持固定匯率。

可以想成各個國家一定要有相當數量的美元存底。戰後重建人民認本國貨幣是認本國貨幣背後的美元；而認美元認的是美元背後的黃金。有了這個誘因才有辦法凝聚因戰爭失業的人口，藉他們追逐黃金的過程提升該國生產力，使自己的國家充斥貨物，「藉由被美國幫助，達到不要再被美國幫助的目的」，這句話是道德哲學，幫助別人就是要讓他往後不要再被別人幫助。

然而美國當然是幫助了很多國家，但除了這個難道沒有其他動機？在於「一定要有相當數量的美元存底」。就像用便利商店的點券幫助難民一樣。

賣窮

　　從而與其他所有貨幣保持固定匯率。是鞏固固定匯率的方法，把所有 44 個國家綁在一起，藉著靠美元這條鎖鏈形成美元為主角的美元經濟體。和今天的歐元體系有點像，但只要有一個會員破產就會拖累其他國家，2011 年希臘破產拖累其他歐盟國家就是最好的例子。

　　第二句：為符合此一條件，各國承諾適時藉買賣美元使其貨幣與固定匯率之間的誤差保持在 1% 以內。

　　這邊雖然說是買賣美元，實質上是必須經常和美國買東西，戰後重建是個龐大的市場，美國固然物資充裕，但如果確定所有需要被救濟的消費者口袋（央行）都有美元這種點券，可以更加鞏固自己對外的出口貿易。

　　開個小玩笑，「買賣」這兩個字好玩了，買很容易賣很困難，以英國為例，假設 10 英鎊比 1 美元為固定匯率，鈔票多印一點就會貶值一點，只要美國調皮多印一點印到 10 英鎊比 10 美元，另外多出來 9 倍的美元還是要英國自己吸收，英國就只能出售自己的煤礦抱著一大堆美國印出來的美元。假設固定匯率 10 英鎊比 1 美元，那美國是不是也要遵守固定匯率？如果換英國調皮印到 100 英鎊比 1 美元，那美國是不是也要多印 10 倍鈔票，搞亂自己本土的經濟跟著印？如果美國發現英國是在整他，一口回絕跟著英國印，英國瞬間的通貨膨脹率就會是 100 倍。同樣是印鈔票，戰後的英國印鈔票是「憑空印鈔票」，而美國印

鈔是有經濟底子的印。規則是一樣的，在雙方都遵守規則的情況，誰有主導權顯而易見。

第三句：至於美國須保持本架構穩定，方法是確保任何外國人能以三十五美元兌換一盎司黃金（雖然後來修改為僅各國央行能兌換）。

在戰爭前或戰爭時在世界各地的資金或產業能變賣就變賣，通通轉往美國，很多的富人（尤其猶太人）都逃到美國去，因此當時美國國庫儲有大量黃金，開出這個承諾應該不難，算是降低各國的隱憂。生活化一點的看待第三句，就是口袋裡只有便利商店的點券，那便利商店也必須要有商品賣。

雖然沒有什麼是比幫助別人更好的行銷方式，各個國家會不知道美國打的算盤嗎？戰爭期間美國既出錢又出血，就算很不樂意見到自己的央行塞滿的是美鈔而不是黃金，也就不計較太多。

所謂美元體系，大多都是在戰後重建時有得到美元挹注的國家形成的版圖，台灣在 2018 年有 4700 億的美元存底。

特別寫到「布列敦森林會議」，是想告知讀者，拿著各國貨幣去各國央行兌換的時候，央行會給你公認有價值的東西或只有他現有的東西，然而當黃金不夠的時候怎麼辦？

賣窮

「註 4」

　　作者知道憑自己的力量有限，寫作出版是要負很老土的社會責任的。作者說石油長作者說石油短，那石油是好的投資標的嗎？以下單獨推斷，石油會不會已經進入「脫手」階段？怪了！銀行什麼時候關心起環保問題。

　　歐洲投資銀行ＥＩＢ在 2021 年之後將停止融資石油、天然氣跟煤炭的相關計畫。該政策將使歐盟的貸款部門成為第一個對造成氣候危機的項目停止融資的多邊貸款機構。這項阻止資本流動到化石燃料計畫的決定受到許多綠色團體的歡迎，被視為是歐盟在 2050 年前走向無碳目標的重要一步。

「註 5」

　　答案是 111 又 9 分之 1 公尺。有興趣的人可以自己去算看看。仔細看一下，芝諾把時間的概念抽出來了，距離＝速度×時間。白紙黑字上並不會有時間的問題。即便如此，他出的題目用「分數」有正解。用 111 又 9 分之 1 來表達小數點，可以滿足芝諾無窮無盡的長篇大論。分數出現的時間比芝諾早約 600 年，出現在埃及。

　　推測當時分數並沒有從埃及普及到希臘去，所以這個有趣的題目可以流傳到現在。

「註 6」

出處是管子，不過確實是孔子鞏固了這一套想法讓這個概念得以流傳。

「註 7」文化和文字

提起漢字，就不得不說一下「漢文化圈」（或說中國文化圈），「漢文化圈」和西方地中海基督文化圈類似，是指受中國語、中國字、中國曆、中國法、中國禮影響的中國周邊地區，「漢文化圈」的雛形在殷周二朝，發揚於漢唐宋明四朝，現在和中國一衣帶水的鄰邦很多都是「漢文化圈」的一員。

在古代由於中國誕生出老子、孔子、孟子等……偉大的思想家，又有自己的文字推波助瀾，使華人文化得流傳至中原以外的地區，思想伴隨著文字傳遞，文化當然也隨文字傳播開來，嚴格說起來中國的疆界範圍和思想傳播重疊的範圍很有關係。

由於漢字需要記憶的東西太多，學習起來確實比英文字母難上許多，很多外國朋友在學習了數月都還是一知半解，甚至有老外朋友抱怨：「漢字那麼難，為什麼不廢除漢字？」

賣窮

　　事實上我們的漢字是象形文字，可以想像我們的漢字就像是強大的解壓縮檔，可以表達的意思很多，不信的話各位華人讀者可以去寫自己的名字。

　　漢字，「發音」、「形狀」、「意思」之間。「形狀」和「意思」接近。例如龜這個字。可以說成看形狀，了解意思容易，可是唸出來難。

　　然而老外的拼音文字也有自己的問題。

　　英文，「發音」、「形狀」、「意思」。「發音」和「形狀」比較接近。

　　只要記得 26 個字母基本上念出來不難（老外沒有拉丁文補充自己也不知道自己在說什麼）。但「發音」就與「意思」的意思差距較大。例如 Beach（海灘）和 Bitch（不好的人）。

　　可以說是，看形狀唸出來容易，可是了解意思不容易。只要想像成我們台灣只會注音符號一樣。

　　所以尤其是英文體系的老外通常還要再學拉丁文，老外本身有詞根的問題，讀聖經也一定還要去翻翻拉丁文字典，也可以說拉丁文是英文體系的部首。韓國曾經想要廢除漢字，但發現很憋扭，韓文如果沒有漢字作補充，就會很像幼稚園小朋友，只會注音符號。

「註 8」

公元前三世紀，埃及人艾拉托絲賽納（Eratos Thenes）就感到地球必定是圓球形狀。他注意到「夏至」時，在阿薩萬的一個水井，中午太陽光線可以直射到井底，但是同時在其北方 500 哩處的亞歷山大，太陽光線照射地面上一個直立目標，卻有陰影，他認為這必定因為地球不是平面而是彎曲。他於是實際測量，卻發現阿薩萬在夏至中午時，太陽恰好在頭頂上空，而在亞力山大，太陽裡頭頂的距離有 7.5°。因為 7.5° 大約是圓周的 48 分之 1，而兩地相距 500 哩，所以他認為地球的圓周應該是：500×48＝24000 哩。不得不佩服，在沒有衛星的年代可以算出和實際數字 24900 很相近的答案。

「註 9」

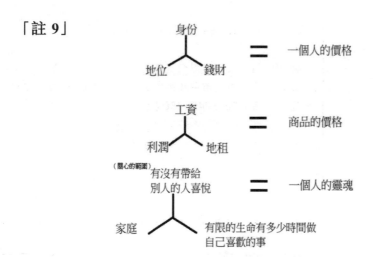

477

國家圖書館出版品預行編目（CIP）資料

賣窮 / 許書秉著. -- 初版. -- 臺北市：智庫雲端, 民
109.07
　面；　公分
ISBN 978-986-97620-4-5(平裝)

1.資本主義 2.經濟社會學

550.187　　　　　　　　　　　　　　　109007921

賣窮

TRAFFICKING
IN
POVERTY

作　　者	許書秉
出　　版	智庫雲端有限公司
發 行 人	范世華
封面設計	吳覺人
地　　址	台北市中山區長安東路 2 段 67 號 4 樓
統一編號	53348851
電　　話	02-25073316
傳　　真	02-25073736
E－mail	tttk591@gmail.com

總 經 銷	采舍國際有限公司
地　　址	新北市中和區中山路二段 366 巷 10 號 3 樓
電　　話	02-82458786 (代表號)
傳　　真	02-82458718
網　　址	http://www.silkbook.com

版　　次	2020 年（民 109）7 月初版一刷
定　　價	500 元
I S B N	978-986-97620-4-5